Vieweg Programmbibliothek
Mikrocomputer 3

BASIC und Pascal
im Vergleich

Vieweg Programmbibliothek Mikrocomputer

Herausgegeben von Harald Schumny

Band 1
Graphik-Programme für TRS-80 und HP 9830

Band 2
Iterationen, Näherungsverfahren, Sortiermethoden

BASIC-Programme für
CBM 3032, HP 9830, TRS-80, Olivetti 6060

Band 3
BASIC und Pascal im Vergleich

Band 4
BASIC-Anwenderprogramme

Vieweg Programmbibliothek
Mikrocomputer Band 3

Harald Schumny (Hrsg.)

BASIC und Pascal im Vergleich

Springer Fachmedien Wiesbaden GmbH

CIP-Kurztitelaufnahme der Deutschen Bibliothek

BASIC und PASCAL im Vergleich / [d. Autoren
d. Bd. Karl Achilles ...].
  (Vieweg-Programmbibliothek Mikrocomputer; Bd. 3)
  ISBN 978-3-528-04224-0   ISBN 978-3-663-14221-8 (eBook)
  DOI 10.1007/978-3-663-14221-8

NE: Achilles, Karl [Mitverf.]; GT

Die Autoren des Bandes

Karl Achilles
Neuenstraße 2, 2805 Stuhr 1
Studienrat an der KGS Stuhr-Brinkum

Rüdeger Baumann
In den Stuken 16, 2120 Lüneburg
Studiendirektor am Gymnasium Lüneburg

Dietmar Herrmann
Lärchenstraße 20, 8011 Anzing
Lehrer

Prof. Dr.-Ing. *Wolfgang Schneider*
Wanneweg 1, 3302 Cremlingen
Fachhochschullehrer an der FH Braunschweig-Wolfenbüttel

1983

ISBN 978-3-528-04224-0

Inhaltsverzeichnis

Einführung

BASIC ist heute so etwas wie eine Standard-Programmiersprache, und für viele private und berufliche Computer-Verwender ist BASIC die als erste gelernte Sprache. Das liegt vor allem an der leichten Erlernbarkeit — selbst Anfänger können bereits nach wenigen Stunden eigene Programme schreiben. Praktische Gründe für die Dominanz von BASIC sind aber auch die Dialogfähigkeit, die interaktives Arbeiten am Computer ermöglicht (Mensch-Maschine-Dialog), und die Tatsache, daß die am meisten verbreiteten Tischcomputer nur BASIC „verstehen".

Häufig hört man von erfahrenen Programmierern, BASIC weise eine Reihe ernst zu nehmender Mängel und Nachteile auf, vor allem

- BASIC erlaubt keine strukturierte Programmierung, verleitet vielmehr zu extensiven Verzweigungen und Verschachtelungen („Spaghetti"-Stil);
- es sind nur globale Variablen möglich (nur solche, die für das ganze Programm gelten), lokale Variablen z. B. in Unterprogrammen können nicht definiert werden;
- symbolische Adressierung ist in der Regel nicht möglich, Variablennamen sind oft viel zu kurz (meist nur 2 Zeichen);
- das Aneinanderhängen mehrerer Programme (chain, append oder merge) durch Zuladen vom Massenspeicher ist normalerweise nicht möglich;
- WHILE-Schleifen, CASE-Strukturen und IF-THEN-ELSE werden nur äußerst selten geboten.

Das stimmt natürlich alles. Es sollte trotzdem immer ehrlich abgewogen werden, ob man auf all diese fehlenden Möglichkeiten nicht auch verzichten kann. Die weite Verbreitung von BASIC läßt den Schluß zu, daß in sehr vielen Anwendungsfällen tatsächlich darauf verzichtet werden kann.

Es gibt jedoch in professionellen Anwendungsbereichen sehr schnell Fälle, die den Programmierer sofort mit den aufgeführten Mängeln konfrontieren. Das wissen natürlich auch Computerhersteller. Und so gibt es inzwischen einige Tischcomputer auch unter 10 000,— Mark, die mit erweiterten BASIC-Versionen arbeiten, oft als enhanced oder extended BASIC bezeichnet. Manchmal werden sogar BASIC-Dialekte angeboten, die eine Quasi-Strukturierung zumindest beim Ausdrucken der Anweisungslisten ermöglichen.

Auf der anderen Seite wird man zunehmend mit Pascal konfrontiert. Und es kann gesagt werden, daß die Programmiersprache Pascal die eben bei BASIC aufgezeigten Mängel nicht aufweist. Es gibt aber andere Nachteile:

- Pascal ist nicht ganz so leicht erlernbar wie BASIC;
- interaktives Arbeiten ist nicht so ohne weiteres möglich, weil Pascal kompilierend umgesetzt wird;
- die äußerst bequemen Möglichkeiten von Stringmanipulationen in der Programmiersprache BASIC existieren in Pascal nicht;
- Ein-/Ausgabeoperationen werden von der Sprachendefinition her nicht unterstützt.

Es gibt aber entscheidende Vorteile in Pascal. Vor allem zu nennen sind die Möglichkeiten, verschiedene Variablentypen mit relativ „langen" Variablennamen zu definieren, und die Tatsache, daß man sozusagen zu strukturierter Programmierung gezwungen wird.

In diesem Band der Programmbibliothek haben wir eine Reihe von Beiträgen zusammengestellt, in denen BASIC und Pascal in sehr eingängiger Weise gegenübergestellt sind. Vorangestellt ist der Aufsatz „Graphische Darstellung von Programmabläufen" von **Wolfgang Schneider**. Darin werden die beiden Möglichkeiten der Programmbeschreibung bzw. -dokumentierung diskutiert, die jeweils gerade den beiden hier verglichenen Programmiersprachen angemessen erscheinen: die konventionellen Programmablaufpläne für „ältere" Sprachen und Struktogramme für Pascal.

Es folgen zwei Beiträge von **Rüdeger Baumann** mit algorithmisch betrachteten Spielen, worin die „Vorzüge der Programmiersprache Pascal gegenüber BASIC" besonders gut herausgestellt werden können. Es sei an dieser Stelle der durch Rüdeger Baumann dem Herausgeber übermittelte Stoßseufzer von Sidonie Trampler (Literaturzitat [17, S. 104] im Beitrag „Ein Spiel — ...") angeführt: „Der Herr behüte uns vor den von Didaktikern zum Zweck des Mathematiklernens erfundenen ‚Spielen'!". Die Spiele für den BASIC/Pascal-Vergleich sind gerade nicht von dieser Sorte.

Ein großer Block mit 10 Beiträgen stammt von **Dietmar Herrmann**. Die einzelnen Beispiele werden anschaulich eingeführt, und es wird gezeigt, daß die verwendeten Algorithmen meist direkt in Pascal programmiert werden können. Für Lösungen mit BASIC müssen häufig umständliche Simulierungen und Berechnungsroutinen geschrieben werden, die sinnvollerweise in der Regel als Unterprogramme aufzurufen sind.

Der letzte Block in diesem Bibliotheksband stammt von **Karl Achilles**. Anhand von fünf Beispielen wird auch dabei aufgezeigt, wo jeweils Vor- oder Nachteile bei der Programmierung in BASIC bzw. Pascal zu sehen sind. Auch hierbei wird deutlich, daß die aufgestellten Algorithmen zumeist direkt eine entsprechende Pascal-Struktur widerspiegeln.

Möglicherweise wird durch solche Veröffentlichungen, wie die hier vorliegende, der Wunsch nach Pascal verstärkt. Es sollte aber nicht vergessen werden, daß BASIC bei Anfängern leichter die Schwellenangst abbauen kann bzw., andersherum, daß durch erstmalige Konfrontation mit Pascal manchmal Abneigungen verstärkt werden können. Für alle in der Prozeßdatenverarbeitung tätigen Anwender bleibt Pascal wegen der fehlenden Ein-/Ausgabe-Strukturen sowieso zweite Wahl, es sei denn, die Assembler-Sprache wird zur Programmierung von Schnittstellentreibern akzeptiert. Wahrscheinlich aber wird dieser spezielle Anwenderkreis eher zu „prozeßgeeigneten" Sprachen tendieren und dann auf beispielsweise Forth stoßen, eine wenigstens 10 Jahre „alte" Sprache, die aber erst in jüngster Zeit auch für Mikrocomputer interessant wird. Oder man gelangt zur neuen „Universalsprache" Ada, die vom US-Verteidigungsministerium (Department of Defense, DoD) kontrolliert und lizenziert wird. (Ada-Compiler dürfen nur so heißen, wenn die DoD-Lizenz vorliegt!)

Wir bleiben aber zunächst noch in der praktischen Gegenwart und stellen im folgenden BASIC und Pascal im Vergleich gegenüber.

Graphische Darstellung von Programmabläufen
von Wolfgang Schneider

Vor der Programmierung eines Problems in einer beliebigen Programmiersprache empfiehlt es sich,

- das Problem aufzubereiten und
- den Programmablauf graphisch darzustellen.

Erst anschließend sollte man, zumindest bei umfangreichen Problemen, zum Schreiben des Primärprogrammes in einer beliebigen Programmiersprache übergehen.

1 PROBLEMAUFBEREITUNG

Zur Problemaufbereitung gehört

- eine vollständige Formulierung der Aufgabe und
- eine Problemanalyse der Aufgabe.

Die Aufgabe ist zunächst vollständig mit allen Randbedingungen in der Umgangssprache zu formulieren. In der darauf folgenden Problemanalyse ist u.a. zu untersuchen,

- ob die Aufgabe überhaupt mit Hilfe einer Datenverarbeitungsanlage (kurz DVA) gelöst werden kann,
- welche alternativen Lösungswege sich für die Aufgabe anbieten und
- welcher der möglichen Lösungswege der günstigste ist.

2 DARSTELLUNG VON PROGRAMMABLÄUFEN

Nachdem bei der Problemaufbereitung ein günstig erscheinender Lösungsweg gefunden wurde, empfiehlt es sich vielfach, die einzelnen Schritte zur Lösung des Problems graphisch darzustel-

len. Hier stehen dem Programmierer zwei wichtige Darstellungs-
weisen zur Verfügung:

– Darstellung mit Hilfe von Programmablaufplänen.

– Darstellung mit Hilfe von Struktogrammen.

Diese beiden Darstellungsweisen sollen im folgenden besprochen
und miteinander verglichen werden.

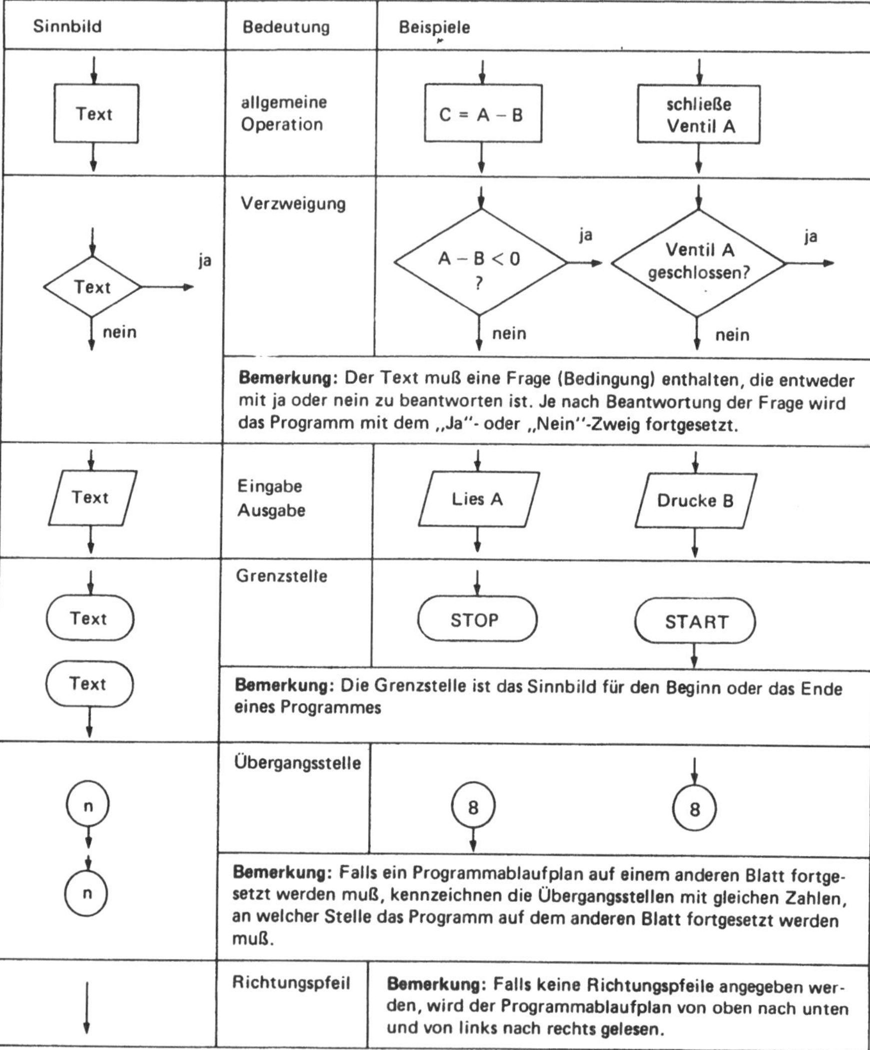

Sinnbild	Bedeutung	Beispiele
Text	allgemeine Operation	C = A – B schließe Ventil A
Text (ja/nein)	Verzweigung	A – B < 0 ? (ja/nein) Ventil A geschlossen? (ja/nein)
		Bemerkung: Der Text muß eine Frage (Bedingung) enthalten, die entweder mit ja oder nein zu beantworten ist. Je nach Beantwortung der Frage wird das Programm mit dem „Ja"- oder „Nein"-Zweig fortgesetzt.
Text	Eingabe Ausgabe	Lies A Drucke B
Text	Grenzstelle	STOP START
Text		**Bemerkung:** Die Grenzstelle ist das Sinnbild für den Beginn oder das Ende eines Programmes
n / n	Übergangsstelle	8 8
		Bemerkung: Falls ein Programmablaufplan auf einem anderen Blatt fortgesetzt werden muß, kennzeichnen die Übergangsstellen mit gleichen Zahlen, an welcher Stelle das Programm auf dem anderen Blatt fortgesetzt werden muß.
↓	Richtungspfeil	**Bemerkung:** Falls keine Richtungspfeile angegeben werden, wird der Programmablaufplan von oben nach unten und von links nach rechts gelesen.

B i l d 1: Nach DIN 66001 genormte Sinnbilder von Programm-
ablaufplänen:

2.1 Programmablaufpläne

Ein Programmablaufplan ist eine graphische Darstellung, die den Arbeitsablauf einer Problemstellung in einzelnen Schritten darstellt.

Die Programmablaufpläne setzen sich aus verschiedenen Sinnbildern zusammen, die nach DIN 66001 genormt sind. Durch Einfügen eines Textes in die Sinnbilder wird die Art der Vorgänge genau spezifiziert. Die Reihenfolge der Vorgänge wird durch Pfeile angedeutet. Für einfache Aufgaben genügt die Kenntnis der in B i l d 1 aufgeführten Sinnbilder.

Das Zeichnen der Programmablaufpläne wird durch Schablonen erleichtert (B i l d 2).

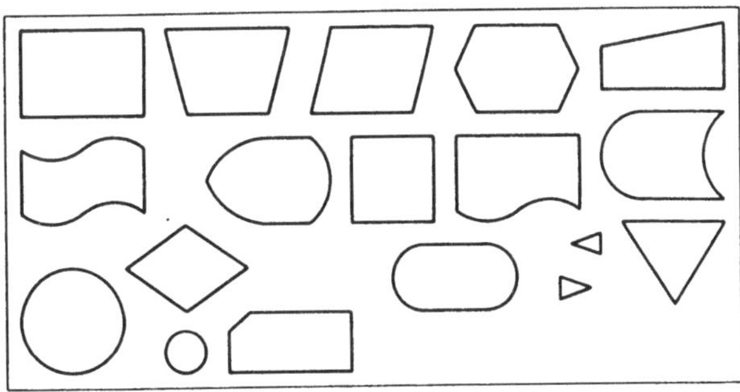

B i l d 2: Beispiel einer Schablone zur Erstellung von Programmablaufplänen

Vorteile bei der Anwendung von Programmablaufplänen:

Der Programmablaufplan erweist sich bei umfangreichen Aufgaben als sehr zweckmäßig. Insbesondere sind folgende Vorteile zu nennen:

o Der Programmablaufplan verschafft dem Programmierer durch die logische Gliederung einen Überblick über den Gang der Rechnung.

o Der Programmablaufplan verhindert das Programmieren von
"Sackgassen".
Eine Sackgasse würde sich z.B. in einem Programm ergeben,
wenn ein Zweig einer Verzweigung durch Vergeßlichkeit des
Programmierers nicht weiter berücksichtigt würde. Wenn bei
einer späteren Benutzung des Programms dieser Zweig gewählt
wird, so gibt es keine darauffolgende Anweisung. Das Pro-
gramm endet in einer Sackgasse. In einem Programmablaufplan
sind derartige Sackgassen gut zu erkennen und können somit
vermieden werden.

o Der Programmablaufplan bietet ein gutes Verständigungsmittel
zwischen einem Spezialisten und einem Programmierer.
Spezialisten verfügen teilweise über keine ausreichenden
Programmierkenntnisse. Ein Programmierer hingegen verfügt
nicht immer über die notwendigen Spezialkenntnisse, um pro-
grammierbare Regeln aus einer Aufgabenstellung abzuleiten.
Hier bietet sich der Programmablaufplan als gemeinsames
Verständigungsmittel an.

o Der Programmablaufplan hilft bei der Fehlersuche von logi-
schen Fehlern.
Durch die logische Gliederung des Problems in eine Folge von
Einzelschritten ist der Programmablaufplan wegen der besse-
ren Übersicht meist besser als das Programm selbst geeignet,
logische Fehler im Programmablauf zu finden.

o Der Programmablaufplan dient zur Dokumentation des Programms.

Programme sollen auch später, eventuell von anderen Personen,
wieder benutzt werden können. Sie müssen sich auf einfache
Art darüber informieren können, wie das Programm aufgebaut
ist, welcher Lösungsweg gewählt wurde usw. In vielen Fällen
kann der Programmablaufplan eine spezielle Programmbeschrei-
bung ersparen.

2.2 Struktogramme

Programmablaufpläne sind als Hilfsmittel zur graphischen Dar-
stellung von Programmen weit verbreitet und auch genormt. Sie
beschreiben die logische Struktur eines Algorithmus und den
Ablauf, d.h. die Reihenfolge der Schritte zu programmierender
Probleme. Die Praxis zeigt jedoch, daß dieses Hilfsmittel den

Programmierer dazu verführt, Programme ohne größere Überlegung an beliebigen Stellen zu verzweigen und mit Hilfe der Übergangsstellen an beliebigen Orten, oft auf anderen Blättern, wieder zusammenzuführen. Dadurch ist ein Programm vielfach nicht mehr in einfache, selbständige Blöcke aufteilbar, d.h. die Strukturierung des Programms wird erschwert oder sogar unmöglich gemacht. Die Strukturierung ist jedoch für umfangreiche Problemstellungen sehr wichtig. Aus diesem Grunde haben NASSI und SHNEIDERMANN eine graphische Darstellungsmethode entwickelt, die einen "Sprung" von einem Punkt zu einem anderen Punkt im Programmablaufplan verhindert. Damit wird gleichzeitig sichergestellt, daß nicht nur der "Programmfluß", sondern auch die "Programmstruktur" deutlich wird, d.h. die Bedeutung der einzelnen Programmteile für den Gesamtablauf wird auf den ersten Blick erkennbar.

Sinnbild	Bedeutung	Erläuterung
Text	*Prozeß* (Aktivität, Operation)	Das Prozeßsinnbild dient zur Darstellung eines oder mehrerer Befehle wie z.B. • Wertzuweisungen (arithmetische Zuordnungsanweisungen) • Ein- und Ausgabeanweisungen (diese besitzen in Programmablaufplänen ein spezielles Sinnbild) • Unterprogrammaufrufe (diese besitzen in Programmablaufplänen ebenfalls ein spezielles Sinnbild, das allerdings in Bild 1 nicht aufgenommen wurde). Die Form des Prozeßsinnbildes ist rechteckig. Die Größe ist frei wählbar.
Text F \/ T	*Verzweigung* (Entscheidung, Selektion)	Das Verzweigungssinnbild dient zur Darstellung bedingter Verzweigungen mit zwei Alternativen (**Ja/Nein-Entscheidung**). Das Verzweigungssinnbild besteht aus drei Dreiecken. Das mittlere Dreieck (Text) enthält die Bedingung (Frage), die entweder mit NEIN (F = FALSE) oder JA (T = TRUE) zu beantworten ist. Je nach Beantwortung der Frage wird das Programm mit einem Prozeßsinnbild, das direkt auf das linke Dreieck (F) oder auf das rechte Dreieck (T) folgt, fortgesetzt. Die Größe des Verzweigungssinnbildes ist von der jeweiligen Anwendung und dessen Erfordernissen abhängig.
Wiederholungsbed. Rumpf	*Wiederholung* (Schleife, Iteration)	Das Wiederholungssinnbild dient zur Darstellung von Schleifen. Die Wiederholungsbedingung steht links oben im Wiederholungssinnbild. Hier wird z.B. die Zahl der Wiederholungen angegeben oder die Bedingung, unter der die Wiederholung zu beenden ist. Die zu wiederholenden Anweisungen stehen im inneren Rechteck (Rumpf). Der Rumpf kann aus einer Struktur beliebiger Verwicklung bestehen. Eine Verschachtelung von Schleifen ist möglich (weitere Schleifen im Rumpf!).
BEGIN Rumpf END	*Anfang und Ende*	Das Anfang- und Ende-Sinnbild dient zur Darstellung des Beginns oder des Endes von Programmen.

B i l d 3: Grund-Symbole für Struktogramme

Das Lesen und Zeichnen von Struktogrammen ist schnell erlern-
bar, da im wesentlichen nur 4 Basis-Symbole verwendet werden,
die in speziellen Fällen etwas verändert werden. Sie sind zwar
nicht genormt, jedoch in der Literatur bislang gleichartig
dargestellt worden. Die 4 Basis-Symbole und zwei häufig benutz-
te Varianten zeigen B i l d 3 und B i l d 4.

Sinnbild	Bedeutung	Erlauterung
Text 1 2 3 4	*Mehrfachverzweigung* (Schalter)	Das Mehrfachverzweigungssinnbild dient zur Darstellung beding-ter Verzweigungen mit mehr als zwei Alternativen. Das obere Dreieck des Sinnbildes enthält die Fallabfrage (Bedingung), d.h. hier wird angegeben, unter welcher Bedingung zu den einzlnen Fällen (1, 2, ... n) verzweigt wird.
Wiederholungsbed. Rumpf Abbruchbed.	*Schleife mit* *Abbruchbedingung*	Dieses Sinnbild dient zur Darstellung von Schleifen, die unter bestimmten Bedingungen abzubrechen sind. Es gleicht dem normalen Wiederholungssinnbild mit dem Unterschied, daß im Rumpf die Abbruchbedingung aufgenommen ist.

B i l d 4: Häufig benutzte Symbolvarianten für Struktogramme

2.3 Beispiele

Beispiel 1

Aufgabenstellung:

Es soll die Summe der ganzen geraden Zahlen von 1 bis 20 ge-
bildet werden. Geben Sie zur Lösung dieses Problems sowohl
einen Programmablaufplan als auch ein Struktogramm an.

Erklärung:

Zunächst müssen die Anfangswerte gesetzt werden. So wird zu-
nächst der Inhalt der Speicherzelle, in der die Summen nach
jedem Schleifendurchlauf abgespeichert werden, Null gesetzt,
damit Werte, die vorher möglicherweise in der Speicherzelle
standen, das Ergebnis nicht verfälschen können (Summe = $\emptyset$).

Außerdem wird der Anfangswert der Laufvariablen I auf den er-
sten ganzzahligen Wert, der zur Summe beiträgt, festgelegt
(I = 2).
Es erfolgt anschließend die erste Rechnung: SUMME = $\emptyset$ + 2.
Darauf folgt die erste Indexerhöhung, die sich aus I = I + 2

<u>Programmablaufplan:</u>

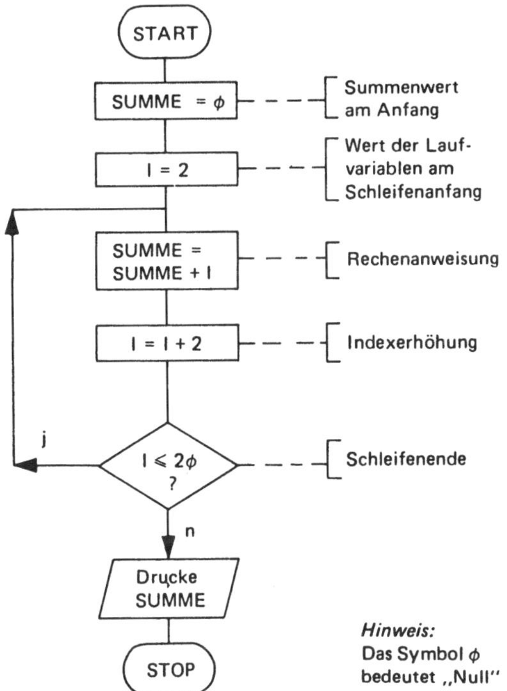

mit den vorgegebenen Werten zu I = 2 + 2 = 4 ergibt. Durch
eine Abfrage, ob I ≤ 2∅ ist, wird der Index I überprüft. Ist
der Wahrheitswert wahr, wird die zweite Rechnung SUMME = 2 + 4
ausgeführt usw. Die Schleife wird so lange durchlaufen, bis
I > 20 wird. Dann wurden alle ganzen geradzahligen Zahlen ein-
schließlich 20 aufaddiert und die Summe kann gedruckt werden.

<u>Struktogramm:</u>

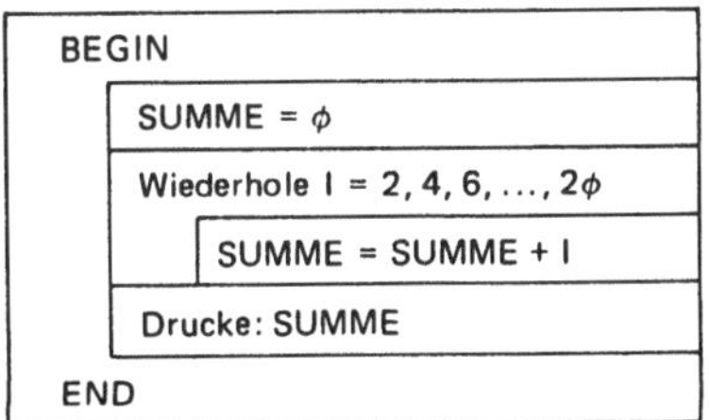

Beispiel 2

Aufgabenstellung:

Es soll die Ablaufstruktur folgender Lampenschaltung graphisch
mit Hilfe eines Programmablaufplanes und eines Struktogrammes
dargestellt werden, die die
Lampe zum Leuchten bzw.
nicht zum Leuchten bringt.

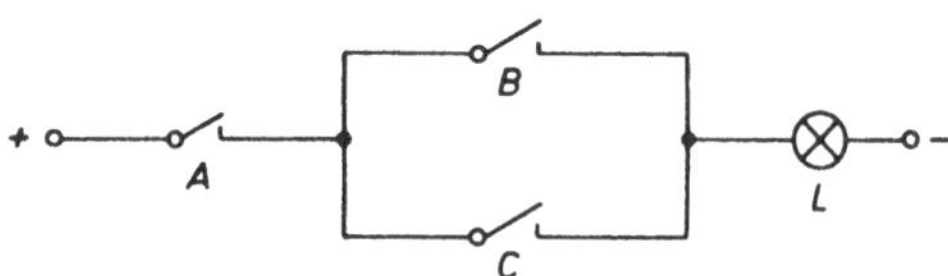

Programmablaufplan:

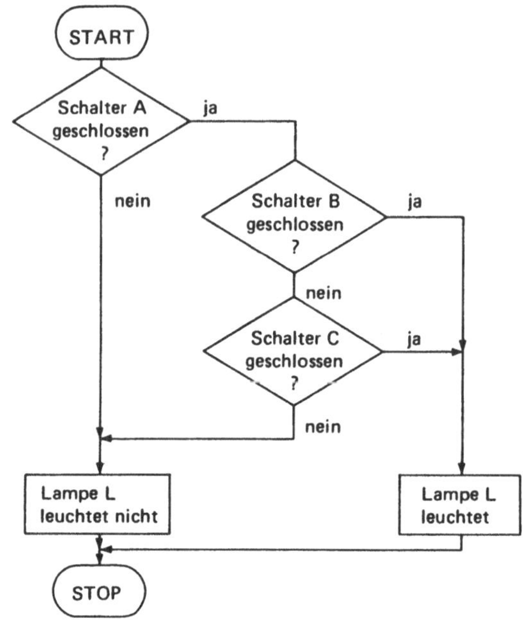

Struktogramm:

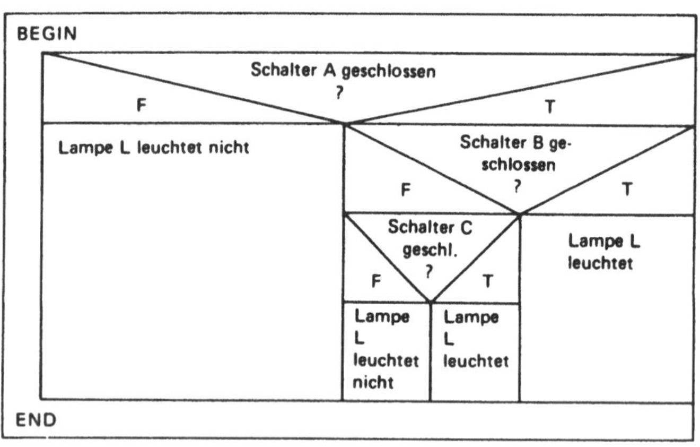

Beispiel 3

Aufgabenstellung:

Aus einer bestimmten Anzahl N von positiven Zahlen A(I) soll
durch einen Suchvorgang die maximale Zahl Amax ermittelt wer-
den. Die Ablaufstruktur soll mit Hilfe eines Programmablauf-
planes und eines Struktogrammes dargestellt werden.

Programmablaufplan:

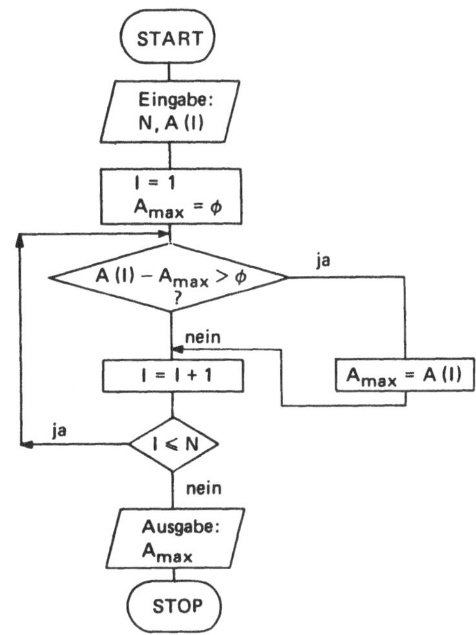

Struktogramm:

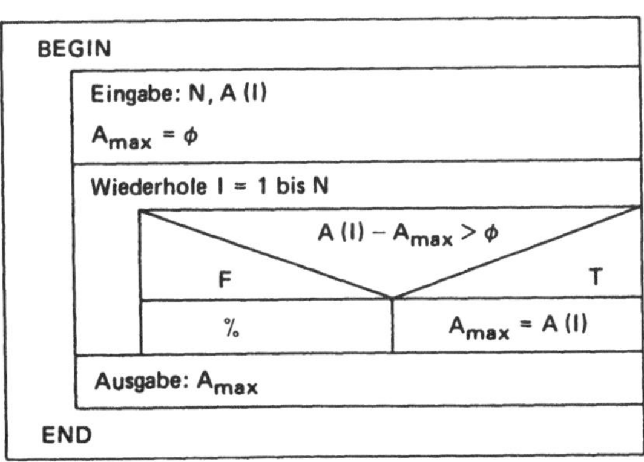

Ein Spiel – algorithmisch betrachtet
von Rüdeger Baumann

Warum Spiele? fragen Sie.
Ich antworte: um die Kunst
der Erfindung zu vervollkommnen.

LEIBNIZ 1716

Das folgende Beispiel unterbreite ich aus drei Gründen: erstens seines ästhetischen Reizes und der vielfältigen mathematischen Bezüge wegen; zweitens, weil es die gemeinsame algorithmische Struktur aller deterministischen Zweipersonenspiele zeigt; und drittens, weil es Gelegenheit gibt, Vorzüge der Programmiersprache Pascal gegenüber BASIC herauszustellen.

1 WYTHOFFs NIM

Ein schon den alten Chinesen bekanntes, von dem Holländer W.A. Wythoff 1907 neuentdecktes Nim-ähnliches Spiel lautet (in geometrischer Fassung) folgendermaßen:

Gegeben ist ein schachbrettartiges Spielfeld beliebiger Größe und eine Damefigur.

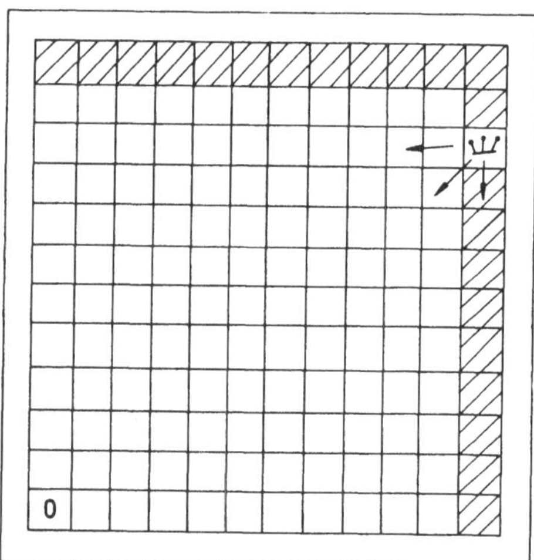

Spieler A setzt die Dame auf eines der Felder der obersten Zeile oder der am weitesten rechts befindlichen Spalte (in der Abbildung schraffiert). Die Dame kann wie beim Schachspiel bewegt werden, aber nur in den Richtungen West, Südwest, Süd (siehe die Pfeile). B hat den ersten Zug, dann wird abwechselnd gezogen. Wer nicht mehr ziehen kann, weil die Dame im Eck O steht, hat verloren.

Wir stellen sofort fest: Steht die Dame in der Zeile, Spalte oder Diagonale, welche die Null O enthält, kann der am Zug befindliche Spieler unmittelbar gewinnen, indem er die Dame

auf das O-Feld zieht. Wir markieren die Felder dieser Reihen (mit jeweils einem Stern *), da wir sie beim Setzen der Dame vermeiden müssen.

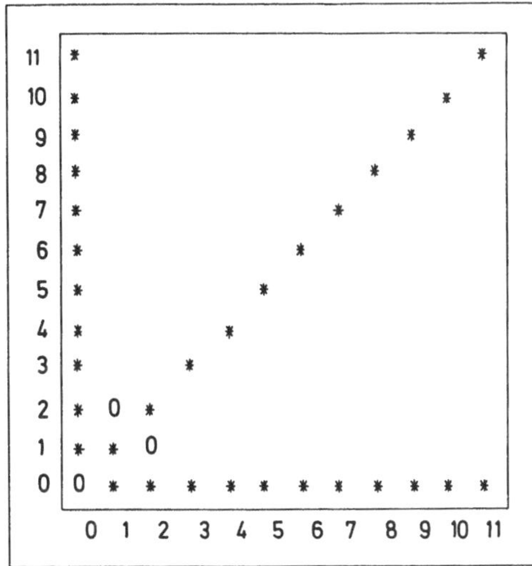

Als nächstes nicht markiertes Feld erhalten wir (1;2): es bezeichnet eine <u>Verluststellung</u> für den gerade am Zug befindlichen Spieler. Wie er auch zieht, immer gerät er auf ein mit * markiertes Feld und muß

verlieren. Auf diese Weise ermitteln wir, von der Endstellung her aufsteigend, rekursiv die Verluststellungen und belegen sie mit dem Zeichen O.

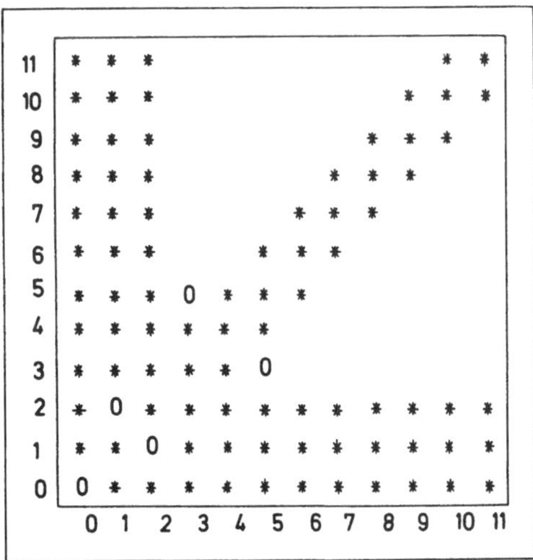

Es handelt sich um eine Art Siebverfahren (analog zum Sieb des
Eratosthenes), das sich folgendermaßen beschreiben läßt:

WYTHOFF-SIEB

```
FÜR x VON ∅ BIS n WIEDERHOLE
  FÜR y VON ∅ BIS n WIEDERHOLE
    WENN brett(x,y) = ∅ DANN
      gib position x,y aus; (* Verluststellung *)
      markiere alle von x,y ausgehenden waagerechten,
      senkrechten und diagonalen reihen
    ENDE-WENN
  ENDE-WIEDERHOLE
ENDE-WIEDERHOLE
```

Dies ist der Kern einer vom Computer anzuwendenden Strategie:
er braucht die Dame lediglich auf die nächstliegende so ermit-
telte Verluststellung zu ziehen (sofern sie nicht schon auf
einer steht; in diesem Fall macht der Computer einen Verlegen-
heitszug und hofft auf einen Fehler des Gegners).

2 SPIELPROGRAMM

Jedes Wettkampfspiel zwischen zwei Personen (Mensch und Compu-
ter) läßt sich gliedern, wie es das folgende Baumdiagramm be-
schreibt (siehe Schrage [14]):

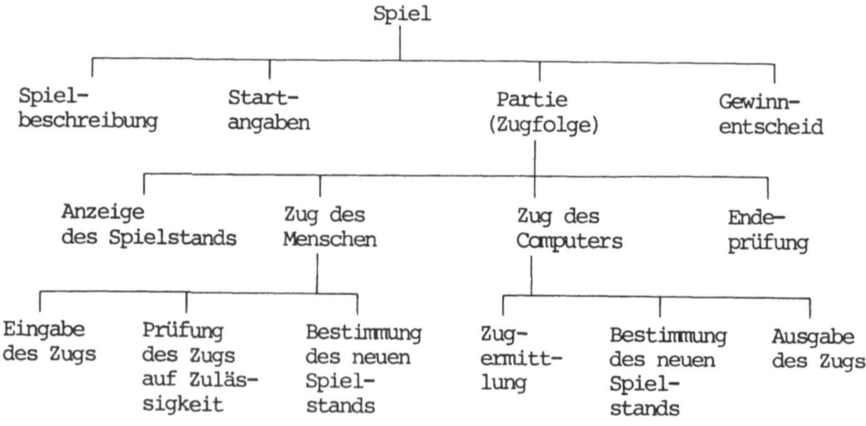

Die Besonderheiten unseres Spiels kommen erst bei der Ermitt-
lung des Computerzugs zur Geltung. Bevor wir darauf eingehen,
wird - gemäß dem Baumdiagramm - die Grobstruktur des Spielpro-
gramms entwickelt; es lautet in der Programmiersprache Pascal:

```
PROGRAM treib-die-dame;
   (* nim-ähnliches strategiespiel, das von den alten chine-
      sen erfunden, und von w.a. wythoff neuentdeckt wurde *)

   CONST
      seitenlänge  = 5∅;

   TYPE
      bereich       = ∅..seitenlänge;
      feldtyp       = (leer, markiert, dame);
      spielbrettyp  = ARRAY[bereich, bereich] OF feldtyp;
      stellungstyp  = RECORD x,y : bereich END;
      spielertyp    = (mensch, computer);

   VAR
      brett         : spielbrettyp;
      position      : stellungstyp;
      amzug         : spielertyp; (* kennzeichnet den am Zug
                                     befindlichen Spieler *)

   PROCEDURE beschreibung;
      (* gibt die spielanleitung und benutzerhinweise *)
      BEGIN (* wird hier nicht ausgeführt *) END;

   PROCEDURE startangaben;
      (* legt anziehenden spieler und startposition fest *)
      BEGIN (* wird hier nicht ausgeführt *) END;

   PROCEDURE partie;
      (* das eigentliche spiel, die zugfolge *)
      BEGIN (* wird weiter unten ausgeführt *) END;

   PROCEDURE gewinnentscheid;
      (* ermittelt den gewinner der partie *)
      BEGIN (* wird weiter unten ausgeführt *) END;

   BEGIN (* Hauptprogramm *)
      beschreibung;
      startangaben;
      partie;
      gewinnentscheid
   END.
```

In der Prozedur 'Startangaben' wird der anziehende Spieler be-
stimmt, und es wird die Anfangsposition der Dame durch jenen
festgelegt. Wegen der Platzbeschränkung in diesem Band muß ich
auf den Abdruck der Prozedur verzichten; interessierten Lesern
kann ich einen Ausdruck des vollständigen Pascal-(oder auch
BASIC-)Programms zusenden. Die Prozedur 'Gewinnentscheid' ist
ganz einfach:

```
PROCEDURE gewinnentscheid;
   (* ermittelt den gewinner der partie *)

BEGIN
   IF amzug = mensch THEN
     writeln('Sie haben verloren.')
   ELSE
     writeln('Sie haben gewonnen!')
END; (* of gewinnentscheid *)
```

Interessant ist allein die Prozedur 'Partie'; ihre Grobstruk-
tur lautet wie folgt:

```
PROCEDURE partie;
   (* das eigentliche spiel, die zugfolge *)
   VAR
     links, unten : bereich;

   PROCEDURE spielstandsausgabe;
      (* gibt den aktuellen spielstand aus *)
      BEGIN ( * wird im folgenden nicht ausgeführt *) END;

   PROCEDURE neuer-spielstand;
      (* der neue spielstand wird berechnet *)
      BEGIN (* im folgenden nicht ausgeführt, da sehr ein-
                                            fach *) END;

   PROCEDURE der-mensch-zieht;
      (* der spielzug des menschen wird eingelesen und aus-
                                         geführt *)
      BEGIN (* wird im folgenden dargestellt *) END;

   PROCEDURE der-computer-zieht;
      (* der spielzug des computers wird ermittelt und aus-
                                         geführt *)
      BEGIN (*  wird im folgenden genauer dargestellt *) END;

   FUNCTION partie-ende : boolean;
      BEGIN
        partie-ende := (position.x = 0) AND (position.y = 0)
      END; (* of partieende *)
```

```
BEGIN (* partie *)
  REPEAT
    spielstandsausgabe;
    IF amzug = mensch THEN BEGIN
      der-mensch-zieht;
      amzug := computer END
    ELSE BEGIN
      der-computer-zieht;
      amzug := mensch
    END(*of else*)
  UNTIL partie-ende
END; (*of partie*)
```

Die Prozedur "der Mensch zieht" lautet wie folgt:

```
PROCEDURE der-mensch-zieht;
  (*  der spielzug des Menschen wird eingelesen und aus-
                                         geführt *)

  FUNCTION in-ordnung : boolean;
    (* prüft, ob der spielzug legal ist *)
    BEGIN (* wird nicht näher ausgeführt *)   END;

  PROCEDURE zugeingabe;
    (* der zug des menschen wird eingelsen *)
    BEGIN (* nicht ausgeführt, da einfach *) END;

  BEGIN
    REPEAT zugeingabe UNTIL in-ordnung;
    neuer-spielstand;

  END; (* of der mensch zieht *)
```

Analog dazu die Prozedur "der Computer zieht":

```
PROCEDURE der-computer zieht;
  (* der spielzug des computers wird ermittelt und aus-
                                           geführt *)

  VAR
    x,y : bereich;

  PROCEDURE zugausgabe;
    (* der ermittelte spielzug wird ausgegeben *)
    BEGIN (* hier nicht ausgeführt, da klar *) END;

  PROCEDURE zugermittlung;
    (* der computer ermittelt seinen besten zug *)
    BEGIN (* wird unten näher beschrieben *) END;

  BEGIN

    zugermittlung;
    neuer-spielstand;
    zugausgabe

  END; (* of der computer zieht *)
```

Die Spielstrategie steckt in der Prozedur 'Zugermittlung':

```
PROCEDURE zugermittlung;
  (* der computer ermittelt seinen besten zug *)
  VAR
    i : integer;

  PROCEDURE waagerechtmarkieren"
    (* eine zeile wird markiert und ggf. die dame entdeckt *)
    BEGIN (* wird unten näher erläutert *) END;

  PROCEDURE senkrechtmarkieren;
    (* eine zeile wird markiert und ggf. die dame entdeckt *)
    BEGIN (* analog zu waagerechtmarkieren *) END;

  PROCEDURE diagonalmarkieren;
    (* eine diagonale wird markiert und ggf. die Dame ent-
                                           deckt *)
    BEGIN (* analog zu senkrechtmarkieren *) END;

  BEGIN
    FOR x := Ø TO seitenlänge DO
      FOR y := Ø TO seitenlänge DO
        brett[x,y] := leer;
    brett[x,y] := dame;
    links := Ø; unten := Ø;
```

```
      FOR x := Ø TO seitenlänge DO
        FOR y := Ø TO seitenlänge DO BEGIN
          IF brett[x,y] = leer THEN BEGIN
            writeln(x,' ',y); (* verluststellung *)
            waagerechtmarkieren;
            senkrechtmarkieren;
            diagonalmarkieren
          END;
          IF (links = Ø) AND (unten = Ø) THEN
            links := 1 (* Verlegenheitszug *)
        END (* of for *)
    END; (* of zugermittlung *)
```

Es bleibt die Prozedur "waagerecht markieren", die die von
einer Verluststellung ausgehende Zeile markiert; findet sie
auf einem Feld die Dame, so zieht sie diese waagerecht auf die
Verluststellung, von der sie ausging und springt aus der Pro-
zedur 'Zugermittlung' heraus.

```
  PROCEDURE waagerechtmarkieren;
    (* eine zeile wird markiert und ggf. die dame entdeckt *)

  BEGIN
    i := 1;
    WHILE x+i <= seitenlänge DO BEGIN
      IF brett[x+i,y] = dame THEN BEGIN
        links := i; unten := Ø;
        exit(zugermittlung)
      END; (* of then *)
      brett[x+i,y] := markiert;
      i := i+1
    END (* of while *)

  END; (* of waagerechtmarkieren *)
```

3 VERGLEICH BASIC-Pascal

Beim folgenden BASIC-Programm wurde versucht, genau die eben
beschriebene Struktur (Gliederung in Hauptprogramm und Proze-
duren) nachzuahmen. Trotzdem wird längst nicht der Grad an Les-
barkeit und Verständlichkeit wie beim Pascal-Programm erreicht;
u.a. aus folgenden Gründen:

- Prozeduren lassen sich in BASIC nicht benennen und unter ih-
  rem Namen aufrufen,

- Variablen haben in BASIC nur zwei signifikante Zeichen,
- die Definition von Datentypen, wie z.B. unser
  "feldtyp = (leer, besetzt, dame)" ist in BASIC nicht möglich.

Ein großer Vorteil von BASIC gegenüber Pascal soll indessen
nicht verschwiegen, sondern muß gebührend herausgestellt wer-
den: BASIC ermöglicht schon zwölfjährigen Schülern, komplexe
Spielprogramme (wie z.B. das vorliegende) zu entwickeln; in
Pascal würden sie dagegen bereits an den Deklarationen schei-
tern. Ihr Arbeitsstil ist intuitiv und experimentierend, durch
Versuch und Irrtum tasten sie sich an das ihnen vorschwebende
Ziel heran: dergleichen ist in Pascal nicht möglich.

```
1000 : PRINT CHR$(147)
1010 : PRINT "        TREIB DIE DAME IN DIE ECKE
1011 : PRINT "        ------------------------------
1012 :
1020 REM NIM-AEHNLICHES STRATEGIESPIEL, DAS VON DEN ALTEN CHINESEN
1021 REM ERFUNDEN UND VON W.A.WYTHOFF (1907) NEU ENTDECKT WURDE
1022 :
1099 :
1100 REM *** HAUPTPROGRAMM ********************************************
1101 :
1200 : GOSUB 2000 : REM BESCHREIBUNG
1300 : GOSUB 3000 : REM STARTANGABEN
1400 : GOSUB 4000 : REM PARTIE
1500 : GOSUB 5000 : REM GEWINNENTSCHEID
1900 : END
1901 :
1990 REM ENDE DES HAUPTPROGRAMMS *************************************
1998 :
1999 :
2000 REM ### PROZEDUR 'BESCHREIBUNG' ##############################
2001 :
2100 : REM HIER SOLLTEN DIE SPIELREGELN UND BENUTZERHINWEISE STEHEN
2101 :
2900 : RETURN
2901 :
2990 REM ENDE DER PROZEDUR 'BESCHREIBUNG' #######################
2999 :
3000 REM ### PROZEDUR 'STARTANGABEN' #############################
3001 :
3050 : LET N = 20 : REM SEITENLAENGE DES BRETTS
3100 : DIM B(N,N) : REM SPIELBRETT
3190 :
3200 : PRINT "GEBEN SIE DIE ANFANGSPOSITION EIN!
3201 :
3205 : PRINT
3210 : INPUT "X-KOORDINATE "; X
3220 : INPUT "Y-KOORDINATE "; Y
3221 :
3230 : IF X > N  OR Y > N  THEN PRINT "ZU GROSS!": GOTO 3210
3240 : LET B(X,Y) = 5
3300 : LET SP$ = "COMPUTER"
3301 :
3900 : RETURN
3901 :
3990 REM ENDE DER PROZEDUR 'STARTANGABEN' ######################
3999 :
```

```
4000 REM ### PROZEDUR 'PARTIE' ##############################################
4001 :
4100 : REM === PROZEDURRUMPF 'PARTIE' ===============================
4101 :
4110 :      GOSUB 4200 : REM SPIELSTANDSAUSGABE
4120 :      IF SP$ = "COMPUTER" THEN 4150
4121 :
4130 :    REM --- DER MENSCH IST AM ZUG
4131 :
4135 :      GOSUB 4300 : REM ZUG DES MENSCHEN
4140 :      LET SP$ = "COMPUTER"
4145 :      GOTO 4170  : REM PARTIE ZU ENDE?
4149 :
4150 :    REM --- DER COMPUTER IST AM ZUG
4151 :
4153 :      PRINT : PRINT "LASSEN SIE MICH UEBERLEGEN ...
4155 :      GOSUB 4400 : REM ZUG DES COMPUTERS
4160 :      LET SP$ = "MENSCH"
4165 :
4170 :    REM --- PRUEFUNG AUF PARTIEENDE
4171 :
4175 :      GOSUB 4900
4180 :      IF E$ = "WEITER" THEN 4110
4185 :
4190 :      RETURN
4191 :
4195 : REM ENDE DES PROZEDURRUMPFS 'PARTIE' ==========================
4199 :
4200 : REM +++ UNTERPROZEDUR 'SPIELSTANDSAUSGABE' +++++++++++++++++++
4201 :
4210 :    PRINT
4220 :    PRINT "SPIELSTAND: "; X; Y
4221 :
4290 :    RETURN
4291 :
4295 : REM ENDE DER UNTERPROZEDUR 'SPIELSTANDSAUSGABE' ++++++++++++++++
4299 :
4300 : REM +++ UNTERPROZEDUR 'ZUG DES MENSCHEN' +++++++++++++++++++++
4301 :
4310 :    PRINT
4320 :    PRINT "SIE SIND DRAN!
4330 :    INPUT "WIEVIEL NACH LINKS "; L
4340 :    INPUT "WIEVIEL NACH UNTEN "; U
4350 :    IF L*U <> O AND L <> U THEN PRINT "FALSCHER ZUG!": GOTO 4330
4360 :    IF L = O AND U = O THEN PRINT "SIE MUESSEN ZIEHEN!": GOTO 4330
4361 :
4370 :    LET X = X-L : LET Y = Y-U
4380 :    IF X < O OR Y < O THEN 4330
4385 :    LET B(X,Y) = 5
4389 :
4390 :    RETURN
4391 :
4395 : REM ENDE DER UNTERPROZEDUR 'ZUG DES MENSCHEN' ++++++++++++++++
4399 :

4400 : REM +++ UNTERPROZEDUR 'COMPUTERZUG' +++++++++++++++++++++++++++
4401 :
4405 :    FOR R = O TO N : FOR S = O TO N : LET B(R,S) = O : NEXT S,R
4406 :    LET B(X,Y) = 5
4407 :    LET L = O : LET U = O
4409 :
4410 :    FOR R = O TO N
4420 :      FOR S = O TO N
4430 :        IF B(R,S) = 1 THEN 4600
4435 :        PRINT R,S : REM AUSGABE DER VERLUSTSTELLUNG
4440 :
4450 :        LET I = O
```

```
4460 :          LET I = I+1 : IF R+I > N THEN 4500
4470 :          IF B(R+I,S) <> 5 THEN LET B(R+I,S) = 1 : GOTO 4460
4480 :          LET L = I : LET U = 0 : GOTO 4700
4490 :
4500 :          LET I = 0
4510 :          LET I = I+1 : IF S+I > N THEN 4550
4520 :          IF B(R,S+I) <> 5 THEN LET B(R,S+I) = 1 : GOTO 4510
4530 :          LET L = 0 : LET U = I : GOTO 4700
4540 :
4550 :          LET I = 0
4560 :          LET I = I+1 : IF R+I > N OR S+I > N THEN 4600
4570 :          IF B(R+I,S+I) <> 5 THEN LET B(R+I,S+I) = 1 : GOTO 4560
4580 :          LET L = I : LET U = I : GOTO 4700
4590 :
4600 :       NEXT S
4610 :     NEXT R
4699 :
4700 :     IF L = 0 AND U = 0 THEN LET L = 1 : REM VERLEGENHEITSZUG
4710 :     PRINT "ICH ZIEHE"; L;"NACH LINKS UND"; U;"NACH UNTEN.
4720 :     LET X = X-L : LET Y = Y-U
4730 :
4790 :     RETURN
4791 :
4795 : REM ENDE DER UNTERPROZEDUR 'COMPUTERZUG' ++++++++++++++++++++++
4799 :
4900 : REM +++ UNTERPROZEDUR 'PARTIEENDE' ++++++++++++++++++++++++++++
4901 :
4910 :     LET E$ = "WEITER"
4920 :     IF X = 0 AND Y = 0 THEN LET E$ = "ENDE"
4930 :
4990 :     RETURN
4991 :
4995 : REM ENDE DER UNTERPROZEDUR 'PARTIEENDE' +++++++++++++++++++++++
4999 :
5000 REM ### PROZEDUR 'GEWINNENTSCHEID' ###########################
5001 :
5100 : IF SP$ = "MENSCH"    THEN PRINT "SIE HABEN VERLOREN.
5200 : IF SP$ = "COMPUTER" THEN PRINT "SIE HABEN GEWONNEN!
5300 :
5900 : RETURN
5901 :
5990 REM ENDE DER PROZEDUR 'GEWINNENTSCHEID' ######################
5999 :
```

4   MATHEMATISCHE ENTDECKUNGEN

Beim Spiel gegen den Computer produziert dieser auf seiner Suche nach einem optimalen Zug die Folge der Zahlenpaare $x(n)$, $y(n)$, welche die Verluststellungen kennzeichnen:

n	1	2	3	4	5	6	7	8	9	10	11	12	13	14	15	16
x(n)	1	3	4	6	8	9	11	12	14	16	17	19	21	22	24	25
y(n)	2	5	7	10	13	15	18	20	23	26	28	31	34	36	39	41

An ihr lassen sich interessante mathematische Entdeckungen machen. Wir stellen zunächst fest:

(1) $$x(n) + y(n) = n$$

(2) $x(n)$ ist die kleinste der bisher noch nicht aufgetretenen Zahlen.

Hieraus läßt sich die Folge der Verluststellungen ohne die aufwendige Suche in der Prozedur 'Zugermittlung' rein numerisch (rekursiv) gewinnen (und zu Beginn eines Spiels speichern). Dies ist wieder ein Beispiel für den Sachverhalt:

- Mit etwas Mathematik kann man sich aufwendiges Programmieren ersparen.

Sein Gegenstück lautet:

- Mit etwas Programmieren kann man (eventuell schwierige) Mathematik umgehen;

beide zusammen kennzeichnen das ambivalente Verhältnis von Computer und Mathematik, welches zunehmend den Unterricht zu beherrschen beginnt. -
Dem Kenner fällt sofort auf, daß in obiger Tabelle die Fibonacci-Folge versteckt ist; damit ist der Weg zum goldenen Schnitt nicht weit (vgl. [4]). Die Folgen $x(n)$, $y(n)$ sind in der Form

(3) $$x(n) = int(n \cdot \varphi)$$

(4) $$y(n) = int(n \cdot \varphi^2) \quad \text{mit} \quad \varphi = \frac{1 + \sqrt{5}}{2}$$

explizit darstellbar (die Programmieraufgabe ist jetzt schon fast trivial!). Hieraus läßt sich eine direkte Kennzeichnung der Verluststellungen entwickeln, die an die berühmte Dualdarstellung der Verluststellungen im Nim-Spiel erinnert.
Aus Platzgründen kann ich diese interessanten - etwa für eine Mathematik- oder Informatikarbeitsgemeinschaft bzw. für den sogenannten problemorientierten Unterricht (vgl. [8]) geeigneten - Möglichkeiten für mathematische Entdeckungen nicht näher eingehen; genaueres findet der Leser in [6], und weitere Literatur in [3, S. 80].

LITERATURVERZEICHNIS

[1]   A v e r b a c h, B./C h e i n, O.: Mathematics. Problem
      Solving through Recreational Mathematics. San Francisco
      (Freeman) 1980

[2]   B a u m a n n, R.: Computerspiele und Knobeleien - pro-
      grammiert in Basic. Würzburg (Vogel) 1982

[3]   B e r l e k a m p, E.R./C o n w a y, J.H./G u y, R.A.:
      Winning Ways for your mathematical plays. London (Acade-
      mic Press) 1982

[4]   C o x e t e r, H.S.M.: The golden section, phyllotaxis,
      and Wythoff's game. In: Scripta mathematica 19 (1953),139

[5]   G a r d n e r, M.: Mathematischer Karneval. Frankfurt -
      Berlin (Ullstein) 1975

[6]   --- : Mathematical games: Cornering a Queen leads un-
      expectedly into corners of the theory of numbers. In:
      Scientific American, März 1977, 134-140

[7]   G r u b e, K.H.: Zum Solitairespiel. In: Der Mathematik-
      unterricht 26/2 (1980), 37-63

[8]   K i e s s w e t t e r, K.: Spielen und Mathematiklernen.
      In: Zentralblatt für Didaktik der Mathematik 11/3 (1979),
      109-112

[9]   K r a w c z y k, R.: Endliche Automaten und Spiele. In:
      Der mathematische und naturwissenschaftliche Unterricht
      31 (1978), 136-143

[10] M a r k w a l d, W.: Legespiele, eine Propädeutik für
      Algorithmen. In: Der Mathematikunterricht 18/4 (1972),
      73-87

[11] M ü l l e r, G./ W i t t m a n n, E.: Der Mathematikun-
      terricht in der Primarstufe. Braunschweig (Vieweg) 1977

[12] S c h r a g e, G.: Ein topologisches Spiel zum Sperner-
      Lemma. In: Praxis der Mathematik 14 (1972), 195-197

[13] --- : Strategiespiele und Gewinnstrategien. In: Mathe-
      matische Semesterberichte 28 (1981), 92-103

[14] --- : Die algorithmische Struktur strategischer Spiele.
      Erscheint demnächst

[15] --- : Rekursive Behandlung strategischer Spiele. Er-
      scheint demnächst

[16] S c h u p p, H.: Funktionen des Spiels im Mathematikun-
      terricht der Sekundarstufe I. In: Praxis der Mathematik
      20 (1978), 107-112

[17] T r a m p l e r, S.: Natur, Umwelt und Spiele im Dienst
      problemorientierten Unterrichts. In: Zentralblatt für
      Didaktik der Mathematik 11/3 (1979), 103-104

[18] W y n a n d s, A.: Spiele auf Graphen. In: Der Mathema-
      tikunterricht 19/2 (1973), 36-56

Zwei Knobeleien

von Rüdeger Baumann

Die folgenden Beispiele sollen zeigen,

- daß Pascal wohlstrukturiertes Programmieren unterstützt,
  während BASIC zum sogenannten Spaghetti-Code verführt,
- daß Pascal zur Modellierung realer Situationen geeignete Da-
  tenstrukturen besitzt, während BASIC hieran arm ist.

1   n-DAMEN-PROBLEME

Ein klassisches Problem der Unterhaltungsmathematik lautet:

> Auf einem Schachbrett sollen acht Damen so plaziert wer-
> den, daß sie sich gegenseitig nicht schlagen können.

Selbst der große C.F. Gauß hat sich mit dieser Aufgabe beschäf-
tigt; und natürlich interessierte er sich nicht nur für _eine_,
sondern für _alle_ Lösungen, mehr noch: er suchte ein systemati-
sches Verfahren zur Erzeugung aller Lösungen. Es läßt sich wie
folgt beschreiben:

"Man setzt von links nach rechts fortschreitend in jede Spalte
des Schachbretts eine Dame, und zwar jedesmal an die tiefst-
mögliche Stelle. Wenn nun der Augenblick kommt, wo man keine
Dame in einer Spalte aufstellen kann, so erhöht man den Platz
der Dame in der vorhergehenden Spalte so lange, bis man fort-
fahren kann."

Die Stellung der Damen auf dem Schachbrett kennzeichnen wir
durch Zahlen $D(i)$; dabei ist i die Nummer der jeweiligen Spal-
te, in der die Dame steht ($i = 1,2,\ldots,n$). Ein Flußdiagramm
zum Gaußschen Verfahren ist in B i l d 1 wiedergegeben.

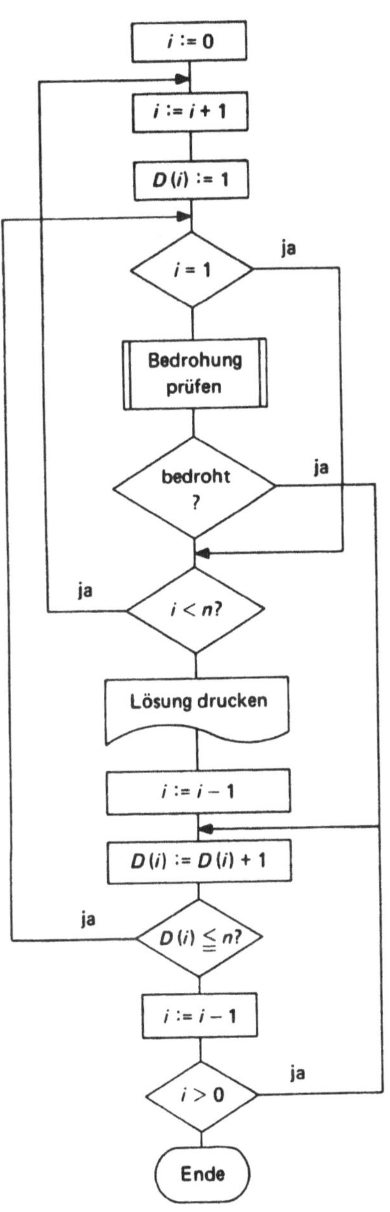

B i l d 1: Flußdiagramm zum n-Damen-Problem

Das zugehörige BASIC-Programm lautet:

```
100    INPUT „Wieviele Damen"; n
110    DIM D(n)
120    LET i = 0
130    LET i = i + 1
140    LET D(i) = 1 : REM erste Dame aufs Brett
150    IF i = 1 THEN 190
160       FOR k = 1 TO i   1 : REM Bedrohung prufen
170          IF D(i) = D(k) OR ABS(D(i)   D(k)) = i   k THEN 230
180       NEXT k
190       IF i < n THEN 130
200          FOR k = 1 TO n   PRINT D(k); : NEXT k
210          PRINT : REM Lösung gefunden und gedruckt
220          LET i = i   1 : REM Dame vom Brett nehmen
230          LET D(i) = D(i) + 1 : REM Dame ruckt vor
240          IF D(i) < = n THEN 150
250             LET i = i - 1 : REM Dame vom Brett
260             IF i > 0 THEN 230
```

Zwei Damen in Spalte i und k bedrohen sich, wenn $D(i) = D(k)$
ist (dann stehen sie in der gleichen Zeile) oder wenn
$|D(i)-D(k)| = |i-k|$ (gleiche Diagonale): dies wird in Zeile
170 überprüft.

Das Programm ist erstaunlich kurz; dies verdankt es vor allem
der in BASIC gegebenen Möglichkeit, an jede beliebige Stelle
innerhalb eines Programms zu springen. Doch birgt sie Gefahren,
denn das Springen (Anweisung GOTO), vor allem das Springen in
Schleifen (wie es das Flußdiagramm anschaulich zeigt), macht
Programme fehleranfällig und erschwert die Fehlersuche.
Schlimmer noch: Programme dieser Art werden ab einem gewissen
Umfang völlig unübersichtlich und ein Beweis der Korrektheit
(hier: Beweis der Tatsache, daß mit dem Programm alle Lösungen
des Acht-Damen-Problems gefunden werden) ist fast unmöglich.

Wollen wir das Gaußsche Verfahren in der Programmiersprache
Pascal darstellen, müssen wir die 'Spaghetti-Fäden' zunächst
entwirren, d.h. dem Algorithmus eine saubere Struktur geben.

Sie läßt sich am besten in einem Struktogramm ausdrücken (zu
dem obigen Flußdiagramm dagegen gibt es kein Struktogramm!).
Dies ist in B i l d 2 angegeben.

Als Preis für die Wohlstrukturiertheit müssen wir die doppel-
te Abfrage "D(i) > Spaltenzahl" bzw. "D(i) $\leq$ Spaltenzahl" zah-
len; sie kam im BASIC-Programm nur einmal vor (Zeile 240). Die

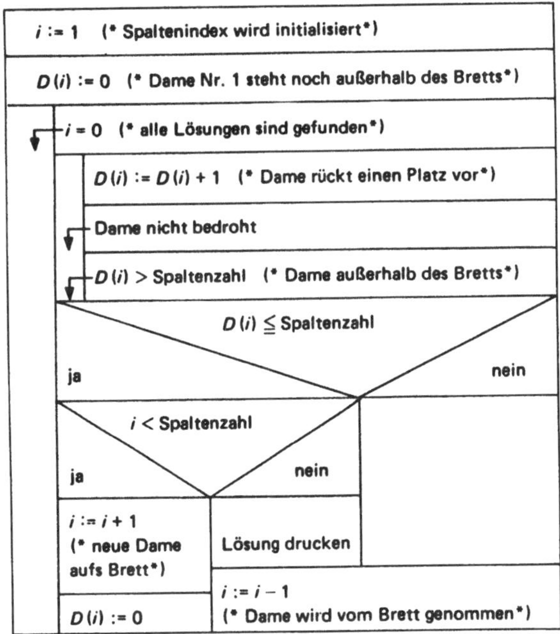

B i l d   2:   Struktogramm zum n-Damen-Problem

Blöcke "Dame nicht bedroht" und "Lösung drucken" legen wir in Unterprogramme (Prozeduren): dies fördert die Übersichtlichkeit.

Das Struktogramm läßt sich unmittelbar in Pascal übersetzen:

```pascal
PROGRAM achtdamen;
   CONST
      spaltenzahl = 8;
   VAR
      brett : ARRAY |1.. spaltenzahl| OF integer;
      index: integer;  (* Spaltenindex der Damen *)
   FUNCTION bedroht (i: integer) : boolean;
      VAR
         k : integer;
      BEGIN
         bedroht := false;
         FOR k := 1 TO i - 1 DO
            IF (brett |i| = brett |k|) OR (abs (brett |i|   brett |k|) = i   k)
               THEN BEGIN
                  bedroht := true; exit (bedroht)
                  END (* of then *)
      END; (* of bedroht *)
   PROCEDURE ausgabe;
      VAR
         k : integer;
      BEGIN
         FOR k := 1 TO spaltenzahl DO write (brett |k| : 4);
         writeln
      END; (* of ausgabe *)
   BEGIN (* Hauptprogramm *)
      index := 1; brett |index| := 0;
      WHILE index > 0 DO BEGIN
         REPEAT
            brett |index| := brett |index| + 1 .
         UNTIL NOT bedroht (index) OR (brett |index| > spaltenzahl);
         IF brett |index| < = spaltenzahl
            THEN
               IF index < spaltenzahl
                  THEN BEGIN
                     index  = index + 1; (* neue Dame *)
                     brett |index| := 0 END (* of then *)
                  ELSE BEGIN
                     ausgabe; (* Lösung gefunden *)
                     index := index   1 (* Dame vom Brett *)
                  END (* of else *)
            ELSE index := index   1 (* Dame vom Brett *)
         END (* of while *)
      END
```

Mit diesen Programm lassen sich die 92 Lösungen des Acht-Damen-Problems, angefangen bei 15863724, bis 84136275 erzeugen; dabei läuft das Pascal-Programm auf einer Microengine etwa 100mal so schnell wie das BASIC-Programm auf einem CBM.

Beachtet man, daß sich aus einer Lösung durch Drehen und Spiegeln weitere erzeugen lassen, reicht es, den Computer nur bis $D(1) = 3$ rechnen zu lassen: dies ermöglicht eine drastische Verkürzung der Rechenzeit. Übrigens kann das Pascal-Programm auch rekursiv formuliert werden; eine Möglichkeit, die es in BASIC nicht gibt.

2 JOSEFS-SPIEL

Eine besondere Stärke von Pascal ist das reiche Angebot an
höheren Datenstrukturen: es gibt - wie in BASIC - das Feld
(array); darüber hinaus aber Menge (set), Verbund (record),
sequentielle Datei (file) sowie den Zeigertyp (pointer). Letz-
terer ist besonders interessant, weil er die Möglichkeit bie-
tet, Variablen dynamisch zu kreieren. Als Exempel hierfür die-
nen das sogenannte Josefs-Spiel [1], ebenfalls ein altes Pro-
blem der Unterhaltungsmathematik, welches in allgemeiner Fas-
sung wie folgt lautet:

> n Personen stehen im Kreis, jeder k-te wird ausgeschie-
> den, wobei sich der Kreis sofort wieder schließt. Ge-
> sucht ist die Reihenfolge der Ausgeschiedenen.

In BASIC lösen wir es so: Wir denken uns die Kriegerschar (in
der alten Geschichte, die dem Problem zugrundeliegt, handelt
es sich um Soldaten) als verkettete Liste, indem wir in ein Feld
mit n Plätzen die Nummer des jeweils rechts stehenden Krie-
gers, also des Nachfolgers in der Zählrichtung, schreiben:

$$k(1) \quad k(2) \quad k(3) \quad \ldots \quad k(n-1) \quad k(n)$$

2	3	4	$\cdots$	n	1

Das heißt z.B.: Krieger 3 ist Nachfolger von Krieger 2, und
Krieger 1 ist Nachfolger von Krieger n: der Ring ist geschlos-
sen.

Das Ausscheiden eines Kriegers wird nun durch die Anweisung
k(z) := k(k(z)) realisiert: auf Platz z des Feldes steht jetzt
nicht mehr der alte Nachfolger k(z), sondern dessen Nachfolger
k(k(z)), d.h. k(z) wurde ausgeschieden. Er wird bei jedem
künftigen Durchlaufen des Feldes übersprungen. Das Ausscheiden
wird so lange fortgeführt, bis nur noch ein Krieger übrig ist:
er ist dann sein eigener Nachfolger. Die Abbruchbedingung lau-
tet also k(z) = z. Damit läßt sich das BASIC-Programm unmittel-
bar hinschreiben:

```
100     PRINT"              Josefs-Spiel"
101     PRINT"              ·············· "
102        :
110     REM Demonstriert verkettete Listen
111        :
120     REM * Eingabe *
121        :
130       INPUT „Wieviel Krieger"; n
140       INPUT „Der wievielte soll jeweils ausgezählt werden"; s
190        :
200     REM * Aufstellen im Kreis *
201        :
210       DIM k (n)
220       FOR z = 1 TO n   1 : LET k (z) = z + 1 : NEXT z
230       LET k (n) = 1 : REM Schließen des Rings
290        :
300     REM * Auszählen *
301        :
310       LET z = n : REM Rückstellen des Zeigers z
320       FOR i = 1 TO s - 1 : LET z = k (z) : NEXT i
330       PRINT k (z);
340       LET k (z) = k (k (z)) : REM Ausscheiden der Nr. z
350        :
360       IF k (z) < > z THEN 320 : REM Noch nicht alle ausgezählt
370          PRINT z : REM Dies ist der letzte
390       END
```

Dialog:

```
Wieviel Krieger? 40
Der wievielte soll jeweils ausgezählt werden? 7
  7  14  21  28  35   2  10  18  26  34   3  12
 22  31  40  11  23  33   5  17  30   4  19  36
  9  27   6  25   8  32  16   1  38  37  39  15
 29  13  20  24
```

In Pascal könnte man dieses Programm natürlich mittels des Datentyps ARRAY nachvollziehen; eine wesentlich elegantere Lösung bieten aber Variablen vom Zeigertyp. (Aus Platzgründen ist es hier leider nicht möglich, den Begriff des Zeigertyps ausführlich zu entwickeln; man vergleiche dazu [2] oder [1].)

Das zugehörige Pascal-Programm ist auf der nächsten Seite abgedruckt.

Dieses Programm hat vor dem BASIC-Programm den Vorteil, daß die Anzahl der aufzustellenden Personen vorher nicht bekannt zu sein braucht. Weiterhin können wir die Namen der Personen (nicht nur ihre Nummern) eingeben: dies wird durch die Benutzung des Datentyps Verbund (RECORD) ermöglicht. Er ist besonders für die Dateibearbeitung wichtig, existiert aber in BASIC leider nicht.

Pascal-Programm "Josephsspiel":

```pascal
PROGRAM josefsspiel;
   TYPE
      zeiger = ↑ soldat;
      soldat = RECORD
                  name       : string;
                  nachfolger : zeiger
               END; (* of soldat *)
   VAR
      erster, krieger : zeiger;
      schrittweite    : integer;
   PROCEDURE aufstellenimkreis;
      PROCEDURE erzeuge (VAR k : zeiger);
         BEGIN
            new (k);
            writeln ('Name?');
            read (k ↑  name)
         END; (* of erzeuge *)
      BEGIN (* of aufstellenimkreis *)
         erzeuge (erster);
         krieger := erster;
         REPEAT
            erzeuge (krieger ↑ . nachfolger);
            krieger := krieger ↑ . nachfolger
         UNTIL eof;
         krieger ↑ . nachfolger := erster
      END; (* of aufstellenimkreis *)
   PROCEDURE auszahlen (schritt : integer);
      VAR
         i : integer;
      BEGIN
         REPEAT
            FOR i := 1 TO schritt   1 DO
               krieger := krieger ↑ . nachfolger;
            write (krieger ↑ . nachfolger ↑ . name : 6);
            krieger ↑ . nachfolger := krieger ↑ . nachfolger ↑ . nachfolger
         UNTIL krieger ↑ . nachfolger = krieger;
         write (krieger ↑ . name   6)
      END; (* of auszählen *)
   BEGIN (* Hauptprogramm *)
      writeln;
      writeln('            Josefs-Spiel');
      writeln('            ...................');
      writeln; writeln;
      writeln('Geben Sie die Namen ein!');
      aufstellenimkreis;
      writeln('Der wievielte soll jeweils ausgezählt werden?');
      read(schrittweite);
      auszahlen(schrittweite)
   END.
```

LITERATURVERZEICHNIS

[1] B a u m a n n, R.: Programmieren mit PASCAL. Würzburg
     (Vogel) 1980

[2] S c h n e i d e r, W.: PASCAL. In: Taschenrechner + Mi-
     krocomputer Jahrbuch 1981

10 Beispiele
von Dietmar Herrmann

1   QUERSUMME

Ganzzahlige Division durch 1Ø und Restbildung trennt die
Einerziffer einer Dezimalzahl ab.
Z.B. gilt:

    7249 mod 1Ø = 9
    7249 div 1Ø = 724.

Setzt man das Verfahren mit dem Quotienten fort, so kann man
schrittweise alle Ziffern abtrennen und die Quersumme berech-
nen.
Dieses Vorgehen kann direkt in Pascal programmiert werden:

```
    quersumme := Ø;
    repeat
        quersumme := quersumme + n mod 1Ø;
        n := n div 1Ø
    until n = Ø;
```

Für die Funktion quersumme muß jedoch noch eine Variable
quers eingeführt werden, da sich sonst die Funktion selbst
aufruft und somit rekursiv berechnet wird.
Zur Ausführung der MOD- und DIV-Funktionen muß die Zahl n als
ganzzahlig vereinbart werden. Dies schränkt die Größe der Zahl
ein; bei dem hier benutzten Compiler gilt nämlich

    MAXINT = 32767.

In BASIC können die Funktionen MOD und DIV mit Hilfe der INT-
Funktion dargestellt werden:

    a mod b   entspricht a - int(a/b)*b
    a div b   entspricht int(a/b).

Da man aber in BASIC mit Hilfe der MID$-Funktion alphanumeri-
sche Variablen in einzelne Zeichen verwandeln kann, liegt ein
anderes Vorgehen nahe:

Die Zahl Z wird durch

```
Z$ = STR$(Z)
```

in eine Ziffernkette verwandelt. Die Quersumme kann dann wie
folgt berechnet werden:

```
Q = Ø
FOR I=1 TO LEN(Z$)
Q = Q + VAL(MID$(Z$,I,1))
NEXT I
```

Die VAL-Funktion wandelt die Ziffern wieder in Zahlen um. Da
die meisten BASIC-Interpreter alphanumerische Variablen bis
zu 255 Zeichen zulassen, kann man damit auch die Quersumme
sehr großer Zahlen berechnen.

```
100 program quersumme(input,output);
110 var   zahl : integer;
120 (*                              *)
130 function quersumme(n:integer):integer;
140 var quers:integer;
150 begin
160       quers:=0;
170       repeat
180           quers:=quers+n mod 10;
190          n:=n div 10
200       until n=0;
210       quersumme:=quers
220 end;(* quersumme *)
230 (*                              *)
240 begin
250       writeln('Berechnung der Quersumme');
260       writeln;
270       writeln('gib natuerliche Zahl ein!');
280       read(zahl);
290       writeln('die Quersumme von',zahl:6,'=',quersumme(zahl):3)
300 end.
```

```
100 REM QUERSUMME EINER ZAHL
110 PRINTCHR$(147)
120 :
130 INPUT"EINGABE DER ZAHL";Z
140 :
150 REM UMWANDLUNG IN EINE ALPHANUMERISCHE VARIABLE
160 Z$=STR$(Z)
170 :
180 Q=0
190 FOR I=1 TO LEN(Z$)
200 Q=Q+VAL(MID$(Z$,I,1))
210 NEXT I
220 :
230 PRINT"QUERSUMME VON";Z;"=";Q
240 END
READY.
QUERSUMME

EINGABE DER ZAHL? 123456789
QUERSUMME VON 123456789 =45
```

2 EWIGER KALENDER

Ein bekannter Algorithmus zur Berechnung des Wochentags für
ein gegebenes Datum ist das Verfahren von Zeller.
Für den Tag T, den Monat M und das Jahr J ergibt sich der Wochentag W aus der Formel

$$W = [2.6M-\emptyset.2] + J + [J/4] + [H/4] - 2H + T$$

dabei ist H die Nummer des Jahres innerhalb des Jahrhunderts.
Die eckigen Klammern deuten auf die Anwendung der INT-Funktion
hin. Zu beachten ist, daß Monate und Jahre nach dem spätrömischen Kalender berechnet werden müssen:

Januar und Februar sind die Monate 11 und 12 des Vorjahres;
März ist der Monat 1 und so fort.

Der Wochentag ist natürlich nur mod 7 bestimmt; es bedeutet

$\emptyset$	Sonntag
1	Montag
2	Dienstag

usw.

In Pascal können die Variablen Tag, Monat und Jahr zur Kontrolle der Eingabe als Unterbereichstypen definiert werden:

tag = 1..31;   monat = 1..12;   jahr = 1582..2099.

Ein Jahr vor 1582 einzugeben ist nicht sinnvoll, da der Gregorianische Kalender damals noch nicht gültig war.
Die Zellersche Formel wird als Funktion Wochentag definiert.
Mittels der Mehrfach-Alternativanweisung CASE .. OF wird der
gesuchte Wochentag ausgedruckt.

In BASIC müssen die MOD- und DIV-Funktion durch die INT-Funktion simuliert werden, wie es beim Programm Quersumme gezeigt
wurde. Zur Ausgabe des Wochentags wird am besten die Mehrfach-Sprunganweisung ON .. GOTO benützt. Damit keine Zeile mehrfach durchlaufen wird, muß jede Zeile mit einer weiteren
Sprunganweisung enden. Am Fehlen der GOTO-Anweisungen zeigt
sich die Strukturiertheit der Programmiersprache Pascal besonders gut.

```
100 program  ewiger_kalender(input,output);
110 (* dieses Programm berechnet zu jedem Datum
120 des gregor.Kalenders den Wochentag
130 nach dem Verfahren des Geistl.Zeller*)
140 type   jahr  = 1582..2099;
150        monat = 1..12;
160        tag   = 1..31;
170 var    jhr   : jahr;
180        mon   : monat;
190        tg    : tag;
200 (*                                        *)
210 function wochentag(t:tag;m:monat;j:jahr):integer;
220 var jr,jhdt:integer;
230 begin
240     if m>2 then m:=m-2
250             else begin
260                   m:=m+10;
270                   j:=j-1
280                   end;
290     jr:=j mod 100;
300     jhdt:= j div 100;
310     wochentag:=((13*m-1)div 5+jr div 4+jhdt div 4+jr+t-2*jhdt) mod 7
320 end;
330 (*                                        *)
340 begin (*Hauptprogramm *)
350 writeln('Gib Tag,Monat und Jahr ein!');
360     read(tg,mon,jhr);
370     write('der ',tg:2,'.',mon:2,'.',jhr:4,' ist ein ');
380     case wochentag(tg,mon,jhr) of
390          0:writeln('Sonntag');
400          1:writeln('Montag');
410          2:writeln('Dienstag');
420          3:writeln('Mittwoch');
430          4:writeln('Donnerstag');
440          5:writeln('Freitag');
450          6:writeln('Samstag')
460          end (* case *)
470 end.
```

```
100 REM EWIGER KALENDER
110 PRINTCHR$(147)
120 :
130 REM NACH DEM VERFAHREN VON ZELLER WIRD FUER JEDES DATUM
140 REM DES GREGORIANISCHEN KALENDERS DER WOCHENTAG BERECHNET
150 :
160 PRINT"        EWIGER KALENDER "
170 PRINT
180 INPUT"TAG,MONAT,JAHR";T,M,J
190 IF J<1582 THEN PRINT"JAHR VIERSTELLIG EINGEBEN":GOTO 180
200 PRINT"DER";T;".";M;".";J;"IST EIN ";
210 :
220 REM ZELLERSCHE FORMEL
230 IF M>2 THEN M=M-2:GOTO 250
240 M=M+10:J=J-1
250 H=INT(J/100)
260 J=J-100*H
270 W=INT(J/4)+INT(H/4)+INT((13*M-1)/5)+T+J-2*H
280 IF W>0 THEN W=W-7*INT(W/7):GOTO 300
290 IF W<0 THEN W=W+7:GOTO 290
300 :
310 ON W+1 GOTO 320,330,340,350,360,370,380
320 PRINT"SONNTAG":GOTO 400
330 PRINT"MONTAG":GOTO 400
```

```
340 PRINT"DIENSTAG":GOTO 400
350 PRINT"MITTWOCH":GOTO 400
360 PRINT"DONNERSTAG":GOTO 400
370 PRINT"FREITAG":GOTO 400
380 PRINT"SAMSTAG"
390 :
400 END
READY.


EWIGER KALENDER

DER 24 . 12 .1982 IST EIN FREITAG
```

3 SIMULATION DER TEILERFREMDHEIT

Das Nachvollziehen eines Zufallsexperiments mit Hilfe von Zu-
fallszahlen nennt man Monte-Carlo-Simulation.

Im folgenden soll die Wahrscheinlichkeit, daß zwei natürliche
Zahlen teilerfremd sind, simuliert werden.

Dazu werden mittels eines Zufallszahlen-Generators 1000 Paare
von dreistelligen Zufallszahlen bestimmt. Durch Anwendung des
Euklidschen Algorithmus wird der größte gemeinsame Teiler
(ggT) ermittelt. Ist der ggT der beiden Zufallszahlen 1, so
wird der Zähler der absoluten Häufigkeit weitergezählt.

Die relative Häufigkeit stellt den Monte-Carlo-Schätzwert für
die gesuchte Wahrscheinlichkeit dar. Man kann beweisen, daß
hier die Wahrscheinlichkeit

$$\frac{6}{\pi^2} = 0.6079..$$

ist.

Da im Standard-Pascal kein Zufallszahlen-Generator definiert
ist, muß ein solcher definiert werden. Dafür gibt es zahlrei-
che Möglichkeiten; hier wird die Folge

$$x_{n+1} = e^{\pi + x_n} - \text{TRUNC}(e^{\pi + x_n})$$

mit einer zufällig gewählten Startzahl x_0 benützt. Sie ist im
folgenden Programm als Funktion RANDOM gegeben.

Der Euklidsche Algorithmus kann durch eine Wiederholungsan-
weisung formuliert werden:

```
repeat
      rest := m mod n;
      m := n; n := rest
until rest = Ø;
ggT := m;
```

In BASIC ist ein Zufallszahlen-Generator implementiert, der
meist durch RND(X) aufgerufen wird. Dagegen gibt es keine
Funktionsprozeduren. Der Euklidsche Algorithmus muß somit als
Unterprogramm eingegeben werden.

```
100 program teilerfremdheit(output);
110 (*  Monte-Carlo-Simulation der Wahrscheinlichkeit
120 dass 2 natuerliche Zahlen teilerfremd sind *)
130 const   anzahl      = 1000;
140         tausend     = 1000;
150         pi          = 3.141592653;
160 var     zaehler,i,a,b:integer;
170         haeufigk,x    : real;
180 (*                                          *)
190 function random:real;
200 begin
210     x:=exp(x+pi);
220     x:=x-trunc(x);
230     random:=x
240 end;
250 (*                                          *)
260 function ggt(m,n:integer):integer;
270 var   rest:integer;
280 begin
290     repeat
300          rest:= m mod n;
310          m:=n;n:=rest
320     until rest=0;
330     ggt:=m
340 end;
350 (*                                          *)
360 begin (*Hauptprogramm *)
370    zaehler:=0; (* Setzen des Zaehlers*)
380    x:=7.5721983e-01; (* Start von Random *)
390    for i:=1 to anzahl do
400         begin
410         a:=trunc(tausend*random);
420         b:=trunc(tausend*random);
430         if b<>0 then if ggt(a,b)=1 then zaehler:=zaehler+1
440         end;
450    haeufigk:=zaehler/anzahl;
460    writeln('Die rel.Haeufigkeit =',haeufigk:5:3)
470 end.
```

```
100 REM MONTE-CARLO-SIMULATION DER WAHRSCHEINLICHKEIT
110 REM DASS ZWEI NATUERLICHE ZAHLEN TEILERFREMD SIND
120 PRINT"SIMULATION DER TEILERFREMDHEIT"
130 :
140 Z=0
150 REM ERZEUGEN DREISTELLIGER ZUFALLSZAHLEN
160 FOR I=1 TO 1000
170 A=INT(1000*RND(1))
180 B=INT(1000*RND(2))
190 GOSUB 280
200 IF GGT=1 THEN Z=Z+1
210 NEXT I
220 :
230 REM AUSGABE
240 H=Z/1000
250 PRINT"DIE REL.HAEUFIGKEIT=";H
260 END
270 :
280 REM UNTERPROGRAMM FUER GGT
290 REM EUKLIDSCHER ALGORITHMUS
300 R=A-INT(A/B)*B
310 IF R=0 THEN GGT=B:RETURN
320 A=B:B=R
330 GOTO 300
READY.
```

SIMULATION DER TEILERFREMDHEIT

DIE REL.HAEUFIGKEIT= .613

4 CRAMERSCHE REGEL

Mit Hilfe der Cramerschen Regel lassen sich lineare Gleichungssysteme mit drei Unbekannten mittels Determinanten berechnen.

Beispiel:

$$6x_1 - 4x_2 + 3x_3 = 7$$
$$3x_1 + 5x_2 - 8x_3 = -11$$
$$2x_1 \qquad + 4x_3 = 14$$

Die Hauptdeterminante D_0

$$\begin{vmatrix} 6 & -4 & 3 \\ 3 & 5 & -8 \\ 2 & \emptyset & 4 \end{vmatrix} = 2\emptyset 2$$

verschwindet nicht und zeigt so, daß das obige Gleichungssystem eindeutig lösbar ist. Setzt man die rechte Seite des Systems für einen der Spaltenvektoren ein, so erhält man drei weitere Determinanten, aus deren Wert sich die Unbekannten berechnen lassen:

$$x = \frac{1}{D_0} \begin{vmatrix} 7 & -4 & 3 \\ -11 & 5 & -8 \\ 14 & 6 & 4 \end{vmatrix} = \frac{2\emptyset 2}{2\emptyset 2} = 1$$

$$y = \frac{1}{D_0} \begin{vmatrix} 6 & 7 & 3 \\ 3 & -11 & -8 \\ 2 & 14 & 4 \end{vmatrix} = \frac{4\emptyset 4}{2\emptyset 2} = 2$$

$$z = \frac{1}{D_0} \begin{vmatrix} 6 & -4 & 7 \\ 3 & 5 & -11 \\ 2 & \emptyset & 4 \end{vmatrix} = \frac{6\emptyset 6}{2\emptyset 2} = 3$$

In Pascal läßt sich das Einsetzen der Spaltenvektoren durch
Wahl eines passenden Variablentyps direkt programmieren:

    type vektor = array [1..3] of real;

Auch zur Determinanten-Berechnung kann eine geeignete Funktion
definiert werden. Damit das Feld der Koeffizienten nicht ko-
piert werden muß, wird das Feld - wie auch in den folgenden
Programmen - als globale Variable behandelt.
Da BASIC keine Funktionen mehrerer Variablen kennt, muß die
Determinanten-Berechnung in einem Unterprogramm vorgenommen
werden. Dazu muß allerdings die Variablenübergabe explizit
programmiert werden, da BASIC nur über globale Variablen ver-
fügt.

```
100 program cramersche_regel(output);
110 const   n=3;   (* Zahl der Unbekannten*)
120 type    vektor=array[1..n] of real;
130 var     a,b,c,d     : vektor;
140         hauptdet,x,y,z: real;
150         index        : 1..n;
160 (*                                        *)
170 function determinante(r,s,t:vektor):real;
180 begin
190 determinante:=r[1]*s[2]*t[3]+r[2]*s[3]*t[1]+r[3]*s[1]*t[2]
200             -r[3]*s[2]*t[1]-r[2]*s[1]*t[3]-r[1]*s[3]*t[2]
210 end;(* determinante *)
220 (*                                        *)
230 procedure eingabe;
240 begin
250 a[1]:=6.0;b[1]:=-4.0;c[1]:=3.0;d[1]:=7.0;
260 a[2]:=3.0;b[2]:=5.0;c[2]:=-8.0;d[2]:=-11.0;
270 a[3]:=2.0;b[3]:=0.0;c[3]:=4.0;d[3]:=14.0
280 end;
290 (*                                        *)
300 begin (* Hauptprogramm *)
310 eingabe;
320 hauptdet:=determinante(a,b,c);
330 writeln('Hauptdeterminante=',hauptdet);
340 if abs(hauptdet)<1.0e-10
```

```
350         then writeln('Gleichungsmatrix singulaer')
360         else begin
370             x:=determinante(d,b,c)/hauptdet;
380             y:=determinante(a,d,c)/hauptdet;
390             z:=determinante(a,b,d)/hauptdet;
400             writeln('x=',x,' y=',y,' z=',z);
410             end
420 end.
```

```
100 REM CRAMERSCHE REGEL FUER 3 UNBEKANNTE
110 PRINTCHR$(147)
120 PRINT"CRAMERSCHE REGEL"
130 :
140 DIM A(3,4),D(3,4)
150 FOR I=1 TO 3
160 READ A(I,1),A(I,2),A(I,3),A(I,4)
170 NEXT I
180 :
190 REM HAUPTDETERMINANTE
200 FOR I=1 TO 3
210 : FOR J=1 TO 3
220 : : D(I,J)=A(I,J)
230 : NEXT J
240 NEXT I
250 GOSUB 540
260 D0=D
270 IF D0=0 THEN PRINT"GLEICHUNGSSYSTEM NICHT EINDEUTIG LOESBAR":END
280 :
290 REM X-DETERMINANTE
300 FOR I=1 TO 3:D(I,1)=A(I,4):NEXT I
310 GOSUB 540
320 DX=D
330 :
340 REM Y-DETERMINANTE
350 FOR I=1 TO 3
360 : D(I,1)=A(I,1):D(I,2)=A(I,4)
370 NEXT I
380 GOSUB 540
390 DY=D
400 :
410 REM Z-DETERMINANTE
420 FOR I=1 TO 3
430 : D(I,2)=A(I,2):D(I,3)=A(I,4)
440 NEXT I
450 GOSUB 540
460 DZ=D
470 :
480 REM AUSGABE
490 PRINT"LOESUNG"
500 PRINT"X=";DX/D0,"Y=";DY/D0,"Z=";DZ/D0
510 END
520 :
530 REM UNTERPROGRAMM FUER DETERMINANTENBERECHNUNG
540 D=D(1,1)*D(2,2)*D(3,3)+D(1,2)*D(2,3)*D(3,1)+D(1,3)*D(2,1)*D(3,2)
550 D=D-D(1,3)*D(2,2)*D(3,1)-D(1,2)*D(2,1)*D(3,3)-D(1,1)*D(2,3)*D(3,2)
560 RETURN
570 :
580 DATA 6,-4,3,7
590 DATA 3,5,-8,-11
600 DATA 2,0,4,14
READY.                          CRAMERSCHE  REGEL

                                LOESUNG
                                X=1    Y=2     Z=3
```

5 KOMPLEXES RECHNEN

Die für viele Anwendungen benötigten komplexen Zahlen lassen
sich in Pascal bequem als Verbund (RECORD) vereinbaren:

    type komplex = record re, im : real end;

dabei stellen re und im den Real- bzw. Imaginärteil der kom-
plexen Zahl dar.

Die Addition und Subtraktion der komplexen Zahlen ist kompo-
nentenweise erklärt:

$$(a+bi) \pm (c+di) = (a \pm c) + (b \pm d)i$$

Die Multiplikation ist definiert durch

$$(a+bi)(c+di) = (ac-bd) + (ad+bc)i.$$

Die Division kann als Multiplikation mit dem Kehrwert

$$(c+di)^{-1} = \frac{1}{\sqrt{c^2+d^2}} (c-di)$$

durchgeführt werden, dabei stellt der Nenner den Betrag der
komplexen Zahl dar.
Alle Rechenoperationen können in Pascal als Prozedur erklärt
werden; die Ergebnisse werden als Variablen-Parameter ans
Hauptprogramm übergeben. Die Betragsrechnung kann als Funktion
definiert werden, da hier ein reeller Wert erhalten wird.

In BASIC gibt es den Datentyp RECORD nicht. Die komplexen Zah-
len werden deshalb als reelles Zahlenpaar aufgefaßt. Wie in
den vorausgegangenen Programmen könnte man die Rechen-Prozedu-
ren wieder als Unterprogramme schreiben. Dies bringt hier aber
keine Vereinfachung, da diese Programmteile nur einmal durch-
laufen werden. Dagegen wird die mehrmals benötigte Ausgabe als
Unterprogramm formuliert.

```pascal
100 program komplexes_rechnen(output);
110 type komplex = record
120                re,im:real end;
130 var      a,b,c: komplex;
140 procedure ausgabe(x:komplex);
150 begin
160 if x.im>0 then write(x.re,'+i*':3,x.im)
170           else write(x.re,'-i*':3,abs(x.im));
180 writeln
190 end;(* of ausgabe*)
200 procedure summe(x,y:komplex;var z:komplex);
210 begin
220    z.re:=x.re+y.re;
230    z.im:=x.im+y.im;
240 end;
242 procedure differenz(x,y:komplex;var z:komplex);
244 begin
246    z.re:=x.re-y.re;
247    z.im:=x.im-y.im
249 end;
250 procedure produkt(x,y:komplex;var z:komplex);
260 begin
270    z.re:=x.re*y.re-x.im*y.im;
280    z.im:=x.re*y.im+x.im*y.re;
290 end;
300 function betrag(x:komplex):real;
310 begin
320    betrag:=sqrt(sqr(x.re)+sqr(x.im))
330 end;
340 procedure inverses(x:komplex;var z:komplex);
350 begin
360    z.re:=x.re/sqr(betrag(x));
370    z.im:=-x.im/sqr(betrag(x))
380 end;
390 procedure eingabe;
400 begin
410    a.re:=7.0;a.im:=-2.0;
420    b.re:=5.0;b.im:=3.0
430 end;
440 begin (*Hauptprogramm *)
445    eingabe;
450    summe(a,b,c);
460    write('Summe=');ausgabe(c);
473    differenz(a,b,c);
475    write('Differenz=');ausgabe(c);
478    produkt(a,b,c);
480    write('Produkt=');ausgabe(c);
490    inverses(b,c);
500    produkt(a,c,c);
510    write('Quotient=');ausgabe(c)
520 end.
```

```
100 REM GRUNDRECHENARTEN FUER KOMPLEXE ZAHLEN
110 PRINTCHR$(147)
120 PRINT"     KOMPLEXES RECHNEN":PRINT
130 DIM RE(2),IM(2)
140 :
150 REM EINGABE
160 READ RE(1),IM(1),RE(2),IM(2)
170 :
180 REM ADDITION
190 RE=RE(1)+RE(2)
200 IM=IM(1)+IM(2)
210 PRINT "SUMME=";
220 GOSUB 450
230 :
240 REM SUBTRAKTION
250 RE=RE(1)-RE(2)
260 IM=IM(1)-IM(2)
270 PRINT "DIFFERENZ=";
280 GOSUB  450
290 :
300 REM MULTIPLIKATION
310 RE=RE(1)*RE(2)-IM(1)*IM(2)
320 IM=RE(1)*IM(2)+RE(2)*IM(1)
330 PRINT "PRODUKT=";
340 GOSUB 450
350 :
360 REM DIVISION
370 BETRAG=RE(2)↑2+IM(2)↑2
380 RE=RE(1)*RE(2)+IM(1)*IM(2)
390 IM=-RE(1)*IM(2)+RE(2)*IM(1)
400 RE=RE/BETRAG : IM=IM/BETRAG
410 PRINT "QUOTIENT=";
420 GOSUB 450
430 END
440 :
450 REM UNTERPROGRAMM ZUR AUSGABE
460 IF IM<0 THEN PRINT RE;"-";ABS(IM);"*I":GOTO 480
470 PRINT RE;"+";IM;"*I"
480 PRINT:RETURN
490 :
500 DATA 7,-2,5,3
READY.
```

```
KOMPLEXES  RECHNEN

SUMME=12 + 1*I

DIFFERENZ= 2 -5*I

PRODUKT= 41 +11*I

QUOTIENT=.852941176 -.911764706*I
```

6 PRIMZAHLSIEB DES ERATOSTHENES

Ein bekanntes Verfahren zur Bestimmung von Primzahlen ist das
Primzahlsieb des Eratosthenes (ca. 280-200 v. Chr.).
In der Menge {2,3,4,5,.....,N} werden zunächst alle Vielfachen
von 2 - jedoch die 2 selbst nicht - gestrichen, wie man sagt,

"ausgesiebt". Sodann werden alle Vielfachen der nächst größeren, im Sieb verbleibenden Primzahl entfernt - jedoch nicht die Primzahl selbst. Das Verfahren setzt sich in der angegebenen Weise fort, bis die Vielfachen einer Primzahl gestrichen werden sollen, die größer als $\sqrt{N}$ ist. Die im Sieb verbliebenen Zahlen sind genau die Primzahlen der gegebenen Menge.

In Pascal kann das Sieb als Mengenvariable vereinbart werden:

```
sieb : set of  2..n;
```

Folgende Mengenoperationen sind definiert:

```
A + B  Vereinigungsmenge
A * B  Schnittmenge
A - B  Restmenge,
```

ebenso folgende Booleschen Operatoren

```
IN    Prüfung auf Element-Eigenschaft
<=    Prüfung auf Teilmengen-Eigenschaft.
```

Die Abfrage, ob ein Element der Menge angehört, kann somit formuliert werden als:

```
for zahl := 2 to n do if zahl in sieb then ...
```

Entsprechend kann das Aussieben durch Bilden der Restmenge

```
sieb := sieb - [vielfach*zahl]
```

durchgeführt werden.

Genausowenig wie den Typ RECORD kennt BASIC den Datentyp Menge. Man kann sich aber wieder mit einem Feld A(I) behelfen; gehört die Zahl i zur Menge, so wird A(I) = 1 gesetzt, andernfalls zu Null.

Das Sieb wird gefüllt durch

```
FOR I=2 TO N : A(I)=1 : NEXT I.
```

Eine Zahl j wird ausgesiebt durch

```
A(J) = Ø.
```

Die Ausgabe der im Sieb verbleibenden geschieht durch

```
FOR I=2 TO N : IF A(I)=1 THEN PRINT I;: NEXT I.
```

Wie man sieht, ist die Programmierung mit Mengen wesentlich
eleganter. Ein Nachteil des Mengentyps in Pascal ist jedoch,
daß Mengen nicht ausgedruckt werden können. Dasselbe gilt
auch für Unterbereichstypen (siehe Programm Ewiger Kalender)
und Verbunde (siehe Programm Komplexes Rechnen).
Ein zweiter Nachteil des Mengentyps ist, daß die meisten Com-
piler die maximale Elementeanzahl stark einschränken.
Der hier verwendete Compiler läßt nur 127 Elemente zu.

```
100 program eratosthenes(output);
110 (* Primzahlsieb des Eratosthenes *)
120 const n                = 125;
130 var    sieb            : set of 2..n;
140        i,zahl,vielfach : integer;
150 (*                                *)
160 procedure ausgabe;
170 var    k:integer;
180 begin
190        for k:=2 to n do
200             if k in sieb then write(k:4)
210 end;(* ausgabe *)
220 (*                                *)
230 begin (* Hauptprogramm *)
240        sieb:= [2..n];
250        for zahl:=2 to trunc(sqrt(n)) do
260             begin
270             if zahl in sieb then
280                  begin (*aussieben*)
290                  vielfach:=2;
300                  while vielfach <= n div zahl do
310                       begin
320                       sieb:=sieb-[vielfach*zahl];
330                       vielfach:=vielfach+1
340                       end
350                  end
360             end;
370             ausgabe
380 end.
```

```
100 REM PRIMZAHLSIEB DES ERATOSTHENES
110 PRINTCHR$(147)
120 PRINT"SIEB DES ERATOSTHENES":PRINT
130 :
140 INPUT"OBERE GRENZE";N
150 DIM P(N)
160 :
170 REM FUELLEN DES SIEBS
180 FOR I=2 TO N
190 : P(I)=1
200 NEXT I
210 :
220 REM AUSSIEBEN
230 FOR I=2 TO SQR(N)
240 : IF P(I)=0 THEN 290
250 : J=I*I
260 : FOR K=J TO N STEP I
270 : : P(K)=0
```

```
 280 : NEXT K
 290 NEXT I
 300 :
 310 REM AUSGABE
 320 PRINT"PRIMZAHLEN BIS";N;"SIND"
 330 FOR I=2 TO N
 340 : IF P(I)=1 THEN PRINT I;
 350 NEXT I
 360 END
READY.
```

```
PRIMZAHLSIEB DES ERATOSTHENES

OBERE GRENZE ? 125

DIE PRIMZAHLEN BIS 125 SIND

2   3   5   7   11  13  17  19  23  29  31
37  41  43  47  53  59  61  67  71  73
79  83  89  97  101 103 107 109 113
```

7 BINÄRES SUCHEN

Als Beispiel eines rekursiven Verfahrens sei das binäre Suchen in einer geordneten Liste behandelt.

Von der gegebenen Liste mit bekannten Index-Grenzen wird zunächst der mittlere Index bestimmt. Vergleicht man das zugehörige mittlere mit dem gesuchten Element, so wird entweder das gesuchte gefunden oder aber diejenige Hälfte der Liste bestimmt, in der es sich befindet. Der Suchvorgang beginnt in dieser Hälfte von neuem.

Das Verfahren endet sicher, da die Anzahl der zu durchsuchenden Elemente jeweils halbiert wird. Spätestens beim letzten Element entscheidet es sich, ob die Suche erfolgreich war oder nicht.

In Pascal läßt sich dieses rekursive Verfahren direkt programmieren: Die Prozedur binärsuche ruft sich bei jedem Halbierungsschritt mit veränderten Grenzen selbst auf. Die Variablen-Parameter index und ergebnis übermitteln das Ergebnis der Binärsuche. Die Suche endet spätestens, wenn die zu durchsuchende Liste nur noch 1 Element enthält, da bei einem erneuten Prozeduraufruf der obere Listenindex kleiner als der untere wird.

Da es in BASIC keine rekursiven Prozeduren gibt, muß das binäre Suchen iterativ programmiert werden.
Bezeichnet I,J,K den Index des kleinsten, größten bzw. mittleren Listenelements, so wird I=J gesetzt, wenn das gesuchte Element sich in der linken Listenhälfte befindet, andernfalls K=J.
Das Programm endet spätestens, wenn die Liste ein Element enthält; d.h. wenn K-I=1 gilt.

```
100 program binaersuche(output);
110 const   n    = 10;
120 type    liste= array[0..n] of integer;
130 var     zahl,stelle: integer;
140         gefunden   : boolean;
150         l          : liste;
160 (*                                        *)
170 procedure binaersuche(unten,oben,z:integer;var index:integer;
180                                     var ergebnis:boolean);
190 var   mitte:integer;
200 begin
210 mitte:=(oben+unten) div 2;
220 if oben < unten then begin
230                      ergebnis:=false;
240                      index:=0
250                      end
260               else
270     if l[mitte]=z then
280                      begin
290                      ergebnis:=true;
300                      index:=mitte
310                      end
320               else
330     if l[mitte]>z then
340                      binaersuche(unten,mitte-1,zahl,stelle,gefunden)
350               else
360                      binaersuche(mitte+1,oben,zahl,stelle,gefunden)
370 end; (* binaersuche *)
380 (*                                        *)
390 procedure eingabe;
400 begin
410 (*sortierte Liste *)
420 l[1]:=18;l[2]:=23;l[3]:=27;
430 l[4]:=32;l[5]:=35;l[6]:=44;
440 l[7]:=50;l[8]:=66;
450 l[9]:=81;l[10]:=99
460 end; (* eingabe *)
470 (*                                        *)
480 begin (* Hauptprogramm *)
490 eingabe;
500 writeln('gib gesuchte Zahl ein !');
510 read(zahl);
520 binaersuche(1,n,zahl,stelle,gefunden);
530 if gefunden then
540              writeln('Gesuchtes Element an',stelle:3,'.Stelle')
550              else
560              writeln('Gesuchtes Element nicht gefunden')
570 end.
```

```
100 REM BINAERES SUCHEN
110 PRINTCHR$(147)
120 PRINT "     BINAERES SUCHEN":PRINT
130 :
140 REM EINLESEN
150 READ N:DIM A(N)
160 FOR I=1 TO N
170 READ A(I)
180 NEXT I
190 :
200 INPUT"GESUCHTES ELEMENT";XSUCH
210 PRINT
220 :
230 REM ANFANGSWERTE DER INDEX-GRENZEN
240 I=0:K=N+1
250 :
260 REM SUCHSCHRITT
270 J=INT((I+K)/2)
280 IF XSUCH=A(J) THEN PRINT"GESUCHTES ELEMENT AN";J;".STELLE":END
290 IF XSUCH > A(J) THEN I=J:GOTO 310
300 K=J
310 IF K-I=1 THEN PRINT"GESUCHTES ELEMENT NICHT GEFUNDEN":END
320 GOTO 270
330 :
340 END
360 REM DATEN
370 DATA 10
380 DATA 18,23,27,32,35,44,50,66,81,99
READY.
```

```
BINAERES  SUCHEN


GESUCHTES ELEMENT? 66
GESUCHTES ELEMENT AN 8.STELLE
```

8   INTERVALLSCHACHTELUNG FÜR NULLSTELLEN

Eine wichtige Anwendung des binären Suchens ergibt sich bei
der Nullstellenbestimmung durch Intervallhalbierung.
Nach Eingabe eines Intervalls wird durch Berechnung des Funk-
tionswerts an der Intervallmitte entschieden, ob sich die ge-
suchte Nullstelle in der linken oder rechten Intervallhälfte
befindet. Sodann wird das Intervall auf die entsprechende
Hälfte reduziert. Setzt man das Verfahren in der angegebenen
Weise fort, so wird die Nullstelle durch immer enger werdende
Grenzen eingeschlossen. Um sicher zu gehen, daß die Funktion
im eingegebenen Intervall eine Nullstelle besitzt, wird die
Funktion auf Vorzeichenwechsel geprüft. Denn nach dem Zwischen-
wertsatz für stetige Funktionen hat jede stetige Funktion in
einem Intervall, in dem sie das Vorzeichen ändert, mindestens

eine Nullstelle. Obwohl danach die Nullstelle sicher gefunden wird, könnte es sein, daß die eingegebene Genauigkeit nicht erreicht wird. In diesem Fall wird eine entsprechende Meldung ausgegeben.

Analog wie bei der Binärsuche wird das Intervallhalbierungsverfahren als Prozedur intervallhalb definiert; sie ist jedoch iterativ formuliert, da iterative Verfahren meist schneller als rekursive sind. Die Intervallhalbierung endet, wenn die gesuchte Genauigkeit erreicht worden ist oder mehr als 35 Iterationsschritte benötigt worden sind. Die Variablen-Parameter mitte und ergebnis übergeben die Ergebnisse der Nullstellensuche an das Hauptprogramm.
Das BASIC-Programm entspricht wegen der Nicht-Rekursivität dem Pascal-Programm; jedoch sind alle Variablen global.

```
100 program intervallhalbierung(input,output);
110 var      nullstelle,x,y             :real;
120          vorzeichenwechsel,gefunden:boolean;
130 (*                                *)
140 function funktion(x:real):real;
150 begin
160      funktion:=sqr(x)-2.0
170 end;
180 (*                                *)
190 procedure intervallhalb(function f:real;a,b:real;var mitte:real;
200                                        var ergebnis:boolean);
210 const epsilon= 1.0e-06;
220 var   zaehler: integer;
230 begin
240 zaehler :=0;
250      repeat
260           mitte:=(a+b)/2.0;
270           zaehler:=zaehler+1;
280           if f(a)*f(mitte)>0 then a:=mitte
290                              else b:=mitte
300      until (abs(b-a)< epsilon)or(zaehler>35);
310      ergebnis:=(zaehler<=35);
320 end;
330 (*                                *)
340 begin (*Hauptprogramm *)
350 writeln('Gib Intervallgrenzen ein!');
360 read(x,y);
370 vorzeichenwechsel:=(funktion(x)*funktion(y)<=0);
380 if vorzeichenwechsel then
390      begin
400      intervallhalb(funktion,x,y,nullstelle,gefunden);
410      if gefunden then writeln('Nullstelle=',nullstelle:7:6)
420                  else writeln('Genauigkeit nicht erreicht')
430      end
440                  else writeln('kein Vorzeichenwechsel');
450 end.
```

```
100 REM INTERVALLHALBIERUNG FUER NULLSTELLEN
110 PRINTCHR$(147)
120 PRINT"INTERV.HALBIERUNG FUER NULLSTELLEN":PRINT
130 :
140 REM EINGABE DER FUNKTION
150 DEF FNF(X)=X*X-2
160 :
170 INPUT"INTERVALLGRENZEN A<B";A,B
180 EPS=1E-6:REM REL.FEHLER
190 :
200 IF FNF(A)*FNF(B) <=0 THEN 240
210 PRINT"KEIN VORZEICHENWECHSEL":END
220 :
230 REM INTERVALLHALBIERUNG
240 M=(A+B)/2:REM INTERVALLMITTE
250 IF FNF(A)*FNF(M)<0 THEN B=M:GOTO 270
260 A=M
270 IF ABS(B-A) > EPS*ABS(M) THEN 240
280 :
290 PRINT:PRINT"NULLSTELLE=";(A+B)/2
300 END
READY.
```

```
INTERV.HALBIERUNG FUER NULLSTELLEN

NULLSTELLE= 1.41421356
```

9 ACHT-DAMEN-PROBLEM

Ein Verfahren zur Lösung eines Problems, das durch Probieren
vor sich geht und bei dem Schritte, die in eine "Sackgasse"
führen, wieder rückgängig gemacht werden können, heißt Back-
tracking-Verfahren.

Ein solches Verfahren soll nun zur Lösung des bekannten Acht-
Damen-Problems benützt werden: 8 Damen sollen so auf einem
Schachbrett plaziert werden, daß sie sich nach den Regeln des
Schachspiels nicht bedrohen.

Wegen der Vielzahl der Lösungen ist das Problem kaum von Hand
zu bewältigen. Es gibt nämlich 92 Lösungen, von denen jedoch
nur 12 nicht durch Spiegelung oder Drehung auseinander hervor-
gehen.

Im folgenden Pascal-Programm wurden die Variablen wie folgt
codiert:

Bedeutung

x [i] = j	Dame i steht in der Spalte j
a [j] wahr	keine Dame steht in Zeile j
b [k] wahr	keine Dame steht in der Hauptdia-
	gonalen oder einer dazu parallelen
c [k] wahr	keine Dame steht in der Nebendia-
	gonalen oder einer dazu parallelen

Wie man der Skizze entnimmt, sind die Hauptdiagonale und ihre
Parallelen durch gleiche Zeilen- und Spaltensummen gekennzeich-
net; entsprechend die Nebendiagonale and ihre Parallelen durch
gleiche Differenz aus Spalten- und Zeilenzahl.
Setzen einer Dame kann so formuliert werden:

$$x[i] := j; \quad a[j] := b[i+j] := c[i-j] := false.$$

Entsprechend bedeutet

$$a[j] := b[i+j] := c[i-j] := true$$

das Entfernen einer Dame vom Brett. Eine Dame kann gesetzt
werden, wenn gilt

$$a[j] \text{ and } b[i+j] \text{ and } c[i-j] = true.$$

Die Prozedur versuche setzt durch Probieren Damen aufs Brett:
Gelingt dies ohne Bedrohung durch eine andere, so ruft sie
sich selbst auf und setzt die nächste, andernfalls nimmt sie
die Dame vom Brett. Sind 8 Damen plaziert, so wird die ent-
sprechende Stellung ausgedruckt.

In BASIC muß das Setzen wieder iterativ formuliert werden.
Der Zeilenindex i gibt glcichzeitig die Anzahl der bereits ge-
setzten Damen an. Weiterzählen von i bedeutet Setzen einer
weiteren Dame, entsprechend wird i vermindert, wenn eine Dame
vom Brett genommen wird. Die Bedrohung einer Dame wird wie
folgt geprüft:

```
FOR K=1 TO I-1
IF D(I) = D(K) OR ABS(D(I)-D(K)) = I-K THEN ...
NEXT K
```

Das Weiterrücken einer Dame wird durch

```
D(I) = D(I) + 1
```

erreicht. Sind 8 Damen plaziert, so erfolgt ebenfalls die
Ausgabe der Damenstellungen in graphischer Form.

```
100 program achtdamenproblem(output);
110 var  i:integer;
120      a:array[1..8] of boolean;(*keine Dame in Zeile i*)
130      b:array[2..16] of boolean;(*keine Dame in Hauptdiag.i*)
140      c:array[-7..7] of boolean;(*keine Dame in Nebendiag.i*)
150      x:array[1..8] of integer;(*Position in der Spalte i*)
160 (*                              *)
170 procedure ausgabe;
180 var  k:integer;
190 begin
200     for k:=1 to 8 do
210     write(x[k]:4);
220     writeln;
230 end;(* ausgabe*)
240 (*                                    *)
250 procedure versuche(i:integer);
260 var  j:integer;
270 begin
280 for j:=1 to 8 do
290   if a[j] and b[i+j] and c[i-j] then
300   begin
310     x[i]:=j;
320     a[j]:=false;b[i+j]:=false;
330     c[i-j]:=false;
340     if i<8 then versuche(i+1)
350             else ausgabe;
360     a[j]:=true;b[i+j]:=true;
370     c[i-j]:=true
380   end
390 end;(* versuche*)
400 (*                              *)
410 begin (* Hauptprogramm *)
420     for i:=1 to 8 do a[i]:=true;
430     for i:=2 to 16 do b[i]:=true;
440     for i:=-7 to 7 do c[i]:=true;
450     versuche(1)
460 end.
```

```
100 REM 8-DAMEN-PROBLEM
110 PRINTCHR$(147)
120 DIM D(8)
130 :
140 I=0 :REM ZEILENINDEX
150 Z=0 : REM ZAEHLER FUER LOESUNG
160 :
170 I=I+1 : REM NEUE DAME AUFS BRETT
180 D(I)=1
190 IF I=1 THEN 230
200 FOR K=1 TO I-1 :REM SPALTENINDEX
210 IF D(I)=D(K) OR ABS(D(I)-D(K))=I-K THEN 360
220 NEXT K
230 IF I<8 THEN 170
240 :
250 PRINTCHR$(147):REM AUSGABE
260 Z=Z+1:PRINT Z;".LOESUNG":PRINT
270 FOR K=1 TO 8
280 FOR L=1 TO 8
290 IF D(K)=L THEN PRINT"● ";:GOTO 310
300 PRINT"▓ ";
310 NEXT L
320 PRINT:PRINT
330 NEXT K
340 :
350 I=I-1 : REM DAME VOM BRETT
360 D(I)=D(I)+1 :REM DAME RUECKT VOR
370 IF D(I)<=8 THEN 190
380 I=I-1 :REM DAME VOM BRETT
390 IF I>0 THEN 360
READY.
```

```
8-DAMEN-PROBLEM


1.LOESUNG

● ▓ ▓ ▓ ▓ ▓ ▓ ▓
▓ ▓ ▓ ▓ ● ▓ ▓ ▓
▓ ▓ ▓ ▓ ▓ ▓ ▓ ●
▓ ▓ ▓ ▓ ▓ ● ▓ ▓
▓ ▓ ● ▓ ▓ ▓ ▓ ▓
▓ ▓ ▓ ▓ ▓ ▓ ● ▓
▓ ● ▓ ▓ ▓ ▓ ▓ ▓
▓ ▓ ▓ ● ▓ ▓ ▓ ▓
```

10 LOGIK-AUFGABE

Durch Rechnen mit Wahrheitswerten können Logikaufgaben wie
folgende gelöst werden:

3 Freunde A,B,C kommen unter folgenden Bedingungen zu einer
Party:

(1) A kommt nicht, wenn B nicht kommt

(2) B und C kommen gemeinsam oder gar nicht

(3) A kommt, wenn C nicht kommt und umgekehrt

In Pascal können Wahrheitswerte (BOOLEAN) wie folgt verknüpft
werden:

A oder B	durch	a or b
A und B		a and b
A impliziert B		a <= b
A äquivalent B		a = b
A xor B (ausschließ.Oder)		a <> b

Die obigen Bedingungen sind erfüllt, wenn

    (not b <= not a) and (b = c) and (a <> c)

wahr ist. Die entsprechenden Wahrheitswerte werden aus der Menge aller Kombinationen ausgewählt, die durch 3 verschachtelte Zählwiederholungs-Anweisungen von der Art

```
for a := true downto false do
```

erzeugt werden.

In BASIC muß das Rechnen mit Wahrheitswerten durch arithmetische Ausdrücke simuliert werden. Folgende Codierung wurde gewählt

wahr	entspricht	+1
falsch		-1
nicht A		-A
A und B		sgn(A+B-1)
A oder B		sgn(A+B+1)
A impliziert B		wenn A<=B dann 1, sonst -1
A äquivalent B		sgn(A*B)
A xor B		-sgn(A*B)

Die Wahrheitswert-Verknüpfungen werden in getrennten Unterprogrammen durchgeführt. Der obengenannte Lösungsterm wird schrittweise berechnet, indem das jeweilig benötigte Unterprogramm angesprungen wird. Die dazu notwendige Parameterübergabe wird mit Hilfe der Variablen P und Q durchgeführt. Analog zum Pascal-Programm werden alle Kombinationen der Wahrheitswerte mittels dreier verschachtelter Schleifen

```
FOR A=1 TO -1 STEP -2  usw.
```

erzeugt. Diejenigen Kombinationen der Wahrheitswerte, die den Wert 1 ergeben, werden ausgedruckt. Hier ergibt sich

```
A = -1        B = 1        C = 1;
```

nur B und C kommen zur Party.

In einigen BASIC-Dialekten - wie z.B. bei Commodore - sind die Booleschen Operatoren AND, OR und NOT definiert. So gilt z.B.

```
NOT(0) = -1
-1 AND 0 = 0
-1 OR 0 = -1.
```

Es läßt sich zeigen, daß diese Verknüpfungen der Zahlen 0 und -1 den Gesetzen der Aussagenlogik entsprechen, wenn man -1 als "wahr" und 0 als "falsch" auffaßt.

```pascal
100 program logikaufgabe(output);
110 var    a,b,c,erfuellt:boolean;
120 (*
130      A kommt nicht,wenn B nicht kommt
140      B und C kommen gemeinsam oder gar nicht
150      A kommt,wenn C nicht kommt und umgekehrt
160                                              *)
170 begin
180 for a:=true downto false do
190     for b:=true downto false do
200        for c:=true downto false do
210             begin
220             erfuellt:=(not b<=not a) and (b=c) and (a<>c);
230             if erfuellt then writeln(a,b,c)
240             end
250 end.
```

```basic
100 REM LOGIKAUFGABE
110 PRINTCHR$(147)
120 :
130 REM A KOMMT NICHT,WENN B NICHT KOMMT
140 REM B UND C KOMMEN GEMEINSAM ODER GAR NICHT
150 REM A KOMMT,WENN C NICHT KOMMT UND UMGEKEHRT
160 :
170 FOR A=1 TO -1 STEP -2
180 FOR B=1 TO -1 STEP -2
190 FOR C=1 TO -1 STEP -2
200 P=-B:Q=-A
210 GOSUB 370:REM IMPLIKATION
220 W1=W:P=B:Q=C
230 GOSUB 420:REM AEQUIVALENZ
240 P=W1:Q=W
250 GOSUB 500:REM UND
260 W2=W:P=A:Q=C
270 GOSUB 460:REM EXKLUSIV-ODER
280 P=W2:Q=W
290 GOSUB 500:REM UND
300 IF W=1 THEN PRINTA,B,C
310 NEXT C
320 NEXT B
330 NEXT A
340 END
350 :
360 REM IMPLIKATION
370 IF P<=Q THEN W=1:GOTO 390
380 W=-1
390 RETURN
400 :
410 REM AEQUIVALENZ
420 W=SGN(P*Q)
430 RETURN
440 :
450 REM EXKLUSIV-ODER
460 W=-SGN(P*Q)
470 RETURN
480 :
490 REM UND
500 W=SGN(P+Q-1)
510 RETURN
READY.
```

LOGIK—AUFGABE

-1   1   1

Berechnung von Determinanten
von Karl Achilles

1 AUFGABENSTELLUNG

Jeder quadratischen Matrix läßt sich eindeutig eine Zahl zuordnen, welche man als Determinante bezeichnet. Für eine (2,2)-Matrix läßt sich die Determinante auf einfache Weise berechnen. Die allgemeine Darstellung einer solchen Matrix ist

$$A = \begin{pmatrix} a_{11} & a_{12} \\ a_{21} & a_{22} \end{pmatrix} \tag{1}$$

Für die Determinante $|A|$ gilt dann:

$$|A| = a_{11} \cdot a_{22} - a_{12} \cdot a_{21} \tag{2}$$

Zur Berechnung einer n-reihigen Determinante (n > 2) gibt es verschiedene Methoden, insbesondere die Entwicklung der Determinante nach Zeilen bzw. Spalten. Für die numerische Berechnung mit Hilfe von Computern eignet sich jedoch eher ein Algorithmus, welcher auf der sogenannten Verdichtung beruht.

2 BESCHREIBUNG DES LÖSUNGSWEGES

Mittels Verdichtung wird eine Determinante n-ter Ordnung auf eine solche (n-1)-ter Ordnung reduziert. Durch sukzessive Reduktion ergibt sich schließlich eine Determinante 2. Ordnung, welche sich nach (2) berechnen läßt.
Die Methode der Verdichtung sei im folgenden erläutert.
Eine n-reihige Determinante resultiert aus einer (n,n)-Matrix und hat folgende allgemeine Form:

$$|A| = \begin{vmatrix} a_{11} & a_{12} & a_{13} & \cdots & a_{1n} \\ a_{21} & a_{22} & a_{23} & \cdots & a_{2n} \\ a_{31} & a_{32} & \cdot\cdot & \cdots & a_{3n} \\ \vdots & \vdots & & & \vdots \\ a_{n1} & a_{n2} & \cdot\cdot & \cdots & a_{nn} \end{vmatrix} \tag{3}$$

Voraussetzung ist, daß das Element a_{11} von Null verschieden ist. Falls aber $a_{11} = 0$, so wird irgendein von Null verschiedenes Element a_{1i} durch Vertauschen von Spalte 1 mit Spalte i an die erste Stelle gebracht. Dadurch ändert sich das Vorzeichen der Determinante, aber nicht ihr Betrag. Falls in irgendeiner Zeile (oder Spalte) alle Elemente gleich Null sind, so hat die Determinante den Wert Null!

Ist die oben genannte Bedingung erfüllt, so werden folgende Operationen vorgenommen:

- Die Zeilen 2 bis n werden mit a_{11} multipliziert. Dadurch ergibt sich der a_{11}^{n-1}-fache Wert der Determinante.
- Zeile 2 $- a_{21} \cdot$ Zeile 1

  Zeile 3 $- a_{31} \cdot$ Zeile 1

  $\vdots$ $\qquad \vdots$

  Zeile n $- a_{n1} \cdot$ Zeile 1

Man erhält folgendes:

$$a_{11}^{n-1} \cdot |A| = \begin{vmatrix} a_{11} & a_{12} & \cdots & a_{1n} \\ 0 & A_{22} & \cdots & A_{2n} \\ \vdots & \vdots & & \vdots \\ 0 & A_{n2} & & A_{nn} \end{vmatrix} = a_{11} \cdot \begin{vmatrix} A_{22} & \cdots & A_{2n} \\ \vdots & & \vdots \\ A_{n2} & \cdots & A_{nn} \end{vmatrix}$$

Daraus folgt schließlich:

$$|A| = a_{11}^{2-n} \cdot \begin{vmatrix} A_{22} & \cdots & A_{2n} \\ \vdots & & \vdots \\ A_{n2} & & A_{nn} \end{vmatrix} \tag{4}$$

Die Determinante, bestehend aus den A_{ik}, ist nur noch von (n-1)-ter Ordnung. Für die A_{ik} gilt:

$$\boxed{A_{ik} = a_{11} \cdot a_{ik} - a_{i1} \cdot a_{1k}} \qquad \text{(i,k von 2 bis n)} \tag{5}$$

Auf diese Weise läßt sich eine Determinante n-ter Ordnung auf eine solche der Ordnung 2 zurückführen.

3   VERBALE NOTATION DES ALGORITHMUS

```
ANFANG
    DET:=1
    SOLANGE ZEILENZAHL > 2 TUE ANFANG
       FALLS A(1,1)=Ø, DANN ANFANG
          SUCHE GRÖSSTES ELEMENT DER 1. ZEILE (PIVOT)
          FALLS ALLE ELEMENTE DER 1. ZEILE NULL, DANN
             AUSGABE (DET = Ø)    ENDE

          VERTAUSCHE SPALTE DES PIVOTS MIT 1. SPALTE
          DET:= -DET
       ENDE

       FÜR ZEILE :=2 BIS ZEILENZAHL TUE ANFANG
          FÜR SPALTE :=2 BIS ZEILENZAHL TUE
             A(ZEILE,SPALTE):= A(1,1)*A(ZEILE,SPALTE) -
                               A(ZEILE,1)*A(1,SPALTE)
       ENDE
       DET:= DET*A(1,1)^(2-ZEILENZAHL)
       FÜR ZEILE:=2 BIS ZEILENZAHL TUE ANFANG
          FÜR SPALTE :=2 BIS ZEILENZAHL TUE
             A(ZEILE-1,SPALTE-1):= A(ZEILE,SPALTE)
       ENDE
          ZEILENZAHL:= ZEILENZAHL-1
    ENDE
    DET:= DET*(A(1,1)*A(2,2) - A(1,2)*A(2,1))
    AUSGABE DET
 ENDE
```

4 PROGRAMMLISTINGS (BASIC und Pascal)

BASIC-Programm Determinante

```
]LIST

1000  REM   * BERECHNUNG EINER N-
      REIHIGEN DETERMINANTE *
1010  REM  ----------------------

1020  REM   KARL ACHILLES   2.2.82

1030  REM  ----------------------

1040  HOME : INVERSE
1050  PRINT "DETERMINANTE": NORMAL
      : VTAB (5)
1060  INPUT "GEBEN SIE DIE ZEILEN
      ZAHL AN: ";N
1070  IF N < 2 THEN  PRINT "N MUS
      S GROESSER ALS 1 SEIN !": GOTO
      1060
1080  DIM N,MA(N,N),HILF(N,N)
1090  PRINT : PRINT "UND NUN DIE
      MATRIXELEMENTE (ZEILENWEISE)
      ": PRINT : PRINT
1100  GOSUB 1240: REM  EINGABE
1110  HOME : VTAB (10): HTAB (10)

1120  PRINT "BITTE WARTEN ..."
1130  GOSUB 1340: REM   BERECHNUNG

1140  HOME
1150  PRINT "DIE DETERMINANTE HAT
      DEN WERT "DET
1160  END : REM  ENDE HAUPTPROGRA
      MM
1170  REM  ======================

1180  REM
1190  REM  *** UNTERPROGRAMME ***

1200  REM  ----------------------

1210  REM
1220  REM
1230  REM  ----------------------
      -
1240  REM   EINGABE DER MATRIXELEM
      ENTE
1250  FOR I = 1 TO N
1260  FOR J = 1 TO N
1270  PRINT "A(";I;",";J;")= ": INPUT
      MA(I,J)
1280  NEXT J,I
1290  RETURN : REM  ENDE EINGABE
1300  REM  ----------------------

1310  REM
1320  REM
1330  REM  ----------------------

1340  REM   BERECHNUNG DER DETERMI
      NANTE
1350  HIDET = 1:ZZ = N
1360  IF ZZ = 2 THEN 1620: REM  B
      ERECHNE 2-REIHIGE DETERMINAN
      TE ELEMENTAR
1370  IF MA(1,1) <  > 0 THEN 1520
1380  REM  SUCHE PIVOTELEMENT (1.
      ZEILE)
1390  FOR K = 2 TO ZZ
1400  IF  ABS (MA(1,K)) >  ABS (M
      A(1,K - 1)) THEN PIVOT = MA(
      1,K):MERK = K
1410  NEXT K
1420  IF PIVOT = 0 THEN DET = 0:
                     RETURN
1430  REM
1440  FOR LAUF = 1 TO ZZ: REM  VE
      RTAUSCHE SPALTE 1 MIT SPALTE
      MERK
1450  HILF(LAUF,MERK) = MA(LAUF,ME
      RK)
1460  MA(LAUF,MERK) = MA(LAUF,1)
1470  MA(LAUF,1) = HILF(LAUF,MERK)
1480  NEXT LAUF
1490  REM
1500  HIDET =  - HIDET: REM  ENDE
      PIVOTSUCHE
1510  REM
1520  FOR ZE = 2 TO ZZ
1530  FOR SP = 2 TO ZZ
1540  MA(ZE,SP) = MA(1,1) * MA(ZE,
      SP) - MA(ZE,1) * MA(1,SP)
1550  NEXT SP,ZE
1560  HOCH =  SGN (MA(1,1)) *  ABS
      (MA(1,1)) ^ (ZZ - 2)
1570  HIDET = HIDET / HOCH
1580  FOR ZE = 2 TO ZZ: FOR SP =
      2 TO ZZ
1590  MA(ZE - 1,SP - 1) = MA(ZE,SP
      )
1600  NEXT SP,ZE
1610  ZZ = ZZ - 1: GOTO 1360
1620  DET = HIDET * (MA(1,1) * MA(
      2,2) - MA(1,2) * MA(2,1))
1630  RETURN : REM  ENDE DETERMIN
      ANTENBERECHNUNG
1640  REM  ----------------------
```

Beispiel 1 (BASIC)

```
ÜRUN
DETERMINANTE
GEBEN SIE DIE ZEILENZAHL AN: 3

UND NUN DIE MATRIXELEMENTE (ZEILENWEISE)


A(1,1)=
?0
A(1,2)=
?-1
A(1,3)=
?2
A(2,1)=
?1
A(2,2)=
?0
A(2,3)=
?1
A(3,1)=
?0
A(3,2)=
?1
A(3,3)=
?5
          BITTE WARTEN ...
DIE DETERMINANTE HAT DEN WERT 7
```

Beispiel 2 (BASIC)

```
ÜRUN
DETERMINANTE
GEBEN SIE DIE ZEILENZAHL AN: 3

UND NUN DIE MATRIXELEMENTE (ZEILENWEISE)


A(1,1)=
?0
A(1,2)=
?0
A(1,3)=
?0
A(2,1)=
?1
A(2,2)=
?4
A(2,3)=
?7
A(3,1)=
?-5
A(3,2)=
?1
A(3,3)=
?0
          BITTE WARTEN ...
DIE DETERMINANTE HAT DEN WERT 0
```

Pascal-Programm Determinante

```pascal
PROGRAM DETERMINANTE;

CONST MAX 10;        (* MAXIMALE ZEILEN- UND SPALTENZAHL *)

TYPE  MATRIX = ARRAY[1..MAX,1..MAX] OF REAL;

VAR    I1         : INTEGER;
       MATA       : MATRIX;


PROCEDURE LIESMAT(L,M:INTEGER;VAR MAT:MATRIX);
    VAR    ZEILE,SPALTE : INTEGER;

    BEGIN
      FOR ZEILE:=1 TO L DO BEGIN
        FOR SPALTE:=1 TO M DO BEGIN
          WRITE('MAT(',ZEILE,',',SPALTE,')=');
          READ(MAT[ZEILE,SPALTE])
        END;          (* OF SPALTE *)
      END;            (* OF ZEILE *)
      WRITELN;WRITELN;
    END;              (* OF LIESMAT *)


FUNCTION DET(N:INTEGER;VAR MAT:MATRIX):REAL;

    VAR   PIVOT,P,O,HOCH,HILFSDET : REAL;
          ZEILENZAHL,ZEILE,SPALTE,MERKE,LAUF,K,L : INTEGER;
          HILF                    : MATRIX;

    BEGIN
      HILFSDET:=1;
      ZEILENZAHL:=N;

      (* UMFORMUNG DER DETERMINANTE MITTELS 'VERDICHTUNG' *)
      WHILE ZEILENZAHL>2 DO BEGIN
        IF MAT[1,1]=0 THEN BEGIN    (* PIVOTSUCHE *)
          PIVOT:=0;
          FOR K:=2 TO ZEILENZAHL DO
          IF ABS(MAT[1,K])>ABS(MAT[1,K-1]) THEN BEGIN
            PIVOT:=MAT[1,K];
            MERKE:=K
          END;          (* OF MAXELEMENT *)
          IF PIVOT=0 THEN BEGIN
            DET:=0;
            EXIT(DET);
          END;
          FOR LAUF:=1 TO ZEILENZAHL DO BEGIN
          (* VERTAUSCHE SPALTE 1 MIT SPALTE MERKE *)
            HILF[LAUF,MERKE]:=MAT[LAUF,MERKE];
            MAT[LAUF,MERKE]:=MAT[LAUF,1];
            MAT[LAUF,1]:=HILF[LAUF,MERKE]
          END;          (* OF VERTAUSCHE *)
          HILFSDET:=-HILFSDET;
        END;            (* OF PIVOTSUCHE *)
```

```
        (* VERDICHTUNG *)
        P:=MATÄ1,1Ü;
        FOR ZEILE:=2 TO ZEILENZAHL DO BEGIN
          Q:=MATÄZEILE,1Ü;
          FOR SPALTE:=2 TO ZEILENZAHL DO
            MATÄZEILE,SPALTEÜ:=P*MATÄZEILE,SPALTEÜ-Q*MATA1,SPALTEÜ
        END;            (* OF ZEILE *)
                        (* ENDE VERDICHTUNG *)
        HOCH:=MATÄ1,1Ü;
        L:=ZEILENZAHL-2;
        WHILE L>1 DO BEGIN (* BERECHNE MAT HOCH (ZEILENZAHL-2) *)
          HOCH:=HOCH*MATÄ1,1Ü;
          L:=L-1

        END;            (* OF MAT HOCH *)
        HILFSDET:=HILFSDET/HOCH;
        FOR ZEILE:=2 TO ZEILENZAHL DO BEGIN
        (* REDUZIERUNG DER MATRIXDIMENSION *)
          FOR SPALTE:=2 TO ZEILENZAHL DO
          MATÄZEILE-1,SPALTE-1Ü:=MATÄZEILE,SPALTEÜ
        END;            (* OF REDUZIERUNG *)
        ZEILENZAHL:=ZEILENZAHL-1
    END;                (* OF (ZEILENZAHL>2) OR (NOT AUSGANG) *)
    DET:=HILFSDET*(MATÄ1,1Ü*MATÄ2,2Ü-MATÄ1,2Ü*MATÄ2,1Ü);
  END;                  (* OF DET *)


BEGIN   (* HAUPTPROGRAMM *)

  WRITE(CHR(12));    (* LOESCHT BILDSCHIRM *)
  WRITELN('DETERMINANTE');
  WRITELN('============');
  WRITELN;WRITELN;
  WRITE('ZEILENZAHL ?');
  READ(I1);
  LIESMAT(I1,I1,MATA);
  WRITELN('DETERMINANTE = ',DET(I1,MATA):12:6)

END.
```

5 LITERATUR

A i t k e n, A.C.: Determinanten und Matrizen. Mannheim:
Bibliographisches Institut 1969

Polynomerzeuger

von Karl Achilles

1   AUFGABENSTELLUNG

Ein Polynom P n-ten Grades habe n reelle Nullstellen, welche bekannt seien. Gesucht sind die Koeffizienten a_i (i = 1 bis n) des normierten Polynoms.

2   BESCHREIBUNG DES LÖSUNGSWEGES

2.1 Beispiel

-2; 1; 3 seien die Nullstellen.
Das normierte Polynom hat dann die Linearfaktorzerlegung

$$P = (x+2)(x-1)(x-3) = x^3 - 2x^2 - 5x + 6.$$

Ergebnis $a_3 = 1$ $a_2 = -2$ $a_1 = -5$ $a_0 = 6$

2.2 Verallgemeinerung

x_1; x_2; ...; x_{n-1}; x_n seien die n Nullstellen eines Polynoms n-ten Grades.
Es gilt dann:

$$P = a_n x^n + a_{n-1} x^{n-1} + \ldots + a_2 x^2 + a_1 x + a_0.$$

Nach dem Wurzelsatz von VIETA sind die a_i mit den x_i folgendermaßen verknüpft:

$$a_n = 1$$
$$a_{n-1} = -(x_1 + x_2 + \ldots + x_n)$$
$$a_{n-2} = x_1 x_2 + x_1 x_3 + x_2 x_3 + \ldots + x_{n-1} x_n$$
$$a_{n-3} = -(x_1 x_2 x_3 + x_1 x_2 x_4 + \ldots + x_{n-2} x_{n-1} x_n)$$
$$\vdots$$
$$a_0 = (-1)^n \cdot x_1 x_2 x_3 \cdot \ldots \cdot x_{n-1} x_n$$

3 PROGRAMMBESCHREIBUNG

Wie das folgende Struktogramm verdeutlicht, kann man für den
VIETAschen Wurzelsatz einen einfachen Algorithmus angeben.

3.1 Struktogramm

<table>
<tr><td colspan="2">Beginn</td></tr>
<tr><td colspan="2">Eingabe des Polynomgrades n und der Nullstellen x_i
      (für i=1 bis n)</td></tr>
<tr><td colspan="2">$a_n := 1;$ $a_i := \emptyset$ (für $i = \emptyset$ bis n-1)</td></tr>
<tr><td>Für k=n ab bis 1 tue</td><td></td></tr>
<tr><td></td><td>Für i=n ab bis 1 tue</td></tr>
<tr><td></td><td>$a_{n-i} := a_{n-i} - (a_{n-i+1} * x_{n-k+1})$</td></tr>
<tr><td colspan="2">Ausgabe der Koeffizienten a_i (für $i = \emptyset$ bis n)</td></tr>
<tr><td colspan="2">Ende</td></tr>
</table>

Daß dieser Algorithmus das Problem löst, wird im folgenden
exemplarisch gezeigt. In der Tabelle wird der Berechnungsteil
aus dem Struktogramm (für die a_i für $i = \emptyset$ bis n-1) durchge-
spielt.

Zugrunde liegt das <u>Beispiel</u>: $n = 3$

$$x_1 = -1$$

$$x_2 = 2$$

$$x_3 = 3$$

Zu Beginn der Rechnung gilt: $a_3 = 1$ und $a_i = \emptyset$ $(i = \emptyset$ bis 2)

Tabelle (Belegungsplan):

k	i	a_3	a_2	a_1	a_0
3	3	1	$\emptyset$	$\emptyset$	$\emptyset$
3	2	1	$\emptyset$	$\emptyset$	$\emptyset$
3	1	1	1	$\emptyset$	$\emptyset$
2	3	1	1	$\emptyset$	$\emptyset$
2	2	1	1	-2	$\emptyset$
2	1	1	-1	-2	$\emptyset$
1	3	1	-1	-2	6
1	2	1	-1	1	6
1	1	1	-4	1	6

1. Nullstelle wird verwendet

2. Nullstelle wird verwendet

3. Nullstelle wird verwendet

Das Ergebnis ist also:

$$a_3 = 1$$
$$a_2 = -4$$
$$a_1 = 1$$
$$a_0 = 6$$

3.2 Programmlistings

```
]PR#0
]LIST

1000   REM     POLYNOMERZEUGER
1010   REM     ***************
1020   REM     KARL ACHILLES 14.1.82
       ***
1030   REM
1040   HOME
1050   INVERSE : PRINT "POLYNOMERZ
       EUGER": NORMAL
1060   VTAB (5)
1070   REM
1080   REM     EINGABE
1100   INPUT "GEBEN SIE DEN GRAD D
       ES POLYNOMS AN .. ";N
1105   DIM X(N),A(N)
1110   PRINT : PRINT "GEBEN SIE NU
       N DIE NULLSTELLEN AN :"
1120   FOR I = 1 TO N
1130   PRINT I".NULLSTELLE .. ";
1132   INPUT X(I)
1135   NEXT I
1137   REM     ENDE EINGABE

1138   REM
1139   REM     BERECHNUNG DER KOEFFI
       ZIENTEN
1140   LET A(N) = 1
1150   FOR I = 0 TO N - 1
1155   LET A(I) = 0
1157   NEXT I
1160   FOR K = N TO 1 STEP  - 1
1170   FOR I = N TO 1 STEP  - 1
1180   LET A(N - I) = A(N - I) - (
       A(N - I + 1) * X(N - K + 1))
1190   NEXT I,K
1195   REM     ENDE BERECHNUNG
1197   REM
1200   REM     AUSGABE DER A(I)
1205   PRINT : PRINT : PRINT "KOEF
       FIZIENTEN DES POLYNOMS": PRINT
1210   FOR I = N TO 0 STEP  - 1
1220   PRINT "A("I") = "A(I)
1230   NEXT I
1250   END
```

```
PROGRAM POLYNOMERZEUGER;

CONST  MAXIMALGRAD  = 30;     (* WILLKUERLICH GEWAEHLT *)

VAR    GRAD, I, K   :INTEGER;
       HILF         :REAL;
       NULLSTELLE   :ARRAY[1..MAXIMALGRAD] OF REAL;
       KOEFFIZIENT  :ARRAY[0..MAXIMALGRAD] OF REAL;
BEGIN
       (* UEBERSCHRIFT *)
    WRITE(CHR(12));     (* SAEUBERT BILDSCHIRM *)
    WRITELN('POLYNOMERZEUGER');
    WRITELN('---------------');
    WRITELN;WRITELN;

       (* EINGABE *)
    WRITE ('BITTE POLYNOMGRAD EINGEBEN:');
    READLN (GRAD); WRITELN;
    WRITELN ('BITTE NULLSTELLEN EINGEBEN');
    WRITELN ('--------------------------');
    WRITELN;
    FOR K := 1 TO GRAD DO
    BEGIN
      WRITE ('NULLSTELLE NR.',K,' = ');
      READLN (NULLSTELLE[K]);
    END;

       (* KOEFFIZIENTENANFANGSWERTE *)
    FOR I := 0 TO GRAD-1 DO
      KOEFFIZIENT[I] := 0;
    KOEFFIZIENT[GRAD] := 1;

       (* KOEFFIZIENTENBERECHNUNG *)
    FOR K := GRAD DOWNTO 1 DO
    BEGIN
      FOR I := GRAD DOWNTO 1 DO
      BEGIN
      HILF := NULLSTELLE[GRAD-K+1];
      KOEFFIZIENT[GRAD-I] := KOEFFIZIENT[GRAD-I]-KOEFFIZIENT[GRAD-1+1]*HILF
      END;
    END; (* ENDE KOEFFIZIENTENBERECHNUNG *)

       (* KOEFFIZIENTEN AUSDRUCKEN *)
    FOR I := 1 TO 3 DO    WRITELN;
    FOR I := GRAD DOWNTO 0 DO
    WRITELN ('KOEFFIZIENT A(',I,') = ',KOEFFIZIENT[I]);

END.
```

4 WEITERE BEISPIELE

4.1 Nullstellen −4   −2   −1   1   2

Koeffizienten $a_5=1$ $a_4=4$ $a_3=-5$ $a_2=-20$

$a_1=4$ $a_0=16$

4.2 Nullstellen 0.5 −1.5 −6.1 0.01 0

Koeffizienten $a_5=1$ $a_4=7.09$ $a_3=5.279$

$a_2=-4.6285$ $a_1=0.4575$ $a_0=0$

Größter gemeinsamer Teiler (ggT)

von Karl Achilles

1 AUFGABENSTELLUNG

Von zwei natürlichen Zahlen a,b soll der ggT bestimmt werden
nach dem Euklidischen Divisionsalgorithmus.

2 LÖSUNGSWEG

Der Euklidische Divisionsalgorithmus basiert auf einer fort-
laufenden Teilung mit Rest. Er terminiert, wenn der Rest Null
geworden ist. Dies sei an einem Beispiel veranschaulicht:

Zu bestimmen sei ggT(437;69):

        437 : 69 = 6 Rest 23

         69 : 23 = 3 Rest 0

Also ist ggT(437;69) = 23

3 PROGRAMMBESCHREIBUNG

3.1 Struktogramm

<table>
<tr><td colspan="2">Anfang</td></tr>
<tr><td colspan="2">Lies (A,B)</td></tr>
<tr><td rowspan="3">Wiederhole</td><td>R <— A MOD B</td></tr>
<tr><td>A <— B</td></tr>
<tr><td>B <— R</td></tr>
<tr><td></td><td>bis R = ∅</td></tr>
<tr><td colspan="2">Schreibe (A)</td></tr>
<tr><td colspan="2">Ende</td></tr>
</table>

3.2 Programmlistings

Größter gemeinsamer Teiler: BASIC-Programm

```
üLIST

100    REM   * GGT *
110    REM
120    HOME
130    INVERSE : PRINT "GGT": NORMAL

140    VTAB (5)
150    PRINT "GEBEN SIE BITTE ZWEI
       NATUERLICHE ZAHLEN A,B EIN :
       "
160    INPUT "A = ";A
170    INPUT "B = ";B
180    LET GGT = A: LET V = B
190    REM
200    REM   BERECHNE GGT
210    LET REST = GGT - V *  INT (G
       GT / V)
220    LET GGT = V
230    LET V = REST
240    IF REST > 0 THEN 210
250    REM
260    REM   AUSGABE
270    HOME
280    PRINT "GGT("A";"B") = "GGT
300    END
```

Beispiele in BASIC:

```
üRUN
GGT
GEBEN SIE BITTE ZWEI NATUERLICHE ZAHLEN A,B EIN :
A = 75
B = 15
GGT(75;15) = 15


üRUN
GGT
GEBEN SIE BITTE ZWEI NATUERLICHE ZAHLEN A,B EIN :
A = 87654321
B = 12345678
GGT(87654321;12345678) = 9
```

Größter gemeinsamer Teiler: Pascal-Programm

```
PROGRAM GGTEILER;

VAR  ZAHL1, ZAHL2, REST, GGT, V :INTEGER;


BEGIN   (* HAUPTPROGRAMM *)

  (* EINGABE *)
  WRITELN ('BITTE 2 NATUERLICHE ZAHLEN EINGEBEN');
  READ (ZAHL1,ZAHL2);
  GGT := ZAHL1;  V := ZAHL2;
  (* BERECHNUNG DES GGT *)

  REPEAT
    REST := GGT MOD V;
    GGT := V; V := REST
  UNTIL REST = 0;

  (* AUSDRUCKEN DES GGT *)
  WRITELN;
  WRITE ('GGT (',ZAHL1,';',ZAHL2,') = ',GGT);
END.
```

3.3 Bemerkungen zur Programmierung

Für die Division mit ganzzahligem Rest gibt es in Pascal die
Modulo-Funktion (REST = GGT MOD V). Zum Beispiel ergibt sich
für GGT=17 und V=5 der ganzzahlige Divisionsrest 2; also ist
17 MOD 5 = 2.
Die Modulo-Funktion muß in BASIC erst simuliert werden. Unter
Verwendung der BASIC-Funktion INT (Ganzzahliger Teil einer
Zahl) kann man folgende Beziehung für den ganzzahligen Divi-
sionsrest aufstellen:

$$REST = GGT - V \cdot INT(GGT/V) \qquad (3.31)$$

Für GGT=17 und V=5 ist dann INT(GGT/V)=3 und REST=17-5·3=2.
Die Beziehung (3.31) ersetzt also die Formel REST=GGT MOD V.

Monte-Carlo-Pi

von Karl Achilles

1   AUFGABENSTELLUNG

Die Kreiszahl Pi soll mit Hilfe eines Zufallsexperiments geschätzt werden (Monte-Carlo-Methode).

2   LÖSUNGSWEG

Dazu läßt man N Regentropfen auf
ein Quadrat der Seitenlänge 1
fallen (siehe Skizze) und zählt
die Anzahl Z der in das Innere
des Viertelkreises fallenden
Tropfen.

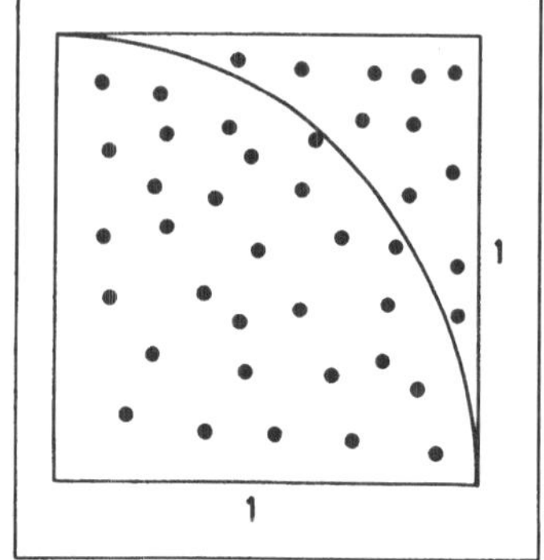

Der Flächeninhalt des Viertel-
kreises mit dem Radius 1
entspricht Pi/4.
Der Bruch Z/N stellt den Anteil
der in den Viertelkreis fallenden Tropfen dar und ist daher
eine Näherung für Pi/4. Es ergibt sich folgende Beziehung:

$$\text{Pi} \approx \frac{4 \cdot Z}{N}$$

Der Simulation des Zufallsexperiments liegt folgende Idee zu-
grunde: Man erzeugt mit Hilfe eines Zufallsgenerators hinter-
einander zwei Zufallszahlen x,y im Bereich zwischen $\emptyset$ und 1.

Denkt man sich den Ursprung eines Koordinatensystems in die
linke untere Ecke des Quadrats gelegt, so wird durch die Ko-
ordinaten x,y ein Punkt innerhalb des Quadrats beschrieben.
Dieser Punkt liegt genau dann innerhalb des Viertelkreises,
wenn die Bedingung $x^2 + y^2 < 1$ erfüllt ist. Alle Punkte mit
den Koordinaten x,y, die auf dem Kreis liegen, erfüllen be-
kanntlich die Kreisgleichung $x^2 + y^2 = 1$.
Es sollte nicht unerwähnt bleiben, daß die Monte-Carlo-Metho-
de sehr schlecht konvergiert und daß unbedingt ein guter Zu-
fallsgenerator verwendet werden sollte!

3 PROGRAMMBESCHREIBUNG

3.1 Struktogramm

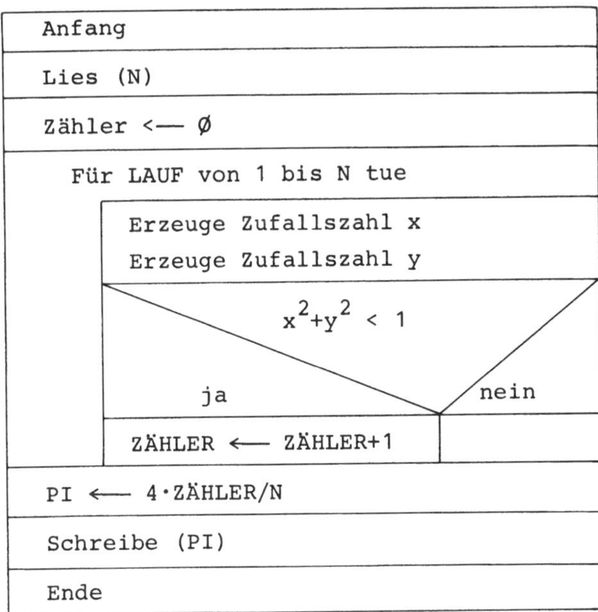

3.2 Programmlistings

Monte-Carlo-Pi: BASIC-Programm

```
üPR#0
üLIST

100   REM   * MONTE-CARLO-PI *
110   REM
120   HOME
130   INVERSE : PRINT "MONTE-CARLO
      -PI": NORMAL
140   PRINT : PRINT
150   INPUT "WIEVIELE VERSUCHE ";N

160   LET ZAEHLER = 0
170   FOR LAUF = 1 TO N
180   LET X =  RND (1): LET Y =  RND
      (1)
190   IF X * X + Y * Y < 1 THEN ZA
      EHLER = ZAEHLER + 1
200   NEXT LAUF
210   LET PI = 4 * ZAEHLER / N
220   PRINT "NAEHERUNG FUER PI = "
      PI
230   END
```

Beispiele in BASIC:

```
üRUN
MONTE-CARLO-PI


WIEVIELE VERSUCHE 10
NAEHERUNG FUER PI = 3.2



üRUN
MONTE-CARLO-PI


WIEVIELE VERSUCHE 1000
NAEHERUNG FUER PI = 3.128
```

Monte-Carlo-Pi: Pascal-Programm

```
PROGRAM MONTEPI ;

USES APPLESTUFF;    (* ENTHÄLT ZUFALLSGENERATOR *)

VAR   ZAEHLER,LAUF,MAX : INTEGER;
      X,Y,PI             : REAL;

BEGIN
  WRITE('WIEVIELE REGENTROPFEN ? ');
  READLN(MAX);
  ZAEHLER:=0;
  RANDOMIZE;
  FOR LAUF:=1 TO MAX
    DO BEGIN
         (* ERZEUGE ZUFALLSZAHLEN *)
         X:=RANDOM/32767;
         Y:=RANDOM/32767;
         IF X*X+Y*Y<1 THEN ZAEHLER:=ZAEHLER+1;
       END;
    PI:=4*ZAEHLER/MAX;
  WRITELN;
  WRITELN('NÄHERUNG FÜR PI = ',PI);
  WRITELN;
  WRITELN(MAX,' ZUFALLSVERSUCHE');
END.
```

3.3 Bemerkungen zur Programmierung

Der wesentliche Unterschied in den Programmen (BASIC, Pascal)
besteht in der Erzeugung der Zufallszahlen:
In Pascal wird durch die Funktion RANDOM eine ganzzahlige Zu-
fallszahl zwischen Ø und 32767 erzeugt, welche mittels Divi-
sion durch 32767 auf das Intervall [Ø;1] transformiert werden
muß. In BASIC steht durch die Funktion RND(1) sofort der ge-
wünschte Bereich zur Verfügung.

4   LITERATUR

E n g e l, A.: Elementarmathematik vom algorithmischen Stand-
punkt, Klett 1977

D'Hondtsches Höchstzahlverfahren
von Karl Achilles

1   AUFGABENSTELLUNG

Nach einer Wahl sollen M Mandate auf N Parteien nach dem
D'Hondtschen Verfahren verteilt werden. Dabei werden die
Zweitstimmenzahlen jeder Partei nacheinander durch 1,2,3,...
dividiert und anschließend die Mandate in der Reihenfolge der
Größe der anfallenden Quotienten vergeben. Hat eine Partei we-
niger als 5% aller Stimmen bekommen, so erhält sie kein Man-
dat.

2   LÖSUNGSWEG

Für die Zweitstimmenzahlen der N Parteien wird ein Feld Z_1,
Z_2, Z_3, ... ,Z_N bereitgestellt. Entsprechendes gilt für die
Quotienten Q_i und die Divisoren (Teiler) T_i (i=1 bis N).
Zunächst werden die Zweitstimmenzahlen den Quotienten zugeord-
net, wobei alle Teiler den Wert 1 erhalten. Es gilt also:
$Q_i = Z_i$ für i von 1 bis N. Befindet sich das Maximum aller
Quotienten an der k-ten Stelle, so wird der k-ten Partei das
erste Mandat zugeteilt. Der Quotient Q_k wird gestrichen und
durch einen neuen Quotienten ersetzt, welcher sich aus
$Q_k=Z_k/T_k$ mit $T_k=2$ ergibt. Somit hat sich für die k-te Partei
der Teiler um 1 erhöht, nachdem ihr ein Mandat zugeteilt wor-
den war.
Nun wird das nächste Maximum der Q_i (i=1 bis N) gesucht. Nach-
dem ein Mandat zugeteilt wurde, muß immer der entsprechende
Teiler um 1 erhöht und der neue Quotient gebildet werden.
Dieser ersetzt dann den vorherigen Quotienten.
Nach jeder Zuteilung wird der Mandatszähler (der <u>alle</u> Mandate
zählt) erhöht. Das Programm bricht mit der Berechnung ab,
wenn gilt: Mandatszähler = M.

3 PROGRAMMBESCHREIBUNG

3.1 Struktogramm

<table>
<tr><td colspan="3">Anfang</td></tr>
<tr><td colspan="3">Lies (PARTEIENANZAHL, MANDATSANZAHL)</td></tr>
<tr><td colspan="3">Für I von 1 bis PARTEIENANZAHL tue
<table><tr><td>Lies (Parteiname(I))</td></tr><tr><td>Lies (ZWEITSTIMMENZAHL(I))</td></tr></table></td></tr>
<tr><td colspan="3">Berechne die GESAMTSTIMMENZAHL
Berücksichtige die 5%-Klausel</td></tr>
<tr><td colspan="3">Für I von 1 bis PARTEIENANZAHL tue
<table><tr><td>MANDATZAHL(I) ⟵ Ø</td></tr><tr><td>TEILER(I) ⟵ 1</td></tr><tr><td>QUOTIENT(I) ⟵ ZWEITSTIMMENZAHL(I)</td></tr></table></td></tr>
<tr><td colspan="3">MANDATZUTEILUNG ⟵ Ø</td></tr>
<tr><td>Wiederhole</td><td colspan="2">MANDATZUTEILUNG ⟵ MANDATZUTEILUNG+1
MAXIMUM ⟵ QUOTIENT(1)
Für I von 2 bis PARTEIENANZAHL tue
<table><tr><td colspan="2">QUOTIENT(I) > MAXIMUM
ja   nein</td></tr><tr><td>MAXIMUM ⟵ QUOTIENT(I)</td><td></td></tr></table>Erhöhe MANDATZAHL der Partei mit MAXIMUM
Erhöhe TEILER   " " " "
Berechne QUOTIENT " " " "</td></tr>
<tr><td colspan="3">bis MANDATZUTEILUNG = MANDATSANZAHL</td></tr>
<tr><td colspan="3">Für I von 1 bis PARTEIENANZAHL tue
<table><tr><td>Schreibe (PARTEINAME(I))</td></tr><tr><td>Schreibe (MANDATZAHL(I))</td></tr></table></td></tr>
<tr><td colspan="3">Ende</td></tr>
</table>

3.2 Programmlistings

D'Hondtsches Verfahren: BASIC-Programm

```
üC
üLIST

1000   REM    *** -- D'HONDT -- ***
1010   REM
1020   REM    KARL ACHILLES 9.11.81
1030   REM
1040   REM    --------------------
       -
1050   REM    Z(I) ... ZWEITSTIMMENZ
       AHLEN
1060   REM    N$(I)... PARTEINAMEN
1070   REM    Q(I) ... QUOTIENTEN DE
       RI-TEN PARTEI
1080   REM    K(I) ... TEILER FUER D
       IE I-TE PARTEI
1090   REM    M(I) ... ANZAHL DER MA
       NDATE FUER DIE I-TE PARTEI
1100   REM    --------------------
       -
1110   REM
1120   REM    --------------------
1130   REM         HAUPTPROGRAMM
1140   REM    --------------------
1150   REM
1160   HOME
1170   PRINT "D'HONDTSCHES VERFAHR
       EN"
1180   PRINT "===================
       =="
1190   REM
1200   GOSUB 1290: REM   EINGABE
1210   GOSUB 1460: REM   GESAMTSTIM
       MEN
1220   GOSUB 1570: REM   5%-KLAUSEL

1230   GOSUB 1650: REM    INITIALISI
       ERUNG
1240   GOSUB 1740: REM   BERECHNE M
       ANDATSVERTEILUNG
1250   GOSUB 1960: REM   AUSGABE
1260   END
1270   REM   ENDE HAUPTPROGRAMM
1280   REM
1290   REM
1300   REM   --- EINGABE ---
1310   REM   --------------
1320   VTAB (5)
1330   INPUT "GEBEN SIE DIE ANZAHL
       DER PARTEIEN AN ";N
1340   INPUT "GEBEN SIE DIE ANZAHL
       ALLER MANDATE AN";MA
1350   DIM Z(N),N$(N),Q(N),K(N),M(
       N)
1360   VTAB (15)
1370   PRINT "LESEN SIE DIE NAMEN
       DER PARTEIEN EIN -"
1380   PRINT "ZUERST DIE PARTEI MI
       T DER HOECHSTEN STIMMENZAHL"
       : PRINT
1390   FOR I = 1 TO N: INPUT N$(I)
       : NEXT I: PRINT
1400   HOME
1410   PRINT "GEBEN SIE DIE ZWEITS
       TIMMENZAHLEN DER PARTEIEN EI
       N :": PRINT
1420   FOR I = 1 TO N: PRINT "ZWEI
       TSTIMMENZAHL DER PARTEI "N$(
       I): INPUT Z(I): NEXT I
1430   RETURN
1440   REM   ---   ENDE EINGABE ---
1450   REM
1460   REM   --- GESAMTSTIMMEN ---
1470   REM   --------------------
1480   LET G = 0
1490   FOR I = 1 TO N: LET G = G +
       Z(I): NEXT I
1500   HOME
1510   PRINT "DIE SUMME DER ZWEITS
       TIMMEN IST: "G
1520   PRINT "-------------------
       -------------------"
1530   RETURN
1540   REM
1550   REM   --- ENDE GESAMTSTIMMEN
       ---
1560   REM
1570   REM   --- BERUECKSICHTIGUNG
       DER 5%-KLAUSEL ---
1580   REM   --------------------
       -
1590   LET LIMIT = .05 * G
1600   FOR J = 1 TO N: LET Z(J) =
       Z(J) * SGN ( INT (Z(J) / LI
       MIT)): NEXT J
1610   RETURN
```

D'Hondtsches Verfahren: BASIC-Beispiel

```
1620  REM
1630  REM   --- ENDE 5%-KLAUSEL --
      -
1640  REM
1650  REM   --- INITIALISIERUNG --
      -
1660  REM   ----------------------
      -
1670  LET SM = O
1680  FOR I = 1 TO N: LET K(I) =
      1: NEXT I
1690  FOR I = 1 TO N: LET Q(I) =
      Z(I); NEXT I
1700  RETURN
1710  REM   --- ENDE INITIALISIERU
      NG ---
1720  REM
1730  REM
1740  REM   --- BERECHNE MANDATSVE
      RTEILUNG ---
1750  REM   ----------------------
      -
1760  REM
1770  LET MERKE = 1
1780  LET HILF = Q(1)
1790  FOR I = 1 TO N
1800  IF Q(I) <  = HILF THEN  GOTO
      1840: REM  VERGLEICH DER Q(I
      ) MIT Q(1)
1810  REM  ELSE ... VERTAUSCHE
1820  LET H = Q(I)
1830  LET MERKF = I
1840  NEXT I
1850  LET M(MERKE) = M(MERKE) + 1
      : REM  TEILE MANDAT DER PART
      EI NR.MERKE ZU
1860  LET SM = SM + 1: REM  SM IS
      T ZAEHLER FUER DIE ZUGETEILT
      EN MANDATE
1870  IF SM = (MA) THEN  GOTO 192
      O
1880  REM  ELSE ... ERHOEHE TEILE
      R,BILDE NEUEN QUOTIENTEN UND
      DURCHLAUFE WEITER DIE SCHLE
      IFE
1890  LET K(MERKE) = K(MERKE) + 1
1900  LET Q(MERKE) = Z(MERKE) / K
      (MERKE)
1910  GOTO 1770
1920  RETURN
1930  REM   --- ENDE BERECHNUNG --
      -
1940  REM
1950  REM
1960  REM   --- AUSGABE ---
1970  REM   ---------------
1980  VTAB (10)
1990  PRINT "DIE MANDATE VERTEILE
      N SICH AUF DIE"
2000  PRINT "EINZELNEN PARTEIEN W
      IE FOLGT :"
2010  PRINT "====================
      ===================": PRINT
      : PRINT
2020  FOR I = 1 TO N
2030  PRINT  TAB( 1)N$(I); TAB( 1
      6)M(I); TAB( 21)"MANDATE"
2040  NEXT I
2050  RETURN
2060  REM   --- ENDE AUSGABE ---
```

```
URUN
D'HONDTSCHES VERFAHREN
======================
GEBEN SIE DIE ANZAHL DER PARTEIEN AN 3
GEBEN SIE DIE ANZAHL ALLER MANDATE AN78
LESEN SIE DIE NAMEN DER PARTEIEN EIN -
ZUERST DIE PARTEI MIT DER HOECHSTEN STIMMENZAHL

?CDU
?SPD
?FDP


GEBEN SIE DIE ZWEITSTIMMENZAHLEN DER PARTEIEN EIN :

ZWEITSTIMMENZAHL DER PARTEI CDU
?987654
ZWEITSTIMMENZAHL DER PARTEI SPD
?894566
ZWEITSTIMMENZAHL DER PARTEI FDP
?190106
DIE SUMME DER ZWEITSTIMMEN IST: 2072326
------------------------------------------------
DIE MANDATE VERTEILEN SICH AUF DIE        CDU    37   MANDATE
EINZELNEN PARTEIEN WIE FOLGT :            SPD    34   MANDATE
=======================================   FDP     7   MANDATE
```

D'Hondtsches Verfahren: Pascal-Programm

```pascal
PROGRAM DHONDT;

(* DHONDTSCHES HOECHSTZAHLVERFAHREN *)

CONST    MAX = 10;    (* MAXIMALE ANZAHL DER PARTEIEN *)

TYPE     GANZBEREICH  = ARRAYä1..MAXü OF INTEGER;
         REELLBEREICH = ARRAYä1..MAXü OF REAL;
         NAMENBEREICH = ARRAYä1..MAXü OF STRING;
         PARTEIEN     = RECORD
                           PNAME         : NAMENBEREICH;
                           STIMMENZAHL,
                           TEILER,
                           QUOTIENT      : REELLBEREICH;
                           MANDATZAHL    : GANZBEREICH;
                        END;    (* OF PARTEIEN *)

VAR      PANZAHL, MANDATE, ZEIGER,LAUF : INTEGER;
         ALLE,LIMIT                    : REAL;
         PARTEI                        : PARTEIEN;

PROCEDURE LOESCH;
   VAR K : INTEGER;
   BEGIN
     FOR K:=1 TO 1000 DO BEGIN END;
     WRITE(CHR(12));
   END;   (* OF LOESCHEN *)

PROCEDURE EINGABE;
   BEGIN
     LOESCH;
     GOTOXY(10,10);
     WRITE('D''HONDTSCHES VERFAHREN');
     GOTOXY(10,12);
     WRITE('======================');
     LOESCH;
     GOTOXY(1,10);
     WRITE('WIEVIELE PARTEIEN ?');
     GOTOXY(30,10);
     READLN(PANZAHL);
     GOTOXY(1,13);
     WRITE('WIEVIELE MANDATE INSGESAMT ? ');
     GOTOXY(30,13);
     READLN(MANDATE);
   END;            (* OF EINGABE *)

PROCEDURE LIES;
   PROCEDURE LIESSTIMMEN;
      VAR   I2 : INTEGER;

   BEGIN   (* LIESSTIMMEN *)
     WITH PARTEI
       DO BEGIN
           FOR I2:=1 TO PANZAHL DO
             BEGIN
               GOTOXY(0,I2);
               WRITE('ZWEITSTIMMENZAHL DER PARTEI ',PNAMEäI2ü,' ');
               GOTOXY(35,I2);
               READ(STIMMENZAHLäI2ü);
             END;
          END;
   END;          (* OF LIESSTIMMEN *)
```

```
    BEGIN    (* LIES *)
      LOESCH;
      FOR LAUF:=1 TO PANZAHL
        DO BEGIN
             GOTOXY(1,LAUF);
             WRITE('NAME DER ',LAUF,' . PARTEI ? ');
             GOTOXY(30,LAUF);
             READLN(PARTEI.PNAMEÄLAUFÜ);
           END;
      LOESCH;
      LIESSTIMMEN;
    END;               (* OF LIES *)

PROCEDURE ALLESTIMMEN;
   VAR    I3 : INTEGER;
   BEGIN
     LOESCH;
     ALLE:=0;
     FOR I3:=1 TO PANZAHL
       DO ALLE:=ALLE+PARTEI.STIMMENZAHLÄI3Ü;
     WRITELN;
     WRITELN('GESAMTSTIMMENZAHL = ',ALLE);
   END;            (* OF ALLESTIMMEN *)

PROCEDURE FUENFPROZENT;
   VAR    I4 : INTEGER;
   BEGIN
     LIMIT:=0.05*ALLE;
     FOR I4:=1 TO PANZAHL
       DO IF PARTEI.STIMMENZAHLÄI4Ü < LIMIT THEN PARTEI.STIMMENZAHLÄI4Ü:=∅;
   END;            (* OF FUENFPROZENT *)

PROCEDURE INITIALISIERE;
   VAR    I5 : INTEGER;
   BEGIN
     FOR I5:=1 TO PANZAHL
       DO WITH PARTEI
         DO BEGIN
              MANDATZAHLÄI5Ü:=0;
              TEILERÄI5Ü:=1;
              QUOTIENTÄI5Ü:=STIMMENZAHLÄI5Ü;
            END;
   END;            (* OF INITIALISIERE *)

PROCEDURE BERECHNE;
   VAR    I6, MANDATZUTEILUNG, ZEIGER : INTEGER;
          MAXIMUM                     : REAL;
   BEGIN
     WITH PARTEI
       DO BEGIN
            MANDATZUTEILUNG:=0;
            REPEAT
              MANDATZUTEILUNG:=MANDATZUTEILUNG+1;
              ZEIGER:=1;
              MAXIMUM:=QUOTIENTÄ1Ü;
              FOR I6:=2 TO PANZAHL DO
                IF QUOTIENTÄI6Ü > MAXIMUM THEN
                  BEGIN
                    ZEIGER:=I6;
                    MAXIMUM:=QUOTIENTÄI6Ü
                  END;     (* OF IF *)
              MANDATZAHLÄZEIGERÜ:=MANDATZAHLÄZEIGERÜ+1;
              (* NEUES MANDAT ZUGETEILT *)
              TEILERÄZEIGERÜ:=TEILERÄZEIGERÜ+1;
              (* TEILER ERHOEHT *)
```

```
              QUOTIENTÄZEIGERÜ:=STIMMENZAHLÄZEIGERÜ/TEILERÄZEIGERÜ;
                 (* NEUEN QUOTIENTEN BERECHNET *)
              UNTIL MANDATZUTEILUNG = MANDATE;
           END;
   END;              (* OF BERECHNE *)
PROCEDURE AUSGABE;
   VAR    I7 : INTEGER;
   BEGIN
     WRITE(CHR(12));
     GOTOXY(5,5);
     WRITELN('MANDATSVERTEILUNG :');
     GOTOXY(5,7);
     WRITELN('====================');
     FOR I7:=1 TO PANZAHL
       DO BEGIN
           LAUF:=I7+10;
           GOTOXY(1,LAUF);
           WRITE(PARTEI.PNAMEÄI7Ü);
           GOTOXY(20,LAUF);
           WRITE(PARTEI.MANDATZAHLÄI7Ü);
           GOTOXY(25,LAUF);
           WRITE('MANDATE');
         END;
   END;              (* OF AUSGABE *)


BEGIN              (* HAUPTPROGRAMM *)
   EINGABE;
   LIES;
   ALLESTIMMEN;
   LOESCH;
   GOTOXY(10,10);
   WRITE('BITTE WARTEN ...');
   FUENFPROZENT;
   INITIALISIERE;
   BERECHNE;
   AUSGABE;
END.
```

3.3 Bemerkungen zur Programmierung

Einer Partei, die weniger als 5% der Gesamtstimmenzahl er-
reicht, wird die Zweitstimmenzahl $\emptyset$ zugewiesen. Dadurch erge-
ben sich alle Quotienten zu Null, und die Partei erhält kein
Mandat.

In der Pascal-Version werden alle Daten einer Partei mit Hilfe
des Datentyps RECORD (Verbund) zusammengefaßt. Dieser Typ er-
möglicht den Zugriff auf sämtliche Daten einer Partei mit
einer einzigen Variablen.

Das N-Komponenten-Feld wird in Pascal mit ARRAY[1..MAX] OF
Typ bereitgestellt, während in BASIC z.B. die Anweisung
DIMZ(N) notwendig ist.

Unterprogramme werden in Pascal im Deklarationsteil als
PROCEDURES aufgeführt (Blockstruktur), in BASIC stehen die
SUBROUTINES hinter dem Hauptprogramm. Sie werden mit GOSUB
Zeilennummer angesprungen und enden mit dem Rücksprungbefehl
RETURN.

SPRINGER-VERLAG
BERLIN·HEIDELBERG·NEW YORK

Hefte zur Unfallheilkunde

Zuletzt erschienen:

Heft 93: Biologische Grundlagen der homologen Transplantation konservierter Bindegewebe. Klinische Anwendung konservierter homologer Sehnentransplantate in der Handchirurgie. Von Priv.-Doz. Dr. K. E. SEIFFERT, Leiter der Abteilung für Plastische und Handchirurgie an der Chirurgischen Universitätsklinik Frankfurt am Main (Direktor: Prof. Dr. R. GEISSENDÖRFER). Mit 119 Abbildungen. VI, 144 Seiten. 1967   DM 50,80

Heft 94: Verhandlungen der Deutschen Gesellschaft für Unfallheilkunde, Versicherungs-, Versorgungs- und Verkehrsmedizin e. V. XXXI. Tagung vom 8. bis 10. Mai 1967 in Berlin. Im Auftrage des Vorstandes herausgegeben von Prof. Dr. J. REHN, Bochum. Mit 100 Abbildungen im Text. XVI, 304 Seiten. 1968   DM 65,60

Heft 95: Schienbeinkopfbrüche, Bruchformen, Behandlung, Spätergebnisse bei 486 Fällen. Von Dr. K. THIELE, Assistenzarzt am Unfallkrankenhaus Wien. Mit einem Geleitwort von Prof. Dr. L. BÖHLER. Mit 54 Abbildungen im Text. VII, 126 Seiten. 1968   DM 46,80

Heft 96: Die Biomechanik stumpfer Brustverletzungen, besonders von Thorax, Aorta und Herz. Ein Beitrag zum Problem der sogenannten inneren Sicherheit von Personenkraftwagen. Von Prof. Dr. G. E. VOIGT, Vorstand des Institutes für Gerichtliche Medizin der Universität Lund/Schweden. Mit 49 Abbildungen. IV, 115 Seiten. 1968   DM 38,—

Heft 97: Verhandlungen der Österreichischen Gesellschaft für Unfallchirurgie. 3. Tagung am 13. und 14. Oktober 1967 in Salzburg. Im Auftrage des Vorstandes herausgegeben vom Sekretär der Gesellschaft, Dr. E. JONASCH, Wien. Mit 26 Abbildungen im Text. IX, 172 Seiten. 1968   DM 38,—

Heft 98: Beiträge zur Untersuchung und Dokumentation des tödlichen Verkehrsunfalles. Herausgegeben unter Mitarbeit von Prof. Dr. O. PRIBILLA, Institut für Gerichtliche und Soziale Medizin der Universität Kiel. Mit 20 Abbildungen. VII, 76 Seiten. 1969   DM 28,—

Heft 99: Verhandlungen der Deutschen Gesellschaft für Unfallheilkunde, Versicherungs-, Versorgungs- und Verkehrsmedizin e. V. XXXII. Tagung vom 27. bis 29. Mai 1968 in Hamburg. Im Auftrage des Vorstandes herausgegeben von Prof. Dr. J. REHN, Bochum. Mit 108 Abbildungen im Text. XVIII, 358 Seiten. 1969   DM 74,—

Heft 100: Verhandlungen der Österreichischen Gesellschaft für Unfallchirurgie. 4. Tagung am 11. und 12. Oktober 1968 in Salzburg. Im Auftrage des Vorstandes herausgegeben vom Sekretär der Gesellschaft, Dr. E. JONASCH, Wien. Mit 14 Abbildungen im Text. IX, 150 Seiten. 1969   DM 38,—

Hefte zur Unfallheilkunde

Beihefte zur Monatsschrift für Unfallheilkunde, Versicherungs-, Versorgungs- und Verkehrsmedizin

Herausgegeben von Professor Dr. Dr. h. c. H. Bürkle de la Camp

101

Beiträge zur Unfallheilkunde

A. Wilhelm
Strecksehnenapparat der Hand

H. Schnabelmaier † · H. Frhr. v. Elmendorff
Typischer Bruch der Speiche

E. Ahrer † · G. Philadelphy · M. Bauer
Drahtumschlingung der Unterschenkeldrehbrüche

Springer-Verlag Berlin · Heidelberg · New York 1969

Hefte zur Unfallheilkunde

Herausgegeben von Professor Dr. Dr. h. c. H. BÜRKLE DE LA CAMP

7801 Dottingen über Freiburg i. Br.

ISBN-13: 978-3-540-04538-0   e-ISBN-13: 978-3-642-95109-1

DOI: 10.1007/978-3-642-95109-1

Mit 75 Abbildungen

Titel-Nr.: 05 984

Vorwort

Drei Manuskripte werden in diesem Heft veröffentlicht. Sie behandeln zwar verschiedene Themen, die aber alle in das weite Gebiet der *Unfallheilkunde* gehören.

Der Beitrag von A. WILHELM „*Zur Anatomie und Chirurgie des Strecksehnenapparates der Hand unter Berücksichtigung neuerer Operationsmethoden*" berichtet über wertvolle anatomische Studien an den Strecksehnen der Hand, die für chirurgische Eingriffe, besonders für neuzeitliche handchirurgische Operationen, von Bedeutung sind.

Die von H. SCHNABELMAIER begonnenen und nach dessen Unfalltod von H. v. ELMENDORFF zu Ende geführten und zur Veröffentlichung zusammengestellten Untersuchungen „*Der Bruch der Speiche an typischer Stelle und seine Entstehung*" sind von besonderem Wert für unsere Kenntnisse über Entstehung, Behandlung und Begutachtung dieser häufigen Verletzung.

„*Die subcutane Drahtumschlingung der Unterschenkelbrüche*" wurde infolge der belastungs- und funktionsstabilen Osteosynthesemethoden heftiger Kritik ausgesetzt. Es erscheint daher wichtig, die erfahrenen Kenner dieses Behandlungsverfahrens, E. AHRER, E. PHILADELPHY und M. BAUER, ausführlich über ihre guten Erfahrungen bei richtiger Anwendung der subcutanen Drahtumschlingung an einem großen Verletztengut zu Wort kommen zu lassen.

Mögen diese aneinandergereihten Arbeiten das erwartete Interesse bei den Lesern der „Hefte zur Unfallheilkunde" finden.

Im September 1969   Der Herausgeber
                                                    H. BÜRKLE DE LA CAMP

Inhaltsübersicht

Zur Anatomie und Chirurgie
des Strecksehnenapparates der Hand
unter Berücksichtigung neuerer Operationsmethoden

Von A. Wilhelm

Chirurgische Universitätsklinik Würzburg
(Direktor: Professor Dr. W. Wachsmuth)

Herrn Professor Dr. E. Moberg in Verehrung und Dankbarkeit
zum 65. Geburtstag gewidmet

Der Fortschritt, den die Handchirurgie gerade in den letzten Jahren
auf dem Gebiet der Strecksehnenverletzungen zu verzeichnen hat, basiert
nicht zuletzt auf einer genauen Kenntnis der Anatomie und einem bes-
seren Verständnis der physiologischen und bestimmter pathologischer
Bewegungsabläufe; dies gilt ganz besonders für die Streckaponeurose.

Bei der Präparation der Handwurzel sind vor allem Variationen im
Bereich der Strecksehnen bemerkenswert. So trifft man im ersten Streck-
sehnenscheidenfach häufig mehr als zwei Sehnen an, wobei sich beson-
ders der M. abductor pollicis longus in zwei Sehnen aufteilen kann.
An dem abgebildeten Präparat (Abb. 1) erkennt man gleich drei Ab-
ductorsehnen, wobei die radiale einem großen Teil des M. abductor pol-

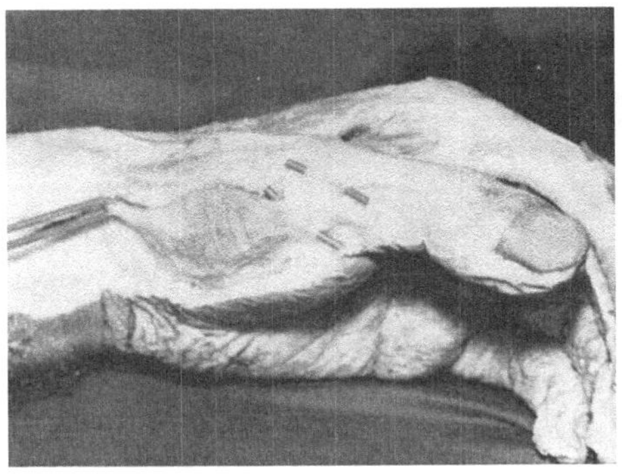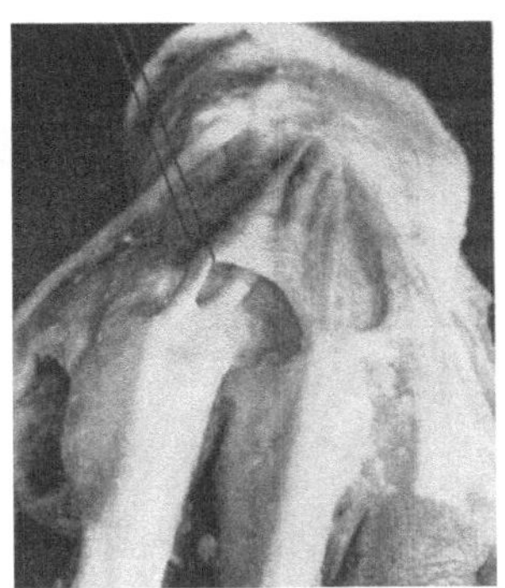

Abb. 1   Abb. 2

Abb. 1. Einstrahlung des M. abd. pollicis longus in die Streckaponeurose des Dau-
mens am anatomischen Präparat; Erläuterung im Text

Abb. 2. Topographie der Sehne des M. extensor indicis proprius; Ext. dig. com-
munis mit schwarzem Faden angeschlungen

licis brevis als Ursprung dient. Durch eine feine bindegewebige Verbindung dieses Muskels mit der Streckaponeurose, hier durch ein dünnes Röhrchen unterlegt, kann der M. abductor pollicis longus gleichsam auch auf die Streckung im Daumenendgelenk Einfluß nehmen. Mitunter kann man auch eine vollständige Verschmelzung des M. abductor pollicis longus mit dem M. extensor pollicis brevis beobachten; die Sehne dieses Muskels kann ebenfalls doppelt angelegt sein. Das gilt auch für den langen Daumenstrecker, wobei dann jedoch eine der beiden Sehnen zum Zeigefinger geht (v. LANZ-WACHSMUTH).

Unter den Langfingerstrecksehnen verdient diejenige des M. extensor indicis proprius besondere Beachtung. Sie verläuft zunächst unter der Sehne des gemeinsamen Fingerstreckers nach distal, kommt z. T. unter der Junctura intertendinea zu liegen und erreicht am ulnaren Rand der Sehne des M. extensor digitorum communis die Streckaponeurose (Abb. 2). An dieser Stelle sollte die Sehne des Extensor indicis proprius auch stets aufgesucht werden, falls sie für die Wiederherstellung der Funktion des langen Daumenstreckers oder eines anderen Langfingerstreckers oder aber nach FOWLER zur Korrektur einer Krallenhand verwendet werden sollte.

Die Sehnen des Ext. digitorum communis sind untereinander durch sog. Juncturae intertendineae verbunden und weisen vor allem im Bereich des 4. und besonders des 5. Strahles häufig Variationen auf. Die entsprechenden Sehnen des 3. und 4. Strahles sind meist sehr breit gestaltet und können mehr oder minder geteilt sein (Abb. 2), so daß sich beispielsweise ohne weiteres eine Hälfte dieser Sehnen abspalten und auf einen benachbarten Strecksehnenstumpf verlagern läßt. Umgekehrt können bei Verletzungen entsprechend lange Stümpfe zur Wiederherstellung der Funktion einfach an benachbarten Sehnen angeheftet werden. Der Ext. digiti minimi, der isoliert durch das 5. Strecksehnenscheidenfach verläuft, besitzt ebenfalls eine gespaltene Sehne und kann, soweit für den 5. Strahl ein Sehnenzügel des Ext. digiti communis vorhanden ist, ebenfalls als Kraftspender dienen.

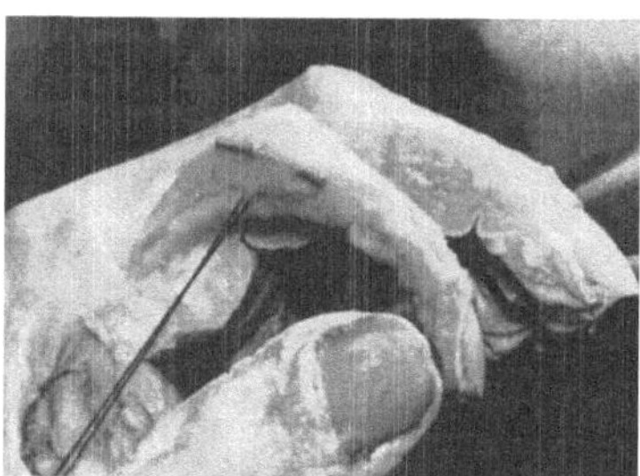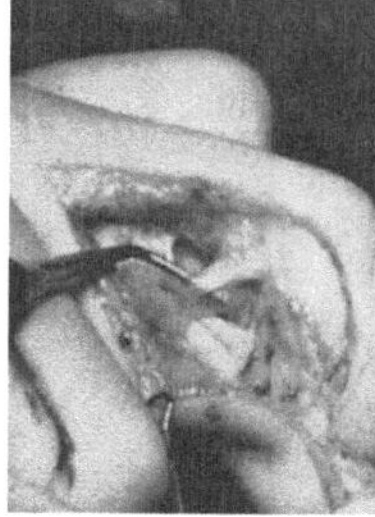

Abb. 3. Landsmeersches Ligament am anatomischen Präparat (links) und am Lebenden. Pars obliqua mit schwarzem Faden angeschlungen bzw. mit Kugelfüllinstrument unterfahren. Einstrahlung in die Streckaponeurose mit Röhrchen unterlegt

Im Bereich der Streckaponeurose sind zunächst die Seitenzügel bemerkenswert. Ihr radialer Rand wird an den Langfingern bei normalem Verhalten durch die Sehne des M. lumbricalis gebildet, deren Fasern sich bis zur Endphalanx verfolgen lassen. Etwa parallel dazu angeordnet findet sich in Höhe des Mittelgelenkes, und zwar auf beiden Seiten, eine weitere ligamentäre Struktur, die für den Bewegungsablauf in den beiden distalen Interphalangealgelenken von größter Bedeutung ist. Es handelt sich hierbei um das erstmals 1742 von WEITBRECHT beschriebene und 1949 von LANDSMEER genauer untersuchte Ligament, das von der Beugesehnenscheide in Höhe des Grundgliedes mit einer sog. Pars obliqua entspringt (Abb. 3) und in relativ breiter Ausdehnung zusammen mit der schwächer ausgebildeten Pars transversa in die Dorsalaponeurose übergeht (Abb. 3, links). Dieses Ligament funktioniert als Retinaculum (siehe unten).

Eine weitere wichtige Struktur stellt das 1877 von CLELAND beschriebene Ligament dar. Es handelt sich dabei um eine in der Längsachse der Finger angeordnete bindgewebige Platte, die, dorsal vom Nervengefäßstrang gelegen, vom Landsmeerschen Ligament und der Anheftungsstelle der Beugesehnenscheide bis zur Haut reicht.

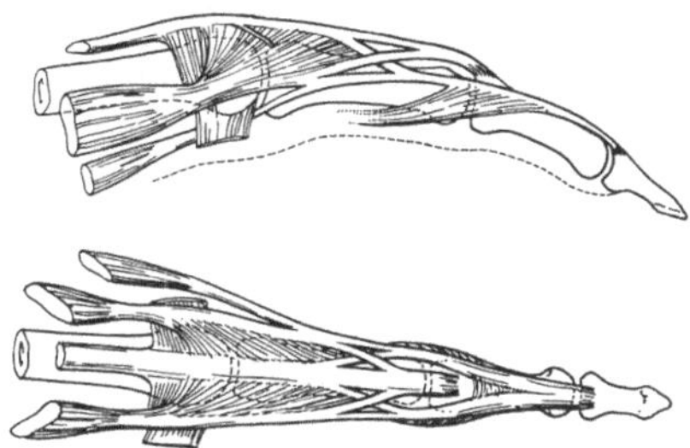

Abb. 4. Schematische Darstellung der Streckaponeurose der Langfinger in Anlehnung an TUBIANA u. VALENTIN

Die *Streckaponeurose* wird durch die Vereinigung zweier Kraftsysteme gebildet, die auf das Grund-, Mittel- und Endgelenk einwirken, und zwar handelt es sich einmal um die langen Extensoren und zum anderen um das System der Handbinnenmuskeln. Die Funktion der Aponeurose wird besser verständlich, wenn man sich den Hauptfaserverlauf derselben schematisch darstellt (Abb. 4). Danach inseriert der M. extensor digitorum communis mit einem sagittalen Band am Lig. capitulorum transversum und mit einem flachen Zügel von der Unterseite der Sehne an der Basis der Grundphalanx (Abb. 4, oben); dann teilt sich die Sehne in einen Tractus intermedius, der dorsal an der Basis der Mittelphalanx ansetzt, und in zwei Tractus laterales, die an der Basis der Endphalanx enden (Abb. 4, unten). In dieses System strahlt nun proximal auf jeder Seite ein M. interosseus ein. Beide bilden zusammen mit der Extensorsehne das Sehnenhäubchen im Bereich des Grundgelenkes und setzen mit einem kurzen Zügel seitlich an der Basis der Grundphalanx an. Die Mm. interossei breiten sich dann in Form einer dreieckförmigen Aponeurose aus, deren Ränder auffallend verdickt sind. An der Radialseite wird diese Struktur durch die normalerweise volar vom Lig. capitulorum transversum verlaufende Sehne des M. lumbricalis verstärkt. Die Fasern der aponeurotischen Ausbreitung nehmen proximal zunächst einen mehr queren, weiter distal jedoch einen mehr und mehr schrägen Verlauf. Die auffallend starken Randpartien teilen sich dann in je ein mediales und laterales Band (Abb. 4). Während sich die medialen Zügel mit dem entsprechenden Anteil der Extensorsehne vereinigen, um als Tractus intermedius an der Basis der Mittelphalanx zu inserieren, ziehen die lateralen Abschnitte zusammen mit denen der langen Strecksehne, auf der Radialseite noch verstärkt durch den M. lumbricalis, weiter nach distal, wo sie, zunächst durch ein Ligamentum triangulare in querer Richtung verbunden (Abb. 4, unten), schließlich an der Endphalanx enden. Zuvor strahlt in die Tractus laterales in Höhe des Mittelgelenkes in einer Länge von etwa 10 bis 15 cm eine relativ dünne, flächenhafte, fibröse Struktur,

von volar her kommend, ein, die wir als Landsmeersches Ligament bereits erwähnt
haben (Abb. 4, oben). Diese Bandstruktur ist in ihrer physiologischen Bedeutung in
vollem Umfange erstmals von Landsmeer erkannt und beschrieben worden. Es ist
von Bedeutung, daß das Band volar von der Mittelgelenksachse verläuft. Wird näm-
lich im Mittelgelenk eine maximale Streckung durchgeführt, dann kommt es infolge
einer Retinaculumwirkung automatisch zu einer Streckung der Endphalanx, umge-
kehrt führt eine starke Beugung im Endgelenk wegen der hierbei auftretenden Weg-
verlängerung endgradig ebenfalls zu einer Anspannung des Ligamentes, wodurch
es dann im Mittelgelenk zu einer Beugung kommt. Auf diese Art und Weise ver-
binden diese beiden Ligamente die beiden distalen Interphalangealgelenke in Form
einer dynamischen Tenodese, so daß sie durch einen einzigen Muskel, nämlich den
M. flexor profundus, gebeugt und durch einen an der Mittelphalanx ansetzenden
Strecker, z. B. den Ext. digitorum communis, gestreckt werden können. Diese
Retinaculum-Funktion wird auf der radialen Seite noch aktiv durch den M. lum-
bricalis verstärkt.

Diese Erkenntnisse sind für das Verständnis von einigen neuen Ope-
rationsmethoden von besonderer Wichtigkeit, über die noch zu sprechen
sein wird. Aus der Abbildung 4 geht ferner hervor, daß die aktive Strek-
kung in den Mittel- und Endgelenken auch dann erhalten bleibt, wenn
der mittlere Anteil der Streckaponeurose distal des Ansatzes an der
Grundphalanx und proximal der Einmündung der medialen Interosseus-
zügel durchtrennt wird. Daraus ergibt sich, daß Verletzungen im mitt-
leren Anteil der Streckaponeurose in diesem Abschnitt nicht unbe-
dingt durch eine Naht versorgt werden müssen bzw. daß die nicht selten
an dieser Stelle zu findenden Verwachsungen der Streckaponeurose mit
der Grundphalanx, z. B. nach Kreissägenverletzungen, nicht durch Ten-
dolyse, sondern einfach durch Excision des adhärenten Anteiles, also
durch Fensterung der Aponeurose zu behandeln sind (Littler). Für die
Bewegungsfunktion ist ferner von Wichtigkeit, daß sowohl das Extrinsic-
System, als auch das Intrinsic-System für sich allein die beiden Inter-
phalangealgelenke strecken kann, vorausgesetzt, daß das Grundgelenk
stabilisiert und vor allem eine Extension in diesem Gelenk vermieden
werden kann.

Bemerkenswert ist ferner die Tatsache, daß es nach alleiniger Inner-
vation der dorsalen Handstellmuskeln infolge Überwiegens der Beuger
zu einer Beugung der Finger kommt, während es beim Herabhängen-
lassen der Hand infolge multipler Tenodesen-Effekte (Ext. digit. com-
munis, Mm. interossei und Landsmeersches Ligament) zu einer Strek-
kung in den einzelnen Fingergelenken kommt.

Für das Zustandekommen der aktiven Streckung ist übrigens noch
ein weiterer Mechanismus von Bedeutung. Durch die Kontraktion des
M. lumbricalis kommt es nicht nur zu einer Raffung der Dorsalaponeu-
rose, sondern gleichzeitig auch noch zu einer Entspannung des M. flexor
profundus. Hierdurch wird aber gleichzeitig die Streckung im Endgelenk
begünstigt. Der M. lumbricalis verfügt also noch über eine korrelierende
Funktion, die sich auf die Spannung zwischen Extensoren und Flektoren
erstreckt, und besitzt für diesen Zweck besondere Nervenendigungen,
wie sie 1961 Rabischong beschrieben hat. Bei Ausfall der Handbinnen-
muskeln zeigt sich eine mangelnde Stabilisierung im Grundgelenk, so
daß es bei Innervation der Extensoren zu einer Hyperextension in dem

genannten Gelenk kommt. Dabei wird aber die Streckung bereits weitgehend von der Grundphalanx abgefangen, so daß die auf das Mittel- und Endgelenk einwirkenden Abschnitte des Extensorensystems mehr oder minder insuffizient werden; das Ergebnis ist die Krallenfingerstellung.

Strecksehnenverletzungen bieten je nach ihrer Lokalisation bestimmte therapeutische Probleme. Es hat sich deshalb als zweckmäßig erwiesen, eine Einteilung dieser Verletzungen nach topographischen Gesichtspunkten vorzunehmen, worüber wir bereits 1965 berichtet haben. Es handelt sich dabei im einzelnen um den Vorderarmbereich (*A*), den Abschnitt des Lig. carpi dorsale (*B*) sowie den Handrücken bis in Höhe des Juncturae intertendineae (*C*); distal unterscheiden wir den Grundgelenksbereich (*D*), den Grundgliedabschnitt (*E*) und die entsprechenden Regionen in Höhe des Mittelgelenkes (*F*), des Mittelgliedes (*G*) und schließlich des Endgelenkes (*H*), also insgesamt 8 Zonen.

Bei Verletzungen der Strecksehnen im Vorderarmbereich ist auf eine ausgedehnte Resektion der oberflächlichen Fascie zu achten. Dadurch soll einmal eine Dekompression der verletzten Muskel- und Sehnenabschnitte erreicht, zum anderen aber auch die Möglichkeit von Verwachsungen beseitigt werden. Neu in dieser Zone ist die transmembranöse Verlagerung eines volaren Kraftspenders auf die Streckseite, worüber NALEBUFF 1967 auf dem Handchirurgischen Symposion in Lausanne berichtet hat. Durch diese Sehnenführung ist eine geringere Reibung und ein besserer Angriffswinkel gegeben. Bei Verletzungen in der Zone B, also im Bereich des Lig. carpi dorsale, muß die ligamentäre Überdachung der zu den verletzten Sehnen gehörenden osteofibrösen Kanäle durchtrennt werden, da es sonst zu einer völligen Blockade der genähten Sehnen mit entsprechenden Tenodeseneffekten kommt. Falls erforderlich, kann in diesen Fällen sekundär bei Bedarf eine Sehnenführung durch Bildung eines Retinaculums geschaffen werden.

An der Handwurzel sind ulnar von der langen Daumenstrecksehne vor allem die dorso-radialen Handstellmuskeln erwähnenswert, von denen möglichst der an der Basis des 2. Metacarpale inserierende M. extensor carpi radialis longus für die Transposition verwendet werden sollte, wie z. B. auf die lange Daumenstrecksehne oder aber als Kraftspender für die von P. W. BRAND angegebene Plastik zur Korrektur der Krallenhand. Die zur Verlängerung dieses Kraftspenders erforderlichen Transplantate werden dabei übrigens von dorsal her unter dem Lig. capitulorum transversum hinweg zur Streckaponeurose geführt. Neuerdings wird auch empfohlen, den M. extensor carpi radialis longus nach volar zu verlagern und von hier aus die für die Verlängerung verwendeten Transplantate durch den Carpalkanal und, wie bei der Nußbaum-Bunnell-Plastik, von der Beugeseite her auf die Streckaponeurose zu verlagern.

Die Sehne des an der Basis des 3. Metacarpale ansetzenden Extensor carpi radialis brevis wird von BRAND ebenfalls zur Korrektur der Krallenhandstellung verwendet. BOYES stellt mit Hilfe dieses Motors auch die Funktion des M. adductor pollicis bei Ulnarislähmung her. Er verlängert hierzu die Sehne des M. extensor carpi radialis brevis durch ein Transplantat, das am ulnaren Rand des 3. Metacarpale nach volar geführt und an der Basis der Daumengrundphalanx angeheftet wird.

Am Handrücken sind an neueren Operationsmethoden die Verlagerung der Ext.-indicis-proprius-Sehne zur Wiederherstellung der Streckfunktion der ulnaren Finger bei ausgedehnten Sehnendefekten und Ausrißverletzungen sowie zur Korrektur der Krallenfingerstellung bei Ulnarislähmung zu nennen.

Im letztgenannten Fall erfolgt die Sehnenführung nach der von FOWLER und
BRAND angegebenen Technik, mit Insertion am radialen Rand der Streckaponeurose. Bei der kombinierten Ulnaris-Medianus-Lähmung kann die Handbinnenmuskelfunktion entweder nach der bewährten Technik von NUSSBAUM-BUNNELL
und nach dem bekannten Vorgehen von FOWLER-BRAND oder aber durch Verpflanzung der gespaltenen Sehne des M. extensor indicis proprius und des Ext.
digiti minimi erfolgen, wobei die Sehnenhälften durch die entsprechenden Zwischenknochenräume volar vom Lig. capitulorum transversum zur Dorsalaponeurose geführt werden (FOWLER). Eine Korrektur der Krallenhandstellung kann in bestimmten Fällen auch durch eine sog. dynamische Tendose, und zwar durch Aufhängen
der an der Streckaponeurose befestigten Transplantate am Lig. carpi dorsale, erfolgen (FOWLER, 1962).

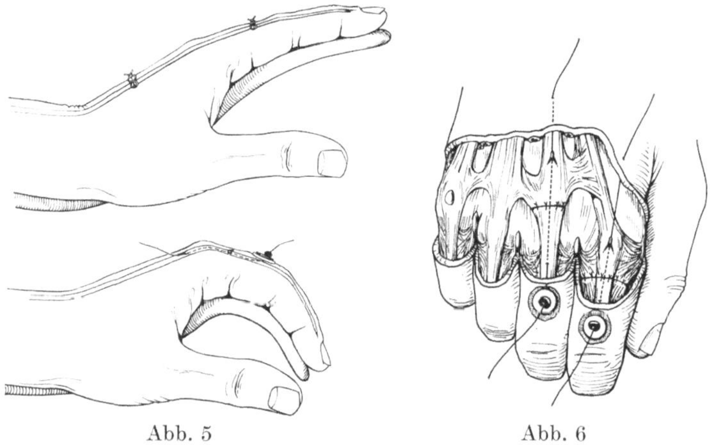

Abb. 5   Abb. 6

Abb. 5. Oben: Unphysiologische „Entlastungsstellung" der Hand nach Strecksehnennaht mit bisher üblichen Nahtmethoden. Unten: Immobilisierung in weitgehender Funktionsstellung nach Naht „auf Entfernung"

Abb. 6. Eigene Technik der entlastenden Naht „auf Entfernung" bei Verletzungen
der Strecksehnen und der Streckaponeurose

Für die Wiederherstellung der Funktion des langen Daumenstreckers
wird neben der sekundären Sehnennaht, u. U. mit Zwischenschaltung
eines Transplantates, und der Transposition des Ext. indicis proprius
oder Ext. carpi radialis longus neuerdings auch die Verlagerung der
Palmaris-longus-Sehne oder eines oberflächlichen Beugers, z. B. vom
Ringfinger, empfohlen, vor allem dann, wenn erstgenannte Möglichkeiten wegen ausgedehnter Verletzungen, Narbenbildungen usw. nicht
mehr realisierbar sind.

Vor Besprechung der Verletzungen der Streckaponeurose sei noch
ein kurzer Hinweis auf die Technik der Naht der Langfingerstrecksehnen
und der Dorsalaponeurose gegeben.

Die bisher vorzugsweise geübten Nahttechniken, wie Achter- und Einrollnaht, Vierecknaht, einfache, durchflechtende End-zu-End-Naht, U- und Einzelknopfnähte, sind nur wenig belastungsfähig und können, wie z. B. die Achter- und Einrollnaht, nur bei bestimmten Wundverhältnissen durchgeführt werden. Recht häufig bereiten diese Nähte wegen der vorhandenen Spannung auch Schwierigkeiten, so daß sie u. U. unter nochmaliger Anfrischung erneut gelegt werden müssen. Um eine nachfolgende Insuffizienz zu vermeiden, ist es bei diesen Nähten daher notwendig, eine zusätzliche Entlastung, und zwar durch eine relativ starke Dorsalflexion in der Handwurzel und Streckstellung der Finger durchzuführen (Abb. 5, oben). Die Nachteile einer solchen Ruhigstellung liegen auf der Hand. Wir verwenden daher seit vielen Jahren für die Versorgung der Strecksehnenverletzungen eine „Naht auf Entfernung", um den normalen Muskelzug am proximalen Sehnenstumpf abzufangen, und können dann die Immobilisierung der Hand nach den sonst üblichen Grundsätzen, nämlich in einer weitgehenden Funktionsstellung der Hand, durchführen. Vorteile und Technik dieses Vorgehens, das in einer ähnlichen Weise übrigens auch schon von ENTIN (1960) für die Streckaponeurose empfohlen worden ist (Bunnellsche Ausziehdrahtnaht), gehen aus den Abb. 5 unten und 6 hervor. Für diese Naht auf Entfernung verwenden wir die Lengemann-Naht und führen die feinere Adaptation der Sehnenstümpfe mit 6 × 0 atraumatischer Seide durch. Dieses Verfahren hat sich uns nicht nur am Handrücken, sondern auch im Bereich der Streckaponeurose bestens bewährt. Als Hauptvorteile sind die Möglichkeit einer Ruhigstellung in Funktionsstellung (Abbildung 5) und die damit verbundenen günstigen Voraussetzungen für die Nachbehandlung, eine exakte und spannungsfreie Adaptation der Sehnenstümpfe mit feinstem Nahtmaterial und die Vermeidung ungünstiger Heilungsbedingungen, wie sie z. B. bei der Achter- und Einrollnaht, bei denen die Hautwunde direkt über der Sehnennaht zu liegen kommt, zu nennen. Der Erfolg dieser Nahttechnik zeigt sich letztlich in einem wesentlich früheren Eintritt freier Funktion und damit in einer Abkürzung der gesamten Behandlungsphase.

Für die Besprechung der Grundgelenksregion sind zwei Punkte von besonderer Bedeutung, nämlich die Verletzung des Strecksehnenhäubchens und die Technik der Kapsulektomie.

Einrisse des Sehnenhäubchens sollte man unbedingt operativ versorgen, weil es sonst zu einer Störung des Extensorenmechanismus, vor allem im Grundgelenk, kommt. Das Ziel der Behandlung besteht darin, die Extensorensehnen wieder mit der aponeurotischen Ausbreitung des M. interosseus zu verbinden (Abb. 7). Bei einfacher Durchtrennung, die wir meist über dem Mittelhandköpfchen finden, genügen in frischen Fällen Einzelknopf- oder ausziehbare Nähte. Bei Defekten, sei es bei frischen oder alten Verletzungen, erfolgt die Rekonstruktion entweder nach WHEELDON, der eine Junctura intertendinea von der Nachbarsehne ablöst, zur verletzten Seite hin umklappt und hier mit dem lateralen Rand des Sehnenhäubchens vernäht. Bei einer anderen Methode, die MICHON angegeben hat, wird dieser Sehnenstreifen aus der Strecksehne selbst entnommen und bleibt distal gestielt. Nach eigenen Erfahrungen ist es auch möglich, diesen Streifen proximal zu stielen, wobei der längliche Sehnendefekt über dem Grundgelenk durch Einzelnähte verschlossen wird. Am Zeigefinger kann der nach solchen Verletzungen auftretende Abduktionsverlust in Streckstellung auch durch Transposition des Extensor indicis proprius auf den M. interosseus dorsalis I korrigiert werden (VERDAN).

Die nach inadäquater Ruhigstellung nach Verbrennungen, Nervenlähmungen usw. zu beobachtenden Strecksteifen der Fingergrundgelenke können durch Schrumpfung der Seitenbänder, durch Verlötung der volaren Kapsel mit der anliegenden Unterfläche des Mittelhandköpfchens und, worauf McCURTIS hingewiesen hat, auch durch eine Schrumpfung der oftmals sehr verdickten dorsalen Gelenkkapseln im engeren Sinne bedingt sein. McCURTIS führt deshalb an Stelle der bisher üblichen Kapsulektomie nach HOWARD, bei der das Lig. collaterale excidiert wird, nach Längsspaltung der Strecksehne in querer Richtung eine Excision der geschrumpften Gelenkkapsel, und zwar von einem Kollateralligament bis zum anderen reichend, durch (Abb. 8). Das Kollateralligament selbst trennt er nur dicht an seinem Ursprung am Metacarpaleköpfchen ab und beläßt es im übrigen im

Zusammenhang mit dem an der Fibrocartilago volaris inserierenden Lig. collaterale accessorium. Dadurch kann die nach zu radikalen Kapsulektomien manchmal zu beobachtende Ulnardeviation vermieden werden. Selbstverständlich müssen bei dieser Methode auch der volare Gleitspalt des Gelenkes überprüft und evtl. vorhandene Verklebungen beseitigt werden. Nach Beendigung der Operation ist ferner auf die freie Beweglichkeit der Strecksehnen zu achten, um in gleicher Sitzung eine evtl. notwendige Tendolyse vornehmen zu können. Die Nachbehandlung setzt nach dreitägiger Ruhigstellung in einem Kompressionsverband ein, und zwar wird ein elastischer Quengelverband verordnet, der mit Lederstreifen an den Grundgliedern angreift.

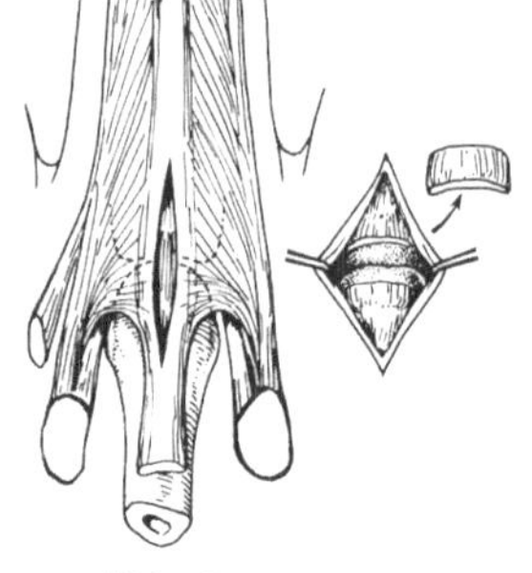

Abb. 7. Einrisse des Strecksehnenhäubchens im Bereich des Grundgelenkes. Versorgung durch direkte Naht, nach Wheeldon und Michon (von li. nach re.)

Abb. 8. Excision der geschrumpften dorsalen Gelenkkapsel nach Curtis

Abb. 8

Eine der schwierigsten Aufgaben der rekonstruktiven Handchirurgie stellt die Behandlung des Knopflochphänomens dar. Es handelt sich hierbei um den Folgezustand einer Verletzung des Tractus intermedius nahe seinem Ansatz, also im Bereich des Mittelgelenkes, begleitet bzw. gefolgt von einer Zerreißung der Verbindungsfasern zu den Tractus laterales, die dann seitlich bis unterhalb der Mittelgelenksachse abgleiten und auf diese Weise zu Flektoren des Mittelgelenkes werden, während sie auf das Endgelenk als besonders starke Strecker einwirken. Bei frischen Fällen kann das Mittelgelenk passiv noch gestreckt werden. Dieser Behandlungsversuch mißlingt jedoch bei einem länger bestehenden Knopflochphänomen, da es in der Zwischenzeit zu Veränderungen im Bereich der Seitenbänder, der Fibrocartilage volaris und zu einer Fixierung der Seitenzüge volar der Gelenksachse gekommen ist. Charakteristisch ist in jedem Fall die Zunahme der Beugung im Mittelgelenk und der Streckung im Endgelenk beim Versuch, den Finger zu strecken.

Die Behandlung der frischen, ohne Defektbildung einhergehenden Verletzung bereitet meist keine großen Schwierigkeiten. Die frische geschlossene Ruptur kann konservativ behandelt werden, worüber vor kurzem erst Souter an Hand eines Materials von 101 Patienten berichtet hat. Im Gegensatz zu ihm führen wir die Ruhigstellung nicht in Streckstellung des Grundgelenkes, sondern in einer leichten Beugestellung bei Extension im Mittel- und Endgelenk für die Dauer von 4 bis 6 Wochen durch.

Für die Behandlung des veralteten Knopflochphänomens sind entsprechend den therapeutischen Schwierigkeiten zahlreiche Behandlungsverfahren erprobt und empfohlen worden. So hat Kaplan 1953 vorgeschlagen, den Antagonisten des Tractus intermedius, nämlich die Superficialissehne zu resezieren, um im Bereich des Mittelgelenkes das Kräftegleichgewicht wiederherzustellen. Planas (1959) empfahl dagegen, einen Tractus lateralis proximal abzutrennen, auf die Mitte des Fingers zu verlagern und mit dem Ende des durchtrennten Tractus intermedius zu vernähen. Als Nachteil dieser Methode werden Schwierigkeiten bei der Beugung im Endgelenk angegeben.

FOWLER hat zur Behandlung des Knopflochphänomens außer seiner berühmt gewordenen Plastik 1962 eine weitere Technik angegeben, bei der das Transplantat dorsal an der Basis der Mittelphalanx in einem Knochenkanal befestigt und zur Korrektur des Knopfloches wiederum gekreuzt nach proximal und dabei zunächst durch die schrägen Fasern und dann durch den Tractus intermedius geführt wird. FOWLER hat auch noch die Durchtrennung der Streckaponeurose über der Mittel-

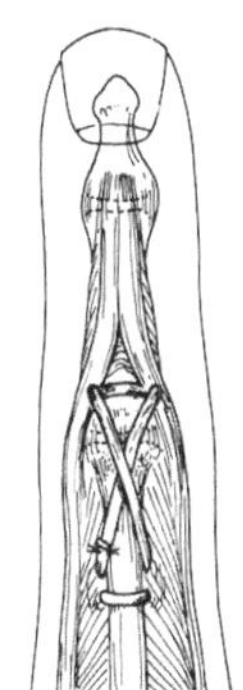

Abb. 9. Behandlung des „Knopflochphänomens" nach NICHOLS

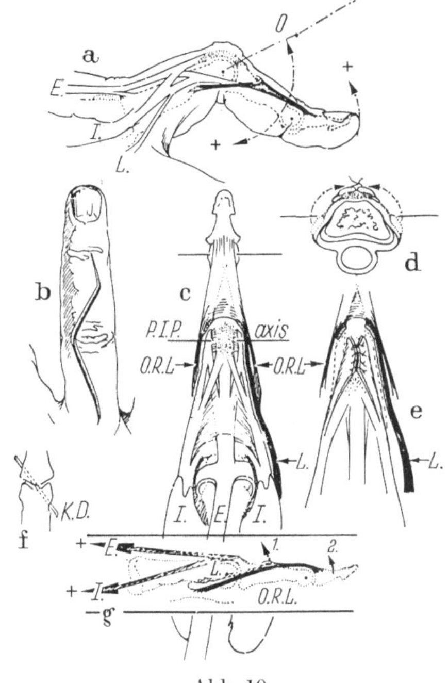

Abb. 10. Behandlung des „Knopflochphänomens" nach LITTLER und EATON. Erläuterung im Text

phalanx proximal der Einstrahlung des Landsmeerschen Ligamentes vorgeschlagen, um die Tractus laterales zu entspannen. PEACOCK sieht das wichtigste Behandlungsmoment in einer Reposition der lateralen Zügel, damit diese wieder als Strecker des Mittelgelenkes arbeiten, und führt zur Retention der Seitenzügel und Korrektur des Knopfloches eine freie Sehnenplastik in Form einer Achternaht durch (Abbildung 9). NICHOLS ist dagegen der Auffassung, daß die Behandlung entsprechend physiologischen Gegebenheiten in einer Reinsertion des Tractus intermedius zu bestehen hat und näht diesen, soweit keine Defekte vorliegen, dorsal an der Basis der Mittelphalanx fest. Bei veralteten Fällen führt NICHOLS (1951) eine Wiederherstellung der Funktion des Tractus intermedius mit Hilfe einer autoplastischen Durchflechtungsnaht im Bereich des Tractus intermedius durch, wozu ein aus der Palmaris-longus-Sehne gewonnener Streifen Verwendung findet. Die Befestigung des Transplantates an der Basis der Mittelphalanx erfolgt entweder an dem hier noch vorhandenen distalen Sehnenstumpf oder aber wie bei der Fowlerschen Technik in einem Bohrkanal. Bei dem von HELLMANN empfohlenen Verfahren wird zur Wiederherstellung des mittleren Strecksehnenzügels in Höhe des Mittelgelenkes und des angrenzenden Grund- und Mittelgliedabschnittes beiderseits ein 1 bis 2 mm breiter Streifen aus dem Tractus lateralis abgespalten und mit Seideneinzelknopf-nähten in der Medianen vereinigt. Mit Bewegungsübungen beginnt man nach 16 Tagen. Hellmann hat mit diesem Verfahren recht gute Ergebnisse erzielen können.

Die nächste Abbildung (10) zeigt die Originaldarstellung des inge-niösen Verfahrens von Littler und Eaton, 1967 veröffentlicht, bei dem die gesamte Streckkraft der Extensoren und der Mm. interossei auf die Basis der Mittelphalanx vereinigt und gleichzeitig der restliche Aponeurosenabschnitt, der auf das Endgelenk streckend einwirkt, ent-spannt wird. Für die Extension des Endgelenkes stehen dann der bereits eingangs besprochene Tenodesen-Effekt der Landsmeerschen Ligamente und auf der Radialseite noch ein aktiver Faktor in Form eines M. lum-bricalis zur Verfügung (Abb. 10g).

Bei dem Eingriff selbst wird die Streckaponeurose von einer zickzackförmigen Incision aus dargestellt (Abb. 10 b). Dann werden die beiden Landsmeerschen Liga-mente und der Lumbricaliszügel auf der radialen Seite von der Hauptportion der Seitenzüge im proximalen Abschnitt der Mittelphalanx, und zwar proximal des Lig. triangulare, abgetrennt (Abb. 10 c). Auf diese Weise sind dann die Abschnitte der Dorsalaponeurose, soweit sie von den Extensoren und Interossei stammen, vollständig von den Retinacula und dem M. lumbricalis abgetrennt und können nun durch Zusammenfaltung über dem Mittelgelenk vereinigt werden, wozu man die latero-volaren Ränder der abgelösten Seitenzüge in der Medianen über dem in Streckstellung befindlichen Gelenk miteinander vernäht (Abb. 10d und e). Gegebenen-falls kann der zusammengefaltete Abschnitt der lateralen Zügel auch durch Nähte, die man durch Knochenkanäle in der Mittelphalanx führt, gesichert werden. Danach sichert man das gestreckte Mittelgelenk noch für die Dauer von 2 Wochen durch eine temporäre Kirschner-Draht-Arthrodese (Abb. 10 f). Mit vorsichtigen Bewegun-gen kann man nach 3 Wochen beginnen. Unten in der Abbildung (Abb. 10 g) sieht man den Tenodesen-Effekt des Landsmeerschen Ligamentes dargestellt, wodurch bei alleiniger aktiver Streckung im Mittelgelenk eine Streckung des Endgelenkes erfolgt.

Gleichsam als Vorgänger dieser Methode kann man das Verfahren von Dolphin (1963/65) anführen, bei dem die zentralen Abschnitte der Streckaponeurose distal des Lig. triangulare durchtrennt werden, worauf es zu einer Erschlaffung der rest-lichen lateralen Fasern der Tractus laterales, bei Erhaltenbleiben des Tenodesen-Effektes der Landsmeerschen Ligamente kommt, während die von seiten der Ex-tensoren und Interossei ausgehende Streckkraft nun besser auf das Mittelgelenk einwirken kann.

Bei dem 1964 von Matev angegebenen Verfahren wird ein Seiten-zügel, meist der ulnare, distal über der Mittelphalanx abgetrennt, bis in den mittleren Bereich der Grundphalanx ausgelöst und von hier aus von der Unterseite her durch einen Schlitz im Tractus intermedius median über das Mittelgelenk verlagert (Abb. 11). Die Befestigung des Zügels erfolgt hier in Streckstellung des Gelenkes durch Einzelnähte an der Basis der Mittelphalanx, am Periost und am Füllgewebe. Wir führen zusätzlich nach dem Vorschlag von Pieper noch eine temporäre Kirsch-nerdraht-Arthrodese durch. Zur besseren Beugemöglichkeit im Endgelenk nimmt Matev noch eine Verlängerung der Streckaponeurose in Höhe des Endgelenkes vor und trennt hierzu den gegenüberliegenden Seitenzügel, und zwar etwas weiter distal als den ersteren, ab und reinseriert ihn an dem längeren distalen Stumpf des für die Plastik verwendeten Seiten-zügels, ebenso den kürzeren Stumpf.

Pieper hat dieses Verfahren sehr vereinfacht und darüber 1966 auf dem Handchirurgischen Symposion in Erlangen berichtet. — Pieper trennt nur einen Seitenzügel ab, führt diesen ebenfalls durch einen Schlitz im Tractus intermedius, legt ihn dann aber diagonal über das Mittelgelenk und vernäht ihn mit dem gegenüberliegenden, nicht abgetrennten Seitenzügel unter Umschlingung desselben (Abb. 12). Eine Verlängerung der distalen Streckaponeurose ist dabei nicht notwendig, da die Hyperextension im Endgelenk, wahrscheinlich durch Überwiegen des Profundus, bereits nach Abtrennen des einen Seitenzügels verschwindet. Zusätzlich wird eine temporäre Arthrodese durchgeführt. Wir haben mit dieser Methode gute Erfahrungen sammeln können.

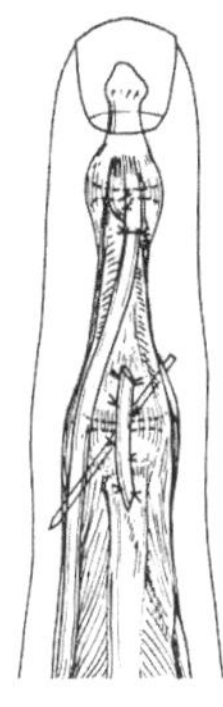

Abb. 11   Abb. 12

Abb. 11. Behandlung des „Knopflochphänomens" nach Matev

Abb. 12. Behandlung des „Knopflochphänomens" nach Pieper

Ein ähnliches Verfahren stammt von Littler. Hier wird der Seitenzügel nicht durch den Tractus intermedius, sondern diagonal über ihn und das Gelenk hinweg zur Gegenseite geführt, um den unversehrten Seitenzügel herumgeschlungen und nach Durchzug durch einen dorsal an der Basis der Mittelphalanx gelegenen Bohrkanal mit den Resten des Tractus intermedius vernäht.

Verdan verwendet einmal die Faltung des durch seitliche Längsincision isolierten Tractus intermedius, die immer dann zur Anwendung kommt, wenn über dem Mittelgelenk eine solide und belastungsfähige Narbe vorhanden ist, und zum anderen die Reinsertion des angefrischten mittleren Zügels bei fibröser, ungenügend ausgebildeter Gewebsbrücke über dem Mittelgelenk. Beide Verfahren führen freilich nur dann zum Erfolg, wenn kein wesentlicher Defekt im Bereich des Tractus intermedius vorliegt.

Dies gilt auch für eine eigene Methode, bei der der Zug des Tractus intermedius nicht durch Einzelknopfnähte über dem Gelenk, sondern bereits weiter proximal durch eine *Lengemann*-Naht abgefangen wird.

Die Einzelheiten dieses Verfahrens gehen aus Abb. 13 hervor. Es erfolgt zunächst die Excision des funktionsuntüchtigen Narbengewebes zwischen Tractus intermedius und ehemaligem Ansatz einerseits und den Seitenzügeln andererseits; das Gelenk wird dadurch halbmondförmig eröffnet. Nach Einziehen und Fixieren der

angezogenen Lengemann-Naht zeigt sich eine völlig spannungsfreie Adaptation der
angefrischten Aponeurosen-Abschnitte, die dann noch durch wenige feinste Seiden-
nähte vervollständigt wird. Dabei kann man eine sehr interessante Beobachtung
machen. Nach Fixieren der Lengemann-Naht gerät der Finger im Grundgelenk in
eine Beugestellung von etwa 30 und mehr Grad, während Mittel- und Endgelenke
in Extension stehen. In dieser Stellung führen wir anschließend auch die Immobili-
sierung für die Dauer von 4 bis 6 Wochen durch.

Verletzungen der Streckaponeurose in Höhe des Mittelgliedes bedür-
fen nach dem bisher Gesagten keiner speziellen Behandlung, falls die
seitlichen Abschnitte, in denen die Fasern des Retinaculums und des
M. lumbricalis zur Endphalanx verlaufen, noch stehengeblieben sind. Das
gilt auch für die komplette Durchtrennung eines Seitenzügels.

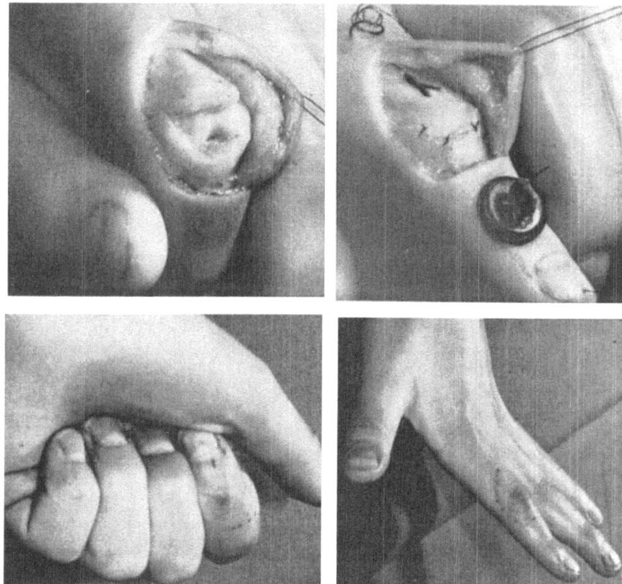

Abb. 13. Oben: Eigene Operationstechnik beim „Knopflochphänomen". Unten:
freie Gelenkfunktion post op.

Läsionen der Dorsalaponeurose über dem Endgelenk gehören zu den
häufigsten Sehenverletzungen überhaupt und gehen nicht selten mit einem
knöchernen Ausriß, der sog. Buschschen Fraktur, einher. Vor Beginn
der Behandlung sollten daher stets entsprechende Röntgenaufnahmen
angefertigt werden.

Während die Prinzipien der chirurgischen Behandlung der offenen Streck-
sehnenzügelverletzungen als allgemein bekannt und verbindlich angesehen werden
können, stellt die Art der Immobilisierung auch heute noch, selbst unter Hand-
chirurgen, eine Streitfrage dar. Zur Klärung dieses Problems untersuchten wir intra-
operativ das Verhalten der Strecksehnenzügel bei frischer Ruptur und konnten dabei
die Beobachtung machen, daß bei gestrecktem Grund- und Mittelgelenk im Bereich
des Endgelenkes eine Dehiszenz der Sehnenstümpfe von etwa 5 mm besteht (Abb. 14,
links oben). Beugt man das Mittelgelenk und streckt das Endgelenk maximal, dann
verbleibt zwischen den Sehnenstümpfen noch ein Zwischenraum von 1 bis 2 mm;
führt man bei gleichbleibender Stellung der beiden distalen Gelenke jedoch noch eine

Beugung im Grundgelenk durch, dann überragt der proximale Sehnenstumpf den distalen um etwa 2 mm (Abb. 14, unten). Entsprechend diesem Verhalten kann man am nichtverletzten Endgelenk bei Beugung im Grund- und Mittelgelenk ein aktives Streckdefizit im Endgelenk von etwa 10 bis 20° feststellen. Das Legen einer ausziehbaren Drahtnaht zur Adaptation der Sehnenstümpfe ist daher nur eine „Formsache", wenn man die Beugestellung im Grund- und Mittelgelenk sowie die Überstreckstellung im Endgelenk durch eine entsprechende Verbandsanordnung für die Dauer von 4 bis 6 Wochen aufrechterhält.

MOMMSEN hat diese Verhältnisse auf Grund muskelphysiologischer Studien als erster erkannt und darauf hingewiesen, daß zur Entspannung der Tractus laterales nicht nur End- und Mittelgelenke ruhiggestellt werden müssen, sondern auch noch die Wirkung der M. interossei und der funktionellen Einheit „Lumbricalis-Profundus" auszuschalten ist. MOMMSEN hat deshalb vorgeschlagen, auch noch das

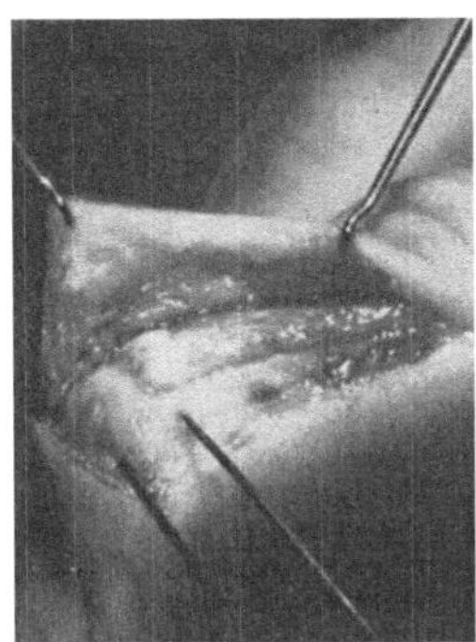
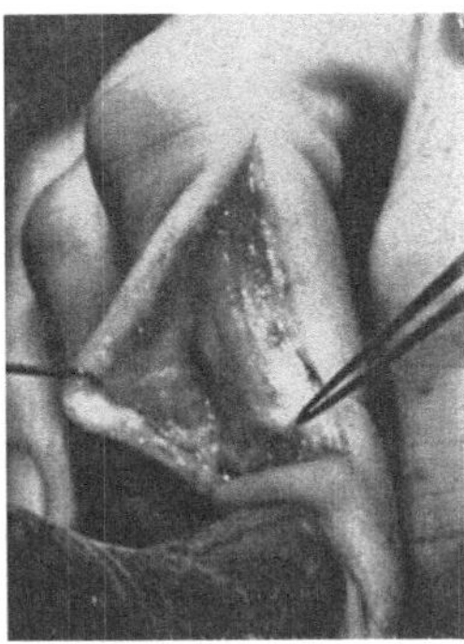
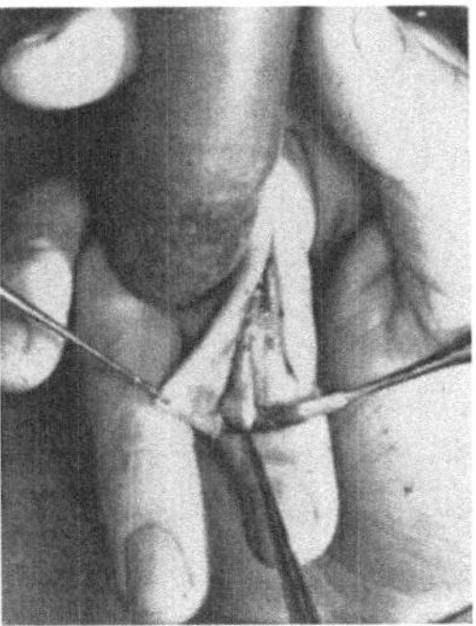

Abb. 14. Frische Strecksehnenzügelruptur am Endgelenk. Verhalten des proximalen Sehnenstumpfes bei unterschiedlichen Gelenkstellungen. Erläuterung im Text

Grundgelenk in rechtwinkeliger Beugung und das Handgelenk in leichter Volarflexion mit Hilfe einer zweiteiligen Gipsverbandsanordnung ruhigzustellen. Wir haben diesen Verband, wie bereits 1965 berichtet, unter Verzicht auf die Volarflexion der Handwurzel, dahingehend modifiziert, daß wir den ursprünglich zweiteiligen Verband in einen zirkulären Vorderarmgips mit volarem Gipssteg zur Ruhigstellung des verletzten Fingers in Beugestellung des Grund- und Mittelgelenkes und Hyperextension im Endgelenk umgewandelt haben. Durch Aufkleben von Heftpflasterstreifen wird der Finger auf dem Gipssteg festgehalten und kann in seiner Lage ständig kontrolliert werden. Die übrigen Finger bleiben dabei in ihrer Funktion frei (Abb. 15).

Der Vorteil dieser Verbandsanordnung zeigt sich insbesondere bei der Behandlung von frischen wie auch der veralteten geschlossenen Strecksehnenzügel-Rupturen.

So konnten wir bei der Nachuntersuchung von 40 frischen und veralteten Rupturen nach einer durchschnittlichen Ruhigstellung von 4 bis 6 Wochen nur bei sechs Patienten, das entspricht 15%, ein Streckdefizit von 10 und mehr Grad feststellen. Ein Streckdefizit von 30°, das schlechteste Ergebnis, fand sich nur bei einem Patienten.

Einziger Nachteil dieser einfachen, ungefährlichen und wenig zeitraubenden Behandlungsmethode ist, wie bei jedem Gipsverband, die mangelnde Pflegemöglichkeit der Haut, was von manchen Patienten, das sei zugegeben, als störend empfunden wird.

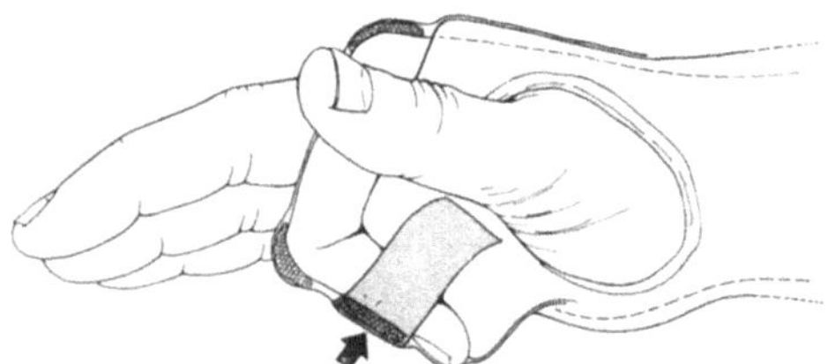

Abb. 15. Modifizierter Mommsen-Gips

Die nach Entfernung der Mommsenschen Gipsverbandanordnung durchzuführenden Bewegungen sollen sich zunächst nur auf die Handwurzel und die beiden proximalen Fingergelenke erstrecken. Zur weiteren Schonung des Endgelenkes kleben wir daher an der Streckseite des Mittel- und Endgliedes für die Dauer von 1 bis 2 Wochen noch einen schmalen Holz- oder Metallspatel fest. Hierdurch lassen sich nicht nur die bekannten Folgen allzu intensiven Übens, sondern auch abrupte, unkontrollierte Flexionsbewegungen, wie sie unter anderem im Schlaf stattfinden, ausschalten.

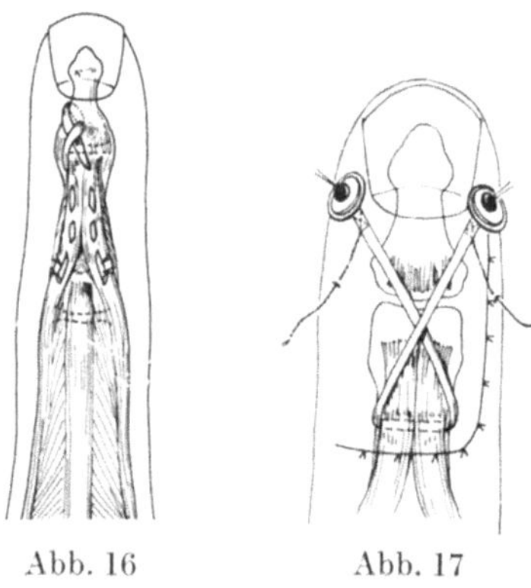

Abb. 16   Abb. 17

Abb. 16. Behandlung veralteter Strecksehnenzügelverletzungen am Endgelenk nach NICHOLS

Abb. 17. Behandlung veralteter Strecksehnenzügelverletzungen am Endgelenk mit Defektbildung nach ISELIN

Im großen und ganzen begnügte man sich bisher bei der Behandlung der Strecksehnenzügelruptur am Endgelenk mit einer Ruhigstellung des Mittelgelenkes in Beugestellung und des Endgelenkes in Extension bzw. Hyperextension. Das gleiche Ziel suchten WINTERSTEIN, STRACKER, MOREAU u. a. durch Metallschienen und Führungsapparate zu erreichen. Auch Kunststoffschienen bzw. Hülsen sind für diesen Zweck angegeben worden.

Auf die Möglichkeit, die Hyperextension im Endgelenk durch eine „intramedulläre Drahtfixierung" aufrechtzuerhalten, hat als erster PRATT aufmerksam gemacht. BLUM und AHRER haben neuerdings für die Behandlung der frischen geschlossenen Strecksehnenabrisse die alleinige temporäre Kirschner-Draht-Arthrodese des Endgelenkes für die Dauer von 4 bis 5 Wochen empfohlen. BÖHLER und VERDAN fixieren das Endgelenk mit zwei gekreuzten Kirschner-Drähten.

Auch bei veralteten geschlossenen Strecksehnenzügel-Rupturen ist nach unseren Erfahrungen ein konservativer Behandlungsversuch gerechtfertigt. Führt er nicht zum Ziel, dann kann entweder die Raffnaht nach GEORG, die Faltung nach VERDAN oder die Einflechtung eines Sehnentransplantates, wie sie NICHOLS 1951 angegeben hat (Abb. 16), vorgenommen werden. Bei Defekten kommt die sog. Iselin-Plastik in Frage (Abb. 17). Indikation und Technik dieser bereits seit längerem bekannten Eingriffe können hier nicht besprochen werden.

Nach Verletzungen der Streckaponeurose, distal des Mittelgelenkes, der Fibrocartilago volaris dieses Gelenkes, nach zu weit distal durchgeführter Abtrennung der Superficialissehne und als Folge einer Handbinnenmuskelkontraktur kann es zu einer sog. Schwanenhalsdeformität kommen, die in funktioneller Hinsicht das Gegenstück des Knopflochphänomens darstellt. Es kommt nämlich hierbei zu einer Erschlaffung bzw. Retraktion der Seitenzügel mit Flexion des Endgliedes und zu einer Hyperextension im Mittelgelenk durch Überwiegen des Tractus intermedius, bei gleichzeitiger Beugung im Grundgelenk. Wir kennen diese Deformität auch als angeborene Form, ferner als Folge einer Arthritis rheumatica, Gicht oder Lepra.

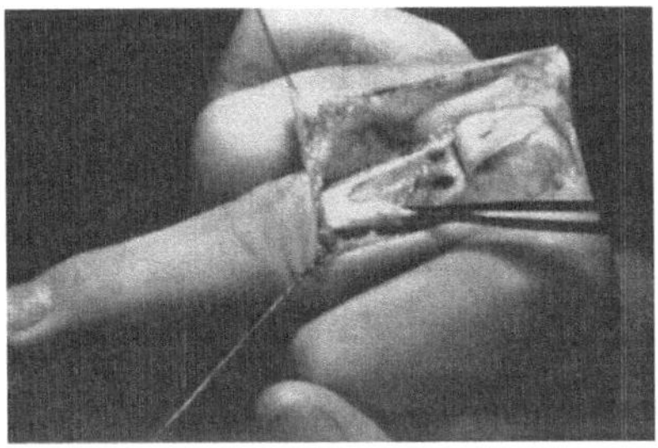

Abb. 18. Behandlung der Schwanenhalsdeformität nach REARDON. Erläuterung im Text

Zur Korrektur dieser Deformität schaltet man nach dem ursprünglich von REARDON (zit. nach NICHOLS) gemachten Vorschlag, und wie LITTLER in einer vor kurzem erschienenen Arbeit berichtet hat, die Wirkung des Tractus intermedius auf das Mittelgelenk aus und durchtrennt bzw. löst hierzu den Tractus intermedius proximal der Einstrahlung der medialen Züge der Handbinnenmuskeln, die an der Mittelphalanx inserieren, aus. Dann teilt man den Tractus intermedius und inseriert ihn in einem Knochenkanal an der Grundphalanx (Abb. 18). Dadurch wird gleichzeitig auch die gesamte Streckkraft des langen Fingerstreckers auf das Grundgelenk verlagert, in dem bei der Schwanenhalsdeformität ohnehin meist ein mehr oder minder großes Streckdefizit vorhanden ist.

Eine weitere Möglichkeit zur Korrektur der Schwanenhalsdeformität hat LITTLER 1967 durch die Wiederherstellung der Funktion eines Landsmeerschen Ligamentes aufgezeigt. Bei diesem Verfahren wird der ulnare Seitenzügel abgetrennt, aus dem Verband der Streckaponeurose unter Belassung des Ansatzes an der Endphalanx gelöst und volar des Clelandschen Ligamentes zur Beugesehnenscheide in

Höhe des proximalen Bereiches der Grundphalanx geführt und hier inseriert. Der verlagerte Seitenzügel wirkt dann einer Überstreckung im Mittelgelenk entgegen, gleichzeitig kommt es hierbei durch den Tenodesen-Effekt zu einer vollen Streckung des Endgelenkes.

Die Möglichkeiten und Aussichten bei der konservativen Behandlung des knöchernen Strecksehnenzügelausrisses sind erfahrungsgemäß begrenzt, da man diese Verletzungen häufig nicht sofort zu Gesicht bekommt und die so gut wie immer vorhandene Interposition von angrenzenden Weichteilen eine subtile Adaptation verhindert. Der Erfolg konservativer Behandlung resultiert dann nicht selten in einer mehr oder weniger starken, nach dorso-proximal gerichteten knöchernen Ausziehung, die ihrerseits wegen der nicht selten bei der Beugung auftretenden

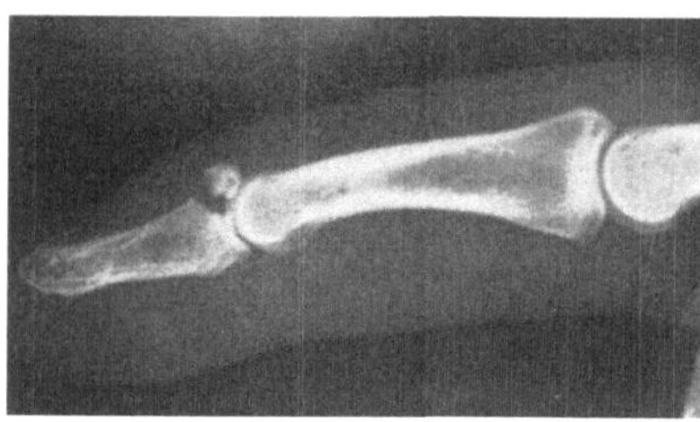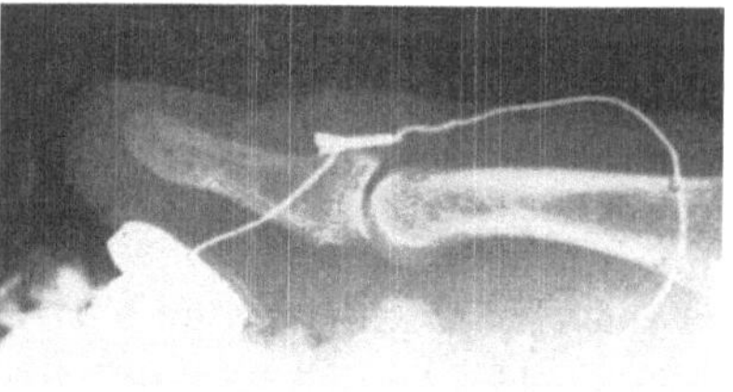

Abb. 19. Operative Behandlung des knöchernen Strecksehnenzügelausrisses, eigene Technik

Beschwerden wiederum Gegenstand einer Behandlung werden kann. Wir versorgen deshalb derartige Verletzungen in Übereinstimmung mit anderen Autoren (ENTIN, MITTELBACH u. a.) grundsätzlich operativ und bedienen uns hierzu der Lengemann-Naht, die man entweder durch das kleine Fragment selbst oder aber durch den hier ansetzenden Strecksehnenapparat führen kann (Abb. 19). Nach sechswöchiger Ruhigstellung mit Hilfe eines Mommsen-Gipses beginnen wir mit der Nachbehandlung und entfernen eine Woche später die ausziehbare Drahtnaht. Wir haben mit diesem Verfahren ausnahmslos sehr gute Erfolge gehabt.

Literatur

BLUM, E., u. E. AHRER: Behandlung von Strecksehnenabrissen an den Fingergliedern durch innere Drahtschienung. Chir. Praxis 6, 69—76 (1962).

BRAND, P. W.: Tendon grafting. J. Bone Jt. Surg. 43-B, 444—453 (1961).

BUNNELL, St.: Die Chirurgie der Hand. Deutsche Übersetzung von J. BÖHLER. Wien/Bonn/Bern: Maudrich 1958.

CURTIS, R. M.: In FLYNN, J. E.: Hand Surgery. Baltimore: Williams & Wilkins Comp. 1966.

DOLPHIN, J. A.: The Extensor Tenotomy for Chronic Bontonnière Deformity of the Finger. J. Bone Jt Surg. 47-A, 161—164 (1965).

ENTIN, M. A.: Repair of Extensor Mechanism of the Hand. Surg. Chur. North America 40, 275—285 (1960).

FLYNN, J. E.: Hand Surgery. Baltimore: Williams & Wilkins Comp. 1966.

FOWLER, S. B.: zit. nach J. W. LITTLER in CONVERSE, J. M.

Georg, H.: Zur Behandlung des geschlossenen Strecksehnenabrisses am Finger-endglied. Langenbecks Arch. klin. Chir. **292**, 485—486 (1959).

Hauck, G.: Die Ruptur der Dorsalaponeurose am ersten Interphalangealgelenk, zugleich ein Beitrag zur Anatomie und Physiologie der Dorsalaponeurose. Langenbecks Arch. klin. Chir. **123**, 187—231 (1923).

Hellmann, K.: Die Wiederherstellung der Strecksehnen im Bereich der Finger-Mittelgelenke. Langenbecks Arch. klin. Chir. **309**, 36—38 (1964).

Iselin, M.: Chirurgie der Hand. Atlas der Operationstechnik. Stuttgart: G. Thieme 1959.

Kaplan, E. B.: Functional and Surgical Anatomy of the Hand. Philadelphia: Lippincott 1953.

Landsmeer, J. M. F.: The Anatomy of the Dorsal Aponeurosis of the Human Finger and its Functional Significance. Anat. Rec. **104**, 41—44 (1949).

—, The coordination of finger joint motions. J. Bone Jt Surg. **45-A**, 1654—1662 (1963).

Lanz, T. v., u. W. Wachsmuth: Praktische Anatomie. I/3. Arm. 2. Aufl. Berlin/ Göttingen/Heidelberg: Springer 1959.

Littler, J. W.: Tendon Transfer for Median and Ulnar Nerve Paralysis. J. Bone Jt Surg. **31-A**, 225—234 (1949).

—, In Converse, J. M.: Reconstructive Plastic Surgery. Vol IV. Philadelphia and London: W. B. Saunders 1964.

—, The Finger Extensor Mechanism. Surg. Clin. North America **47**, 415—432 (1967).

—, and S. G. Cooley: Restoration of the Retinacular System in Hyperextension Deformity of the Proximal Interphalangeal Joit. J. Bone Jt Surg. **47-A**, 637 (1965).

—, and R. G. Eaton: Redistribution of Forces in the Correction of the Bouton-nière Deformity. J. Bone Jt Surg. **49-A**, 1267—1274 (1967).

Maisers, D. O.: The middle slip or boutonnière deformity in burned hands. Brit. J. plast. Surg. **18**, 117—129 (1965).

Matev, J.: Transposition of the lateral Slips of the Aponeurosis of long-standing „Boutonnière Deformity" of the Fingers. Brit. J. plast. Surg. **17**, 281—286 (1964).

Michon, J., and P. Vichsed: Luxation latérales des Tendons extenseurs en regard de l'articulation metacarpophalangienne. Rev. med. Nancy **86**, 595—601 (1961).

Mittelbach, H. R.: Strecksehnenverletzungen an der Hand. Bericht über die Behandlung von 159 Fällen. Chirurg **34**, 169—175 (1963).

Mommsen, F.: Muskelphysiologie der Fingerstrecker und Verbandbehandlung des Strecksehnenabrisses am Endgelenk. Zbl. Chir. **79**, 265—271 (1954).

Nalebuff, E.: The problem of multiple tendon rupture. Anglo-Scandinavian Symposium. Lausanne 1967.

Nichols, H. M.: In Flynn, J. E.: Hand Surgery. Baltimore: Williams & Wilkins Comp. 1966.

Peacock, E. E.: In Converse, J. M.: Reconstructive Plastic. Surgery, Vol. IV. Philadelphia and London: W. B. Sounders 1964.

Pieper, W.: Diskussionsbemerkung. Handchirurgisches Symposium. Erlangen 1966.

Planas, J.: Some technical modifications in tendon grafting of the hand. Livingstone Trans. of Int. S. Pl. Surg. 212—216 (1959).

Pratt, D. R.: Internal splint for closed and open tratment of injuries of extensor tendons at distal joint of fingers. J. Bone Jt Surg. **34-A**, 785—788 (1952).

Rabischong, P.: zit. nach H. G. Stack.

Riordan, D. C.: Tendon Transplantation in Median-Nerve and Ulnar-Nerve Paralysis. J. Bone Jt Surg. **25-A**, 311—320 (1953).

RUEFF, F., R. BEDACHT u. A. PANNIKE: Klinik des Strecksehnenabrisses am Fingerendglied. Chirurg **38**, 317—321 (1967).

SCHINK, W.: Handchirurgischer Ratgeber. Berlin/Göttingen/Heidelberg: Springer 1960.

SCHLOFFER, H.: Zur Behandlung des Abrisses der Streckaponeurose von der Endphalange. Zbl. Chir. **57**, 1053—1055 (1930).

SOUTER, W. A.: The Boutonnière Deformity. J. Bone Jt Surg. **49-B**, 710—721 (1967).

STACK, H. G.: A Study of muscle function in the fingers. Ann. roy. Coll. Surg. Engl. **33**, 307—322 (1963).

TUBIANA, R., and P. VALENTIN: The Anatomy of the Extensor Apparatus of the Fingers. Surg. Clin. N. Amer. **44**, 897—906 (1964).

—, —, The Physiology of the Extension of the Fingers. Surg. Clin. N. Amer. **44**, 907—918 (1964).

VERDAN, C. E.: in FLYNN, J. E.: Hand Surgery. Baltimore: Williams & Wilkins Comp. 1966.

VORSTER, C.: Zum Entstehungsmechanismus der peritonealen Adhäsionen. Chirurg **38**, 122—126 (1967).

WEITBRECHT, J.: Syndesmologia sive historia ligamentorum corporis humani, quam secundam observationes anatomicas concinnavit, et figuris ad objecta recentia adumbratis illustravia. Petropoli, Academiae Scientiarum 1742.

WHEELDON: zit. nach VERDAN, C. E.

WILHELM, A.: In „Traumatologie in der chirurgischen Praxis". Berlin/Heidelberg/New York: Springer 1965.

WINTERSTEIN, O.: Über eine Schiene zur Behandlung der Strecksehnenunterbrechung an den Fingerendgelenken. Schweiz. med. Wschr. **1951**, 789—792.

Der Bruch der Speiche an typischer Stelle
und seine Entstehung.
Klinische und experimentelle Untersuchungen

Von H. Schnabelmaier† und H. Frhr. von Elmendorff

Auszug aus der Habilitationsarbeit des bei einem Unfall am 10. 6. 1968
verstorbenen Autors H. Schnabelmaier

I. Sturzmechanismus

Der Sturz eines Menschen ist dadurch definiert, daß sein Körper *über-raschend* aus dem statischen oder dynamischen Gleichgewicht gebracht und damit in einen unaufhaltsamen Fallprozeß versetzt wird. Sportlich trainierte Personen vermögen durch schnelle Reaktion in einer solchen Situation besser zu kompensieren als untrainierte. Sind sie während der Ausübung einer sportlichen Tätigkeit auf einen Sturz vorbereitet, so vermögen sie denselben durch Muskelkraft meist so weit zu beherrschen, daß der Sturz in einen kontrollierten Fall moduliert wird.

Schlecht gerichtete Muskelkraft, unaufhaltbare Gewichtsverlagerung während des Sturzprozesses und nicht zuletzt zusätzlich in Erscheinung tretende Zentrifugalkräfte komplizieren den Sturzablauf in solchem Maße, daß seine mathematisch-physikalische Reproduktion nicht exakt möglich ist.

Die meisten Stürze aus geringer bis mittlerer Geschwindigkeit, also in der Regel jene Stürze, deren Ablauf nicht durch technische Bedingungen überragt wird (Fahrzeug, Flugzeug, Maschinenunfälle allgemeiner Art usw.) endigen mit einem Abstützen auf Arme oder Hände. In der Regel hat der Stürzende noch genügend Zeit, das Auftreffen des Körpers auf den Boden mit Armen oder Händen „abzufangen" oder zumindest den Versuch eines „Abfangens" zu bewerkstelligen.

Für Verletzungen im Bereich des oberen Sprunggelenkes, des Knie- oder Hüftgelenkes, sind während des Sturzvorganges auftretende Hebelkräfte maßgeblich (Böhler, J., Debrunner, A. M., u. K. Seewald, Iman, V. T., u. H. D. Eberhard, Fischer, O., Pauwels, F., Weber, B. G.). Dies ist bei *Sturz auf die Hand* nicht der Fall. Der Sturzvorgang, der zu einer Verletzung im Bereich des Handgelenkes führt, unterscheidet sich von den genannten Sturzvorgängen entscheidend dadurch, daß sich die Körperachse aus der Senkrechten neigt und der Schwerpunkt des Körpers dadurch über die resultierende Abstützfläche hinaus verlagert wird, während gleichzeitig die Haftreibung zum Boden gegen null tendiert.

Der zeitliche Ablauf des Sturzprozesses ist für das Zustandekommen handgelenksnaher Knochenverletzungen (des Radius) nur insofern bedeutend, als sich in ihm die Aufspeicherung dynamischer Energie vollzieht und damit die Ausgangsbedingungen der 3. Sturzphase gerichtet werden.

Entscheidend ist im Moment des Auftreffens der Hand auf eine feste Unterlage die Richtung und Größe des Geschwindigkeitsvektors. In diesem Augenblick werden Spannungen im Skelet aufgebaut, die einerseits abhängig sind von der Masse und der Geschwindigkeit, andererseits vom Querschnitt der beanspruchten Skeletteile und deren anatomischer wie biochemischer Struktur.

Für das Auftreffmoment ist die aufzuarbeitende Energie (im Augenblick des Auftreffens) ausschlaggebend. Diese hängt von der Masse, der Sturzgeschwindigkeit (= Auftreffgeschwindigkeit) und dem Verzögerungsweg ab ($E = \frac{1}{2}\,m \cdot v^2$).

Da die Auftreffgeschwindigkeit ein Vektor ist, wird sie bestimmt durch

    a) die Grundgeschwindigkeit in Sturzrichtung,

    b) Beschleunigungskomponenten, die mit Beginn des Sturzes einsetzen.

Überschreiten die im Augenblick des Auftreffens sich in kürzester Zeit aufbauenden Torsions- und Druckspannungen die Druck- und Scherbeanspruchbarkeit des betroffenen Skeletteils an irgendeiner Stelle, so kommt es zum Knochenbruch.

Die Aufarbeitung der Auftreff-Energie kann in verschiedener Weise erfolgen:

a) Ein Teil der Auftreff-Energie wird durch einen anderen Auftreffpunkt (Auftreffpunkt I) abgefangen (Knie, Hüfte, Schulter, Hand der Gegenseite usw.). Die „Sturzhand" wird zum Auftreffpunkt II. An „typischer Stelle des Radius" wird die restliche Energie aufgearbeitet, wobei ein Teil derselben stets durch abwehrende Muskelabstützung verbraucht wird.

b) Die Sturzhand (jetzt Auftreffpunkt I) überträgt die Auftreff-Energie. Diese wird an typischer Stelle des Radius aufgearbeitet. Die Energie erschöpft sich mit dem Augenblick der Zerreißung des Knochengewebes, also mit der Fraktur.

c) Die Auftreff-Energie wird mit dem Augenblick des Knochenbruches nicht vollständig oder nur zu geringem Teil aufgearbeitet.

Dann bestehen folgende Möglichkeiten:

1. Es kommt zu einer nachträglichen Fragmentverschiebung, Fragmenteinstauchung oder zu Fragmentverschiebung und Einstauchung an der Stelle des Knochens, welcher primäre Stützfunktion hat.

2. Es kommt zu einem Abbau der Spannungen am Orte primärer Stützfunktion, jedoch unter mehrfacher Splitterung des betroffenen Skeletabschnittes (Trümmerbruch am distalen Speichenende).

3. Mit dem Knochenbruch (des Radius an typischer Stelle) geht die primäre Stützfunktion dieses Knochenabschnittes verloren. Die restliche Auftreff-Energie wird an einem Ort sekundärer oder tertiärer Stützfunktion aufgearbeitet.

In Abhängigkeit von der Auftreffrichtung kann es dabei zu weiteren Verletzungen kommen.

Die im Rahmen der Aufarbeitung der Auftreff-Energie zustande kommende Fragmentverschiebung kann durch Muskelzug verstärkt werden, wenn die Zugrichtung der Muskulatur in Auftreffrichtung liegt. Dementsprechend kann im umgekehrten Fall die Fragmentverschiebung verringert werden, wenn die gerichtete Muskelenergie der Richtung der Auftreff-Energie entgegengesetzt ist.

Um den Sturzmechanismus zu untersuchen, wurden zahlreiche Filmszenen ausgewertet, die die *Tagesschau des Westdeutschen Fernsehens* zu diesem Zweck zur Verfügung gestellt hat (NDR, Fernseh-Archiv, Hamburg-Lokstedt).

Vergleicht man verschiedene Sturzmechanismen, wie sie sich bei bestimmten Sportarten in ähnlicher Weise stets wiederholen, so fällt neben der jeweils durch die Grundgeschwindigkeit verschiedenartig bestimmten Sturzgeschwindigkeit die daraus resultierende „Abwehrreaktion" des stürzenden Sportlers auf. Der Idealfall, der nicht immer erreicht wird, ist der, daß die Auftreff-Energie möglichst breitflächig abgefangen und der Sturz in eine gleitende Bewegung, etwa in eine „Schulter-Rolle" übergeführt wird. Als Beispiel sei erinnert an den Sturz eines Torwarts, der einen mit voller Wucht ankommenden Ball hält oder an die „Bodenrolle" des Fallschirmspringers.

Ist auf Grund der Gegebenheiten ein Abrollen nicht oder nur teilweise durchführbar, so werden die abwehrenden Hände in Sturzrichtung abgestreckt. Da die Sturzrichtung, bezogen auf das Koordinatensystem, abhängig ist von der Sturzgeschwindigkeit, ist der Bewegungsumfang beim Hochheben des Armes (nach vorn, seitlich oder nach hinten) der Sturzgeschwindigkeit proportional.

Die auf einem Filmstreifen erkennbare *Sturzphase*, die vom Augenblick eines *objektiv* erkennbaren Gleichgewichtsverlustes (= objektiver Sturzbeginn) bis zum Auftreffen der Hand auf einer festen Unterlage dauert, beträgt bei Abfahrtsläufern etwa 0,5 sec. Die Grundgeschwindigkeit zum Zeitpunkt des Sturzbeginns ist außergewöhnlich hoch. Mit aller Kraft wird versucht, auch dem objektiv bereits unvermeidbaren Sturzprozeß, der ja bereits im Gange ist, Einhalt zu gebieten. Dieser Vorgang dauert etwa 0,18 sec, während die verbleibenden 0,32 sec dazu verwendet werden, den Sturz unter Kontrolle zu bringen. Dabei wird der Arm, auf den der Sturz letztlich erfolgen wird, um etwa 90° angehoben.

Diesem Beispiel, das bei hoher Grundgeschwindigkeit den relativ lang dauernden Versuch veranschaulicht, die Sturzphase aufzuhalten, steht der Sturz des Fußballspielers gegenüber.

Durch den Sturz eines Spielers wird der Fortgang des Wettbewerbs in keiner Weise beeinträchtigt. Der Spieler bemüht sich demnach kaum, den Sturz, den er gleichsam erlernt hat, zu vermeiden. Die Sturzphase dauert im allgemeinen um 0,38 sec bei geringer Grundgeschwindigkeit. Der Arm wird um etwa 40—60° angehoben.

Die Dauer des Auftreff-Moments ist in den genannten Fällen deshalb nicht zu erkennen, weil der Sturz, der mehr oder minder aus einer gleitenden Bewegung herauskommt, auch wieder in eine gleitende Bewegung (Rolle) gelenkt wird.

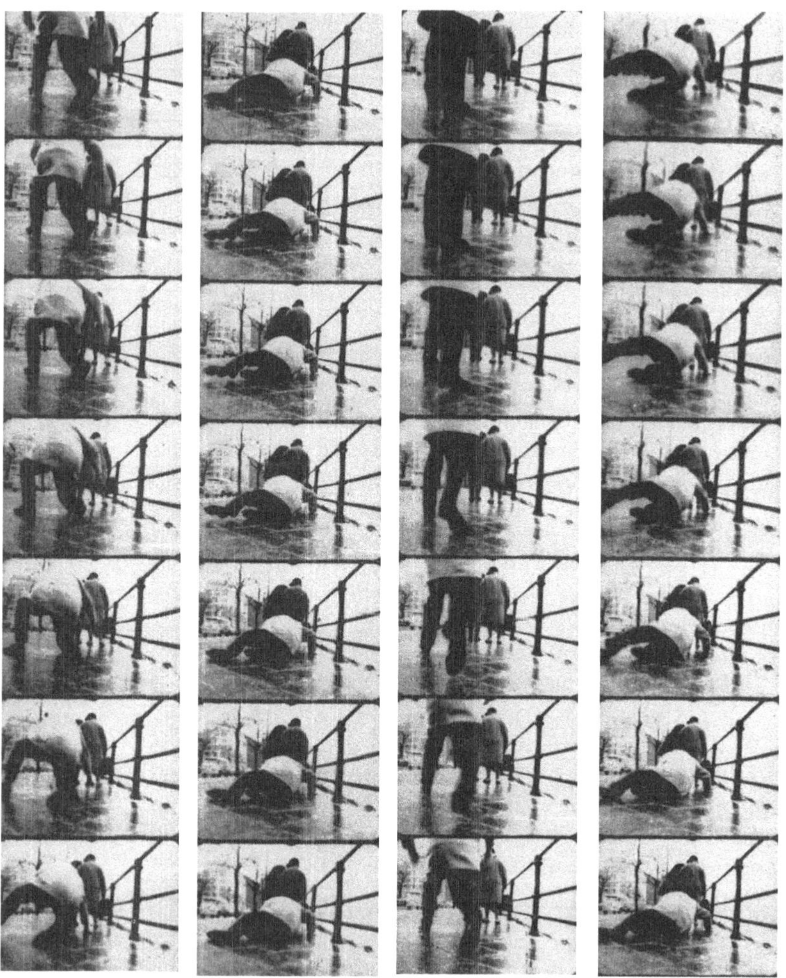

Abb. 1. Serienaufnahme eines Falles auf die Hand

Diesen Stürzen sportlich trainierter Personen steht der „*banale Sturz*" *auf die Hand* gegenüber. Er unterscheidet sich dadurch, daß die Grundgeschwindigkeit zu Beginn der Sturzphase äußerst gering ist (annähernd Null), überraschend erfolgt und einen sportlich nicht trainierten Personenkreis betrifft.

Daß „banale Alltagsstürze", insbesondere solche, die zur Entstehung etwa eines Radiusbruches an typischer Stelle führen, im Filmbild nicht festgehalten werden, ist verständlich. Nebenstehende Bildfolge (Abb. 1) zeigt jedoch den Ablauf solch eines „banalen Sturzes" in so charakteristischer Art, daß sie geeignet ist, den Sturzablauf, wie er auch zum Speichenbruch führen kann, zu veranschaulichen.

Der hier abgebildete Fußgänger rutscht bei langsamem „Fußfassen" (Grundgeschwindigkeit annähernd Null) auf vereister Straße aus. Der linke Fuß gleitet nach vorne weg (= Beginn des Sturzprozesses). Der Versuch, durch Muskelkraft (Anheben des rechten Beines) den Sturz anzuhalten, mißglückt. Er ist unaufhaltbar. Der rechte Fuß wird wieder auf den Boden gebracht, während unter leichter Drehung der Körperachse der Sturzprozeß, nach rechts vorn gerichtet, weiterhin abläuft. Bei der geringen Grundgeschwindigkeit wird der rechte Arm nur mäßig (etwa 20—30°) nach vorn seitlich abduziert.

Nach einer Dauer der Sturzphase von etwa 0,62 sec wird der Sturz mit dem rechten Knie (Auftreffpunkt I) abgefangen. Die verbleibende Sturzenergie wird 0,12 sec später mit der am gestreckten Arm dorsalflektierten Hand (Auftreffpunkt II) aufgenommen. Ehe in dem hier demonstrierten Fall die 3. Sturzphase vollständig abgewickelt ist, d. h. ehe wieder eine weitgehend stabile Gleichgewichtslage objektiv erkennbar ist, vergehen weitere 0,87 sec.

Die Gesamtdauer des *objektiv* wahrnehmbaren Sturzes (2. und 3. Sturzphase) erstreckt sich demnach über 1,61 sec, zu denen die nicht objektivierbare Zeitdauer der 1. Sturzphase hinzuzuzählen ist.

Demnach handelt es sich beim sogenannten „banalen Alltagssturz" um einen relativ langsamen Vorgang.

Stürze, die zum Speichenbruch an typischer Stelle führen, erfolgen in der Regel ohne vorangehende Abstützung an anderen Körperpartien. Meist handelt es sich um den direkten Sturz auf die nach vorne, zur Seite oder nach hinten abgestreckte Hand. Allerdings können auch sehr geringe Auftreffenergien einen Radiusbruch an typischer Stelle bewirken; nämlich dann, wenn die biochemische Festigkeit des Knochens z. B. durch hochgradige Altersosteoporose reduziert ist. So konnte im Einzelfall experimentell ermittelt werden, daß ein Bruch der Radiusbasis in loco typico bereits bei einem wirksamen Druck von nur 15 kp (Vers.Nr. 58; 80 J.) erfolgen kann.

II. Bruchmechanismus

Der Mechanismus des Radiusbruches (an typischer Stelle) ist abhängig:

A. Von der Anatomie der Speiche, ihrer anatomischen Topographie und ihrem histologischen Aufbau;

B. Von der Anatomie des Handgelenks und der Handwurzel;

C. Von der Knochenfestigkeit im biochemischen Sinn (hier sei auf die Untersuchungen Krokowskis verwiesen);

D. Von Größe und Richtung der sich im Auftreffmoment innerhalb kürzester Zeit aufbauenden Spannungen.

Zu A. *Anatomie* (siehe auch Waldeyer, Witt, Cotta u. Mittelmeier, Ehalt).

Die distale Radiusgelenkfläche ist durch eine dorsovolare Leiste in zwei Facetten (Sieglbauer) geschieden. — Da es sich bei den Brüchen des distalen Radiusendes — wie noch darzulegen ist — überwiegend um Kompressionsbrüche handelt, die geteilte Gelenkpfanne somit in besonderem Maße ein Drucklager darstellt, ist ein ulnares von einem radialen Gelenklager zu unterscheiden.

Das ulnare Lager, das der Gelenkverbindung mit dem radialen Anteil des Os lunatum dient, hat etwa die Form eines Kugelflächen-Ausschnittes, welchem ein ulnares Stück (Articulatio radio-ulnaris) fehlt. Das radiale Gelenklager entspricht etwa dem Flächenausschnitt eines Rotationsellipsoids, dessen Achse gering volar gekrümmt ist (Abb. 2).

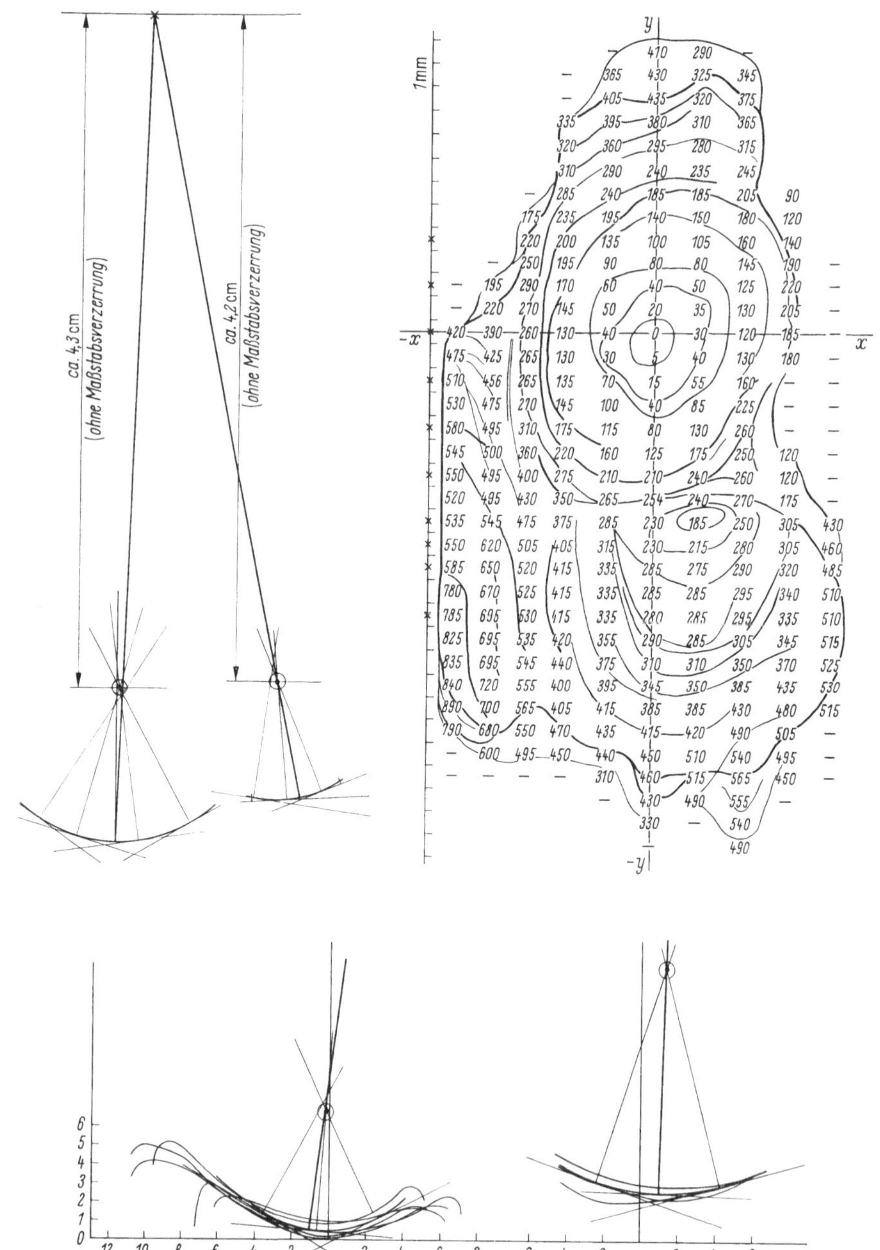

Abb. 2. Konstruktionsachsen der ulnaren und radialen Speichengelenkflächen

Für die Beurteilung der auf die Radiusgelenkfläche einwirkenden Drucke ist die räumliche Lage, die diese „geteilten Lager" aneinander haben, von Bedeutung.

Um genauen Anhalt für den Winkel, die Achsen beider Gelenkteile bilden, zu erarbeiten, wurden die Gelenkflächen eines Radius vom Erwachsenen durchgemessen. Die Länge dieses Radius betrug 22,2 cm. Zur Messung wurde eine Fräsmaschine verwendet, welche über eine Meßgenauigkeit von $^1/_{1000}$ mm verfügt. Aus insgesamt 270 abgetasteten Meßpunkten waren die Schalenkrümmungen festzustellen. Sie wurden im Verhältnis 10 : 1 dargestellt. Aus den mittleren Schalenkrümmungen ließen sich die Achsen der ulnaren und radialen Lagerschale der Speiche konstruieren. Es fand sich, daß die Achsen der beiden Radiusgelenklager in radioulnarer Ansicht annähernd parallel und sich nahezu deckend verlaufen. In dorsovolarer Aufsicht stehen die Achsen zueinander geneigt und treffen sich etwa 43 mm distal der Gelenkflächen mit einem Winkel von 18°. Der Achsenschnittpunkt liegt in der Basis vom Metacarpale III (Abb. 2).

Die Druckübertragung von der Gewölbekonstruktion der Mittelhand und Handwurzel (im Sinne des Gegendruckes) erfolgt in Richtung der beiden Lagerachsen. Es kommt also hier ein zusätzliches Kraftmoment zur Wirkung, welches die beiden Pfannen des distalen Radiusgelenkes auseinandertreibt (T-Bruch). Die Elle verhindert sekundär mehr in der Funktion einer Schiene ein Abkippen des distalen Radiusfragmentes nach ulnar.

Zu D. Abhängigkeit der Frakturlinien von der Radiusstruktur und den auftretenden Drucken und Spannungen.

Während die Wanddicke der Radiuscompacta im distalen Viertel des Radius abnimmt, um in Gelenknähe nur mehr eine dünne Lamelle zu bilden, nimmt die Spongiosastruktur in diesem Bereich zu. Sie stellt damit gleichsam ein Gegenstück für die Corticalisschwäche dar. Auf dem Wege photographischer Darstellung und bereits bei einer Vergrößerung von etwa 1 : 2 wird augenfällig, daß die Anordnung der Spongiosabalken distal konvergierend gerichtet ist. Man erkennt diese Verlaufsrichtung am leichtesten aus der Richtung der in Längsschnitt getroffenen Hohlräume. Sie weist auf eine Anordnung hin, nach welcher die Spongiosabalken zur Mitte

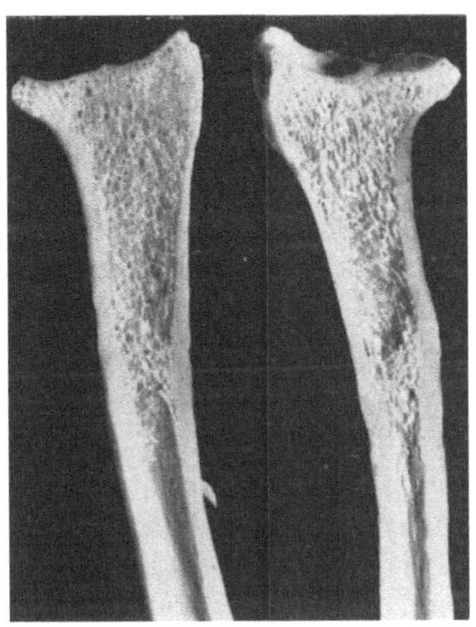

Abb. 3. Spongiosastruktur des distalen Radiusviertels

der carporadialen Gelenkfläche hin spitzenförmig zulaufen, etwa in der Art eines Paraboloids (Abb. 3).

Unter Berücksichtigung der geringen Dicke der Corticalis, der Schalenform und der Wabenstruktur der Spongiosa ergibt sich eine Vielzahl von Komponenten, welche die grundlegende Problematik des mathematischen Festigkeitsnachweises, insbesondere in gelenknahen Knochenabschnitten, bedingt.

1. Spannungsoptische Untersuchung.

Um in diese Fragestellung einzudringen, wurden spannungsoptische Untersuchungen durchgeführt. Diese ermöglichen, mechanische Spannungen experimentell zu bestimmen. Zu diesem Zweck wurde *ein durchsichtiges Modell* bzw. ein Schnitt aus demselben, den man aus einem geeigneten Kunststoff angefertigt und mit polarisiertem Licht durchstrahlt hat, hergestellt. In Abhängigkeit von den Spannungen im belasteten Modell tritt eine Phasenverschiebung unterschiedlicher Größe auf, die im Analysator des spannungsoptischen Gerätes sichtbar wird (Näheres siehe L. FÖPPL u. E. MÖNCH).

Das hierbei entstehende Isochromatenbild wird photographisch festgehalten.

Praktisch geht man daher so vor, daß man ein photographisches Schwarzweiß-Bild herstellt und auf diesem, unter direkter Beobachtung des Isochromatenbildes, die Ordnungszahlen für die jeweiligen Isochromaten nachträglich aufträgt. Dabei genügt es, Maxima einer Reihe einzutragen. Die Eintragungen der Ordnungszahlen auf den nachfolgenden Abbildungen erfolgten also im Vergleich mit dem spannungsoptisch gewonnenen Bild des verspannten Modells.

Für Isochromatenversuche kommen praktisch nur Kunststoffe in Frage. Der derzeit geeignetste Kunststoff ist das *Araldit B* (CT 200) der Firma Ciba, ein bei Raumtemperatur festes Epoxydharz, das in der Wärme nach Zugabe eines Härters (HT 901) unter relativ einfachen Arbeitsbedingungen zu blasenfreien Gießharzformstücken verarbeitet werden kann.

a) *Versuche mit vollplastischem Modell.* Aus einer 50 mm dicken Araldit-Platte wurde ein ebenes Modell eines distalen Radiusendes angefertigt.

Ein im a.p. Strahlengang aufgenommenes Röntgenbild vom Radius wurde in einem optischen Vergrößerungsgerät projiziert und nachgezeichnet. Das so gewonnene Bild wurde auf eine Araldit-Platte übertragen und ausgesägt.

Es entstand somit ein Modell eines Speichenlängsschnittes in starker Vergrößerung.

Im gleichen Arbeitsgang wurde ein der distalen Modellgelenkfläche kongruentes Modellgegenstück hergestellt, vermittels welchem eine möglichst gleichmäßige Druckverteilung auf das ulnare und radiale Lager des Araldit-Modells bewirkt werden konnte.

Entsprechend den Voraussetzungen zur spannungsoptischen Untersuchung wurde zunächst das ebene Vollmodell zwischen Polarisator und Analysator mittels Zwingen eingespannt. Im spannungsoptischen Bild muß man sich überzeugen, daß genügend Totraum bleibt und die Zwingen keine seitlichen Spannungen erzeugen.

Die gelenkkongruente Schablone wurde der distalen Fläche des Radiusmodells aufgesetzt. Durch Bohrungen, mit denen man die Schablone versehen hatte, ließen sich Drähte ziehen, an denen Gewichte angehängt wurden. Durch diesen Gewichtszug läßt sich das Modell des Radius unter eine gewünschte Druckspannung bringen. Die Drähte zeichnen sich auf den nachfolgenden Abbildungen als vertikale, schwarze Streifen ab.

Die Linien und Punkte, welch letztere auf dem Modell als Bohrungen erscheinen (Abb. 4), sind nichts weiter als zarte Markierungen.

Abb. 4 zeigt, daß eine Isochromate nullter Ordnung sowohl an der distalen wie radialen Seite des Modells verläuft. Die mit (+) bezeichneten Aufhellungen stellen positive Spannungen (Zug), die mit (—) bezeichneten Stellen einen Ort negativer Spannungen (Druck) dar. Letztgenannter Bezirk, der am Modell I den höchsten Helligkeitswert erreicht, ist der Bereich der höchsten (Druck-)Spannungen. Er findet sich etwa am Punkt der stärksten Krümmung der *schalenförmig* nach distal auseinander weichenden Konturen des Modells, und dies nicht etwa, weil in dieser Höhe eine Schwächung der seitlichen Abstützung (Corticalis) erfolgt. Es handelt sich ja — und das ist zu betonen — um ein ebenes Vollmodell.

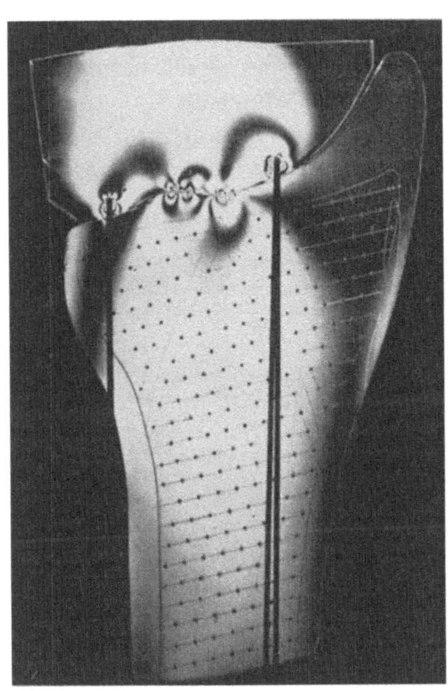
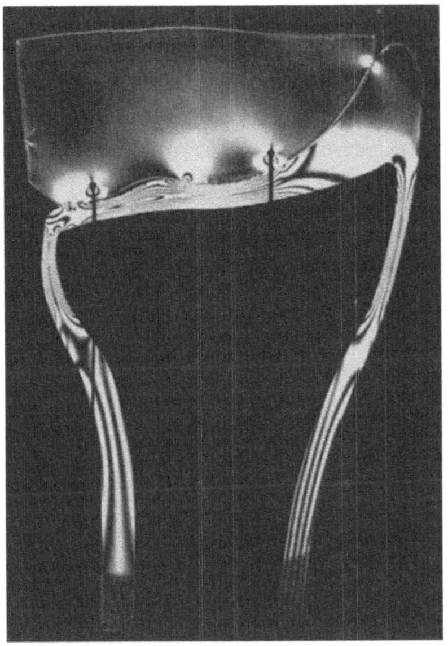

Abb. 4   Abb. 5

Abb. 4. Spannungsoptisches Bild eines ebenen Kunststoffmodells (Voll-Modell) des Radius

Abb. 5. Spannungsoptisches Bild eines Hohlmodells des Radius

b) *Versuche mit Hohlmodell.* Zum Vergleich mit diesem Vollmodell wurde ein weiteres Aradit-Modell der Speiche angefertigt, das nur die Schnittebene der Compacta berücksichtigt. Die Wandstärke der Corticalis wurde zunächst auf dem bereits beschriebenen Wege der Projektion eines Röntgenbildes zeichnerisch übertragen. Konturüberschneidungen, die sich auf der Röntgenaufnahme ergeben, lassen die Wandstärke der Compacta nicht genau erkennen. Es wurde daher mit den Schnittflächen des nämlichen Radius, von welchem auch die Röntgenbilder angefertigt worden waren, direkt verglichen.

Dieses Hohlmodell (Abb. 5), das es in natura nicht gibt, läßt erhebliche Biegespannungen erkennen, die an der Gelenkfläche die 9. Ordnung, im distalen Bereich der ulnaren und radialen Seite die 4. Ordnung und an der Stelle der stärksten Krümmung die 2. Ordnung erreichen. Das heißt, Modell II würde bei zunehmender Belastung in der Gelenkfläche oder distal durchbiegen bzw. brechen, ehe es zu einem Bruch an der Stelle der stärksten Krümmung käme.

c) *Versuche mit gelochtem Vollmodell.* Es wurde daher in einem dritten spannungsoptischen Versuch erprobt, inwieweit Änderungen der Spannungszustände am ebenen Modell auftreten, wenn man versucht, die Spongiosastruktur nachzuahmen. Deshalb wurde das Vollmodell mittels Bohrungen perforiert und damit gleichsam „erweicht". Die Anordnung der Bohrlöcher wurde dem Verlauf der Spongiosastruktur annähernd angeglichen. Die Bohrungen wurden so angelegt, daß, bezogen auf den Durchmesser der Originalknochens, einer Anzahl von 8 oder 9 Spongiosa-Hohlräumen die etwa entsprechende Anzahl von Bohrungen am Modell gegenübergestellt wurde.

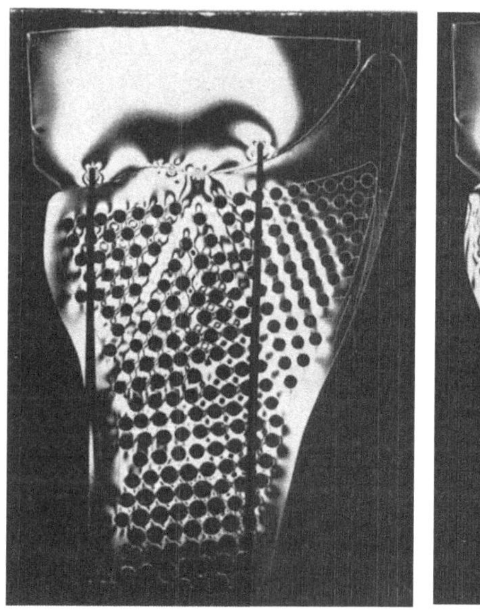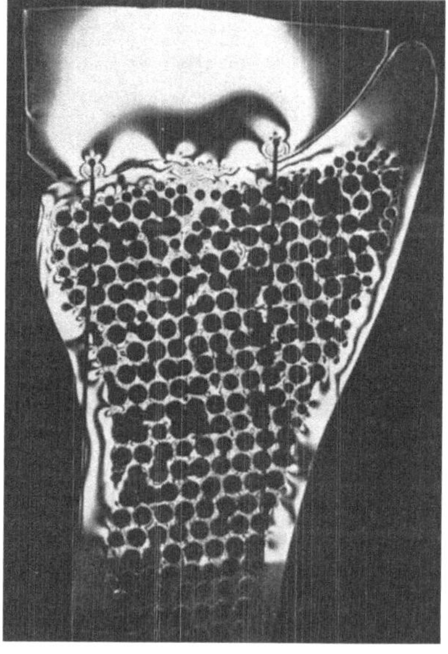

Abb. 6   Abb. 7

Abb. 6. Spannungsoptisches Bild eines ebenen Radiusmodells unter Berücksichtigung spongiöser Strukturen

Abb. 7. Spannungsoptischer Zustand am maximal entsteiften Modell eines Radius

Abb. 6 läßt erkennen, daß jetzt unter Belastung des Modells Spannungen bis zur 2. Ordnung innerhalb der Spongiosa auftreten.

Sowohl gegenüber dem Vollmodell als auch dem Hohlmodell haben sich die Spannungen im Corticalisbereich erwartungsgemäß verändert. Die Punkte höchster Druckspannungen im Compactabereich liegen allerdings auch hier wieder etwa in Höhe der stärksten Schalenkrümmung.

d) *Versuche mit porösem Vollmodell.* Da im Vergleich zum Knochen die spongiösen Strukturen des Modells zu grob erschienen, wurden in einem vierten Versuch die Bohrlöcher bis an die Grenze des technisch Möglichen erweitert. Zusätzlich wurde mit feinen Sägeblättern die Modellspongiosa vielerorts durchtrennt. Dadurch ließ sich eine weitere Reduzierung der Modellsteife bewirken.

Man erkennt nunmehr (Abb. 7), daß die stärksten Spannungen dort wirksam werden, wo die über die Spongiosa abgeleiteten Drucke mit der Corticalis zusammentreffen. Auch dies ergibt sich wiederum in Höhe der stärksten Krümmung des schalenförmig divergierenden distalen Radiusendes. Auffallend ist auch, daß die Spannungen proximal dieses Bereiches deutlich abnehmen.

Die spannungsoptischen Untersuchungen am Modell veranschaulichen also das bereits genannte und vornehmlich in der technischen Mechanik bekannte Prinzip, daß die stärksten Spannungen an den Punkten der stärksten Krümmungen eines schalenförmigen Hohlkörpers auftreten.

Die gleichzeitig abnehmende Compactastärke begünstigt allenfalls die Tatsache, daß es bereits bei Einwirkung relativ niedriger Drucke zur Fraktur kommt. Würde die Compacta hypothetisch dieselbe Dicke beibehalten, so müßte demnach der Bruch an gleicher Stelle erfolgen, wenn der wirksam werdende Druck überhaupt genügt, die Trennung des Knochengewebes in die Wege zu leiten.

Zum andern zeigt das spannungsoptische Bild, daß die Druckspannungen zwar auf die Spongiosa verteilt werden, im Bereich einer in proximaler Verlängerung der zwischen ulnarem und radialem Gelenklager gedachten Linie jedoch Maxima erreichen.

Das heißt: Die Ausbildung der distalen Gelenkfläche des Radius als „geteiltes Lager" bewirkt, daß Querkräfte (k^r) auftreten, welche die beiden Lagerschalen auseinandersprengen. Die Konstruktion dieses Kräfteparallelogramms (Abb. 8) läßt die aufkommenden Querkräfte und ihre Veränderlichkeit erkennen.

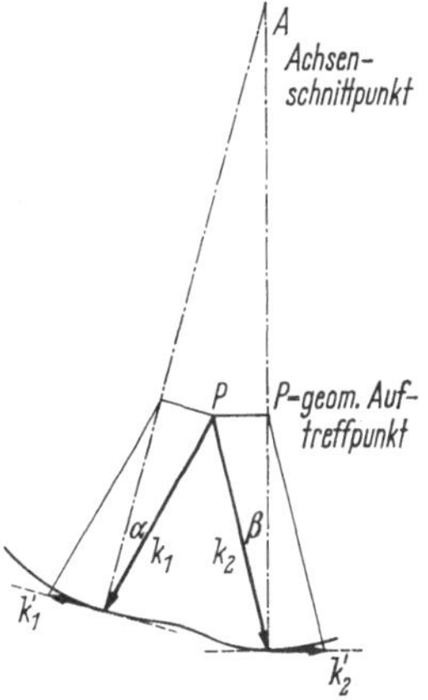

Abb. 8. Konstruktion der Querkräfte aus dem Kräfteparallelogramm

2. *Druckmessungen zur Erzeugung von Radiusfrakturen.*

Um bei den experimentellen Studien über den Mechanismus der Radiusfraktur an typischer Stelle möglichst faßbare Definitionen zu gewinnen, wurde eine Methode entwickelt, die es gestattet, den für die experimentelle Frakturentstehung erforderlichen Druck zu registrieren.

Beschreibung des Versuchsgerätes.

Dieses Gerät unterscheidet sich in dem Sinne von dem von Struck und Hernandez-Richter konstruierten Biegungsbeanspruchungsmesser, daß er die Druckbeanspruchung registriert. Auf einer kreisrunden Bodenplatte von 35 cm

Durchmesser und 1,5 cm Dicke, deren Mitte markiert ist, sind in einem Abstand von 30 cm zwei je 2,5 cm Durchmesser starke Stahlstäbe von 68,5 cm Länge vertikal aufgeschweißt. Sie weisen in einem Abstand von 42,0 cm zur Bodenplatte einen Sockel auf, der ein Herunterfallen der Druckplatte B beim Nichtgebrauch verhindert. Die beiden Stäbe, die das Gerüst der Apparatur bilden, sind oben durch eine Abschlußplatte A von 2 cm Stärke miteinander verbunden. Die Abschlußplatte A ist mittels zweier Sechskantmuttern fixiert und kann im Bedarfsfalle mit wenigen Handgriffen entfernt werden. In ihrer Mitte befindet sich eine Lochöffnung, in welche ein Gewinde eingeschnitten ist, das dem Gewinde der Spindel B entspricht. Die Spindel B hat eine Gewindelänge von 18,0 cm und ist an ihrem oberen, die Abschlußplatte A überragenden Teil mit einem entsprechenden Drehgriff versehen, dessen 17 cm lange Hebel ein möglichst einfaches Drehen der Spindel gegen Druck ermöglichen.

Abb. 9a

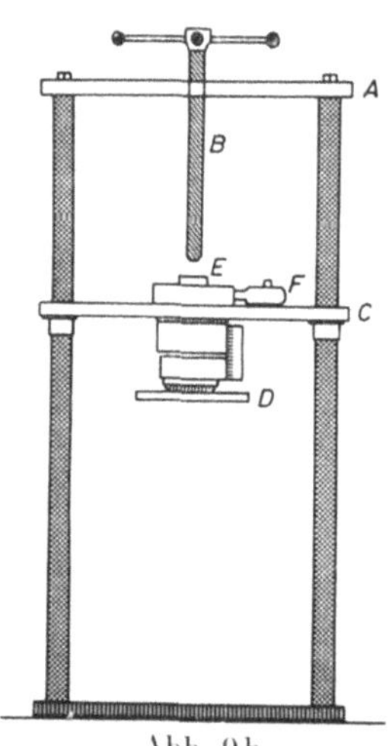

Abb. 9b

Abb. 9c

Abb. 9. Apparatur zur Untersuchung von Bruchmechanismus und Druckkraft beim Radiusbruch an typischer Stelle

Den beiden vertikalen Stahlstäben liegt die Druckplatte C auf. Da sie an beiden Enden Bohrungen von etwa 2,5 cm aufweist, gleitet sie auf den Vertikalstäben. Dadurch ist ihr Abstand von der Bodenplatte bei entsprechend hochgestellter Spindel wahlweise veränderlich (und der Länge des Unterarms, der in das Gerät eingespannt werden soll, anpaßbar). Die Druckplatte C hat gleichfalls eine Stärke von 2,0 cm. An der Unterseite der Druckplatte ist ein in drei Ebenen schwenkbares Lager, mit Gradeinteilung versehen, befestigt. Es ermöglicht das definierbare Schwenken der Handplatte D in allen gewünschten Ebenen. Die Handplatte ist rechteckig und weist die Maße $20 \times 13 \times 1$ cm auf.

Da zwischen Spindel B und Druckplatte C infolge der Spindeldrehung starke Reibung auftritt, wurde ein Kugellager zwischengeschaltet. Es empfiehlt sich, dieses Kugellager D — wie auch bei der hier angegebenen Apparatur — weder an der Spindel noch an dem Boden zu befestigen, sondern lediglich locker einzulegen.

Wäre es an der Spindel befestigt, so wäre ein vollständiges Herausschrauben derselben im Bedarfsfall nicht mehr möglich. Die Fixation des Kugellagers an der Druckplatte würde das Zwischenschalten eines Kraftmeßgerätes verhindern.

Um jedoch die Drucke, die für die Entstehung der Radiusfraktur an typischer Stelle erforderlich sind, zu messen, wurde zwischen das Kugellager D und die Druckplatte C eine Kraftmeßdose E eingelegt. Die hier verwendete Kraftmeßdose der Firma *Erichsen*, Wuppertal-Barmen, verfügt über einen Meßbereich von 0—400 kp (m · sec^{-2}).

Die mit dieser Apparatur ermittelten Druckwerte können nicht absolut genau sein. Die Voraussetzung für *absolute* Genauigkeit wäre primär durch das Einspannen des Unterarmes (Radius) in das Druckgerät unter exakten Gegebenheiten der vertikalen Ebene. Dem sind ebensolche Grenzen gesetzt, wie sie auch für das Meßgerät von STRUCK und HERNANDEZ-RICHTER zu gelten hat. Man kann aber *gültige Annäherungswerte* ermitteln. In diesem Sinne sollen die Ergebnisse dieser Untersuchungen auch betrachtet werden.

Bei den Experimenten wurden ausschließlich Leichen untersucht, die im Durchschnitt 8 bis 24 Stunden alt waren. Ausnahmsweise waren die Leichen bis zu 48 Stunden aufbewahrt. In allen Fällen waren die Leichen in Kühlräumen gelagert (Pathologisches und Gerichtsmedizinisches Institut der Universität Düsseldorf).

Von insgesamt 104 vorgenommenen Frakturversuchen war die Druckmessung 4 mal im engsten Sinne genau durchführbar. In den übrigen Fällen waren Schlagversuche durchgeführt worden, für welche die Kraftmeßdose nicht geeignet ist. Oder es entstanden scheinbar atypische Frakturen bzw. Luxationen, die an späterer Stelle erläutert werden sollen.

Sämtliche Versuche wurden so vorgenommen, daß das distale Oberarmende der Bodenplatte des Versuchsapparates auflag. Die Hand wurde am rechtwinklig gebeugten Unterarm der Handplatte D angelegt und dort fixiert.

Ergebnisse

Die zur Erreichung einer Radiusfraktur erforderliche Druckkraft, bezogen auf verschiedene Altersgruppen, ist aus Tabelle 1 zu entnehmen.

Obwohl die Fallzahl in den einzelnen Altersgruppen nicht zu einer statistisch-signifikanten Aussage ausreicht, zeichnet sich ab, daß die Knochenfestigkeit des Radius, insbesondere des distalen Radiusendes, bei Frauen ein Maximum im 5., bei Männern im 4. Dezennium aufweist. Die größte Gruppe der untersuchten Radii lag bei Männern wie Frauen (mit 30 bzw. 10 Fällen) im 7. Lebensjahrzehnt.

Vergleicht man diese Untersuchungsergebnisse mit denen KROKOWSKIS, so ergibt sich im Rahmen der zu erwartenden Fehlerbreite dasselbe Resultat. Insbesondere zeigt sich deutlich, daß die durchschnittliche Knochenfestigkeit bei Frauen gegenüber Männern niedriger liegt und mit zunehmendem Alter ganz erheblich abnimmt. Demgegenüber erscheint die Knochenfestigkeit alter Männer relativ hoch. Dies um so mehr, als sich in Einzelfällen Maximaldruck von 320 kp im achten und

260 kp im neunten Lebensjahrzehnt ergaben. Wahrscheinlich ist hier eine Zunahme der Bruchfestigkeit bei gleichzeitiger Abnahme der Elastizität anzunehmen.

Tabelle 1. *Im Leichenversuch ermittelte, durchschnittliche Druckwerte zur Entstehung der Radiusfraktur an typischer Stelle, bezogen auf verschiedene Altersgruppen beim weiblichen und männlichen Geschlecht*

Alter (Jahre) weiblich	kp	Alter (Jahre) männlich	kp
./.	—	21—30	271
31—40	182	31—40	360
41—50	270	41—50	235
51—60	129	51—60	189
61—70	92	61—70	161
71—80	31	71—80	160
./.	—	81—90	150

Ein Unterschied der Druckfestigkeit des Knochens zwischen linker und rechter (Nichtgebrauchs- und Gebrauchshand) Seite ließ sich nicht feststellen. Meist registrierte die Kraftmeßdose seitengleiche Werte. Darüber hinaus erwies sich die Schwankungsbreite für den rechten wie linken Unterarm als annähernd gleich.

Wesentlich bei diesen Untersuchungen erscheint jedoch ein Faktor in ganz besonderem Maße. Es muß deshalb bereits jetzt vorweggenommen werden: *Die Bruchform ist von der Knochenfestigkeit in keiner Weise abhängig.* Noch viel weniger gilt dies für die Fragmentverschiebung, die Krokowski zum Hydroxylapatitgehalt in Beziehung bringt. Unter gewissen Bedingungen läßt sich beim 50 Jahre alten Patienten genau dieselbe Frakturform am distalen Radiusende erzielen wie beim 80 Jahre alten, bei dem der Knochen bereits unter einer Druckkraft von 30 oder 15 kp bricht! Darauf muß um so eindringlicher hingewiesen werden, als es hier gilt, einen Irrtum, der in der Literatur seit hundert Jahren mitgeschleppt wird, zu beseitigen.

3. Druckrichtung und Frakturform.

Die Größe der für den Radiusbruch in loco typico erforderlichen Spannungen läßt sich experimentell ermitteln, wie dies im Vorangehenden geschah. Um die beim Sturz tatsächlich wirksamen Druckkräfte zu errechnen, die sich aus der Grundgeschwindigkeit, dem Körpergewicht, der Sturzgeschwindigkeit, der Beschleunigung usw. ergeben und dann den eigentlichen Auftreffpunkt ausmachen, bedarf es großer mathematisch-physikalischer Überlegungen, die letzten Endes von Fall zu Fall verschieden sind und daher eine allgemein gültige Aussagekraft nicht erlangen können.

Die Spannungsrichtung läßt sich hingegen annähernd bestimmen. Letztlich bedingt sie die Frakturform.

Um den Bruchmechanismus erkennen zu lernen und die hierzu schließlich unumgänglichen Versuche an Leichen auf das nötige Maß zu reduzieren, wurden insgesamt 132 Experimente am Modell durchgeführt.

a) *Modellversuche.* Für die Versuche erwies sich am besten geeignet der Spezialhartgips *Moldaroc* der Firma *Bayer*-Leverkusen. Hier hielt das Modell einer Belastung von 90 bis 180 kp stand. Modellierbarkeit und Trocknungszeit liegen in günstigem Bereich. Das stürzende Modell wird nicht zerstört, im Gegensatz zu handelsüblichen Gipsen.

Die Herstellung der Gußform geschieht so, daß man das Modell — in diesem Fall den Radius — in Plastilin der Länge nach zur Hälfte einbettet. Diesen Plastilinsockel, in welchem der Originalknochen zur Hälfte versenkt liegt, umrandet man mit einem entsprechend hohen Wall aus Sperrholz, Karton oder gleichfalls Plastilin, so daß eine richtiggehende Wanne entsteht. Diese Wanne füllt man mit der Silicone-Gießmasse 56, der eine entsprechende Härtermenge beigegeben wird, aus. Die Verarbeitungszeit von Silikonkautschuk nach Härterbeigabe läßt hinreichend Zeit, den Formenguß in aller Genauigkeit durchzuführen. Die Vulkanisationszeit beträgt in Abhängigkeit von der Menge des beigegebenen Härters 1 bis 10 Stunden. Nach Ablauf dieser Frist wird das Plastilin von der entstandenen Gießformhälfte und somit von der nunmehr aus der Gießform herausragenden Radiushälfte entfernt. Hat man Plastilin- und Knochenoberfläche vorher mit einer dünnen Fettschicht überzogen, so geschieht dies mühelos. Um die bereits fertige erste Gießformhälfte zieht man erneut einen Wall, so daß abermals eine Wanne entsteht, und füllt diese Wanne wiederum mit der mit Härter versetzten Gießmasse, nachdem die Flächen im Inneren der Wanne mit Fett bestrichen wurden.

Es empfiehlt sich, in beiden Abgußhälften jeweils „Schlösser" einzumodellieren. Sie gewährleisten später eine genaue Verzahnung der Gießformhälften zueinander. Ist auch die zweite Hälfte der Gießform erhärtet, so lassen sich die beiden Gießformteile vom Originalknochen ablösen, wobei angesichts der Elastizität des Materials selbst außergewöhnliche Formen wie zarte sporenförmige Exostosen erhalten bleiben.

In die Gießform, die nunmehr für praktisch unbegrenzt viele Modellherstellungen genügt, wurde über eine nachträglich geschaffene Öffnung der flüssige Modellgips eingegossen. Die Eingußöffnung wurde seitlich des Capitulum radii gewählt, um das Modell für weitere Untersuchungen an seinem distalen Ende nicht zu beeinträchtigen (Mischung 30 ccm Wasser auf 110 g Gips, 4 Stunden trocknen bei 100° C).

Versuchsanordnung

Das Speichenmodell oder das distale Drittel desselben, das sich im Verlauf der Untersuchungen als zweckmäßiger erwies, wurde auf die Bodenplatte des bereits beschriebenen Apparates gestellt. Um Abscherkräfte am proximalen Ende auf ein Minimum zu reduzieren, wurde die proximale Modellfläche in elastisches Material (Silicone) eingebettet.

Von der distalen Gelenkfläche des zu untersuchenden Radius bzw. seiner Modelle wurde ein Bronzeabguß hergestellt. Dieser wurde an einer zweiten „Handplatte" fixiert, die ihrerseits mit der bereits beschriebenen Handplatte des Versuchsgerätes auswechselbar ist. Damit läßt sich eine entsprechend der Gradeinteilung der Lager veränderliche Richtung bzw. Druckverteilung auf der distalen Gelenkfläche des Radiusmodells erzielen (Abb. 9).

Versuchergebnisse

Voll ausgegossene Modelle bersten bei einer Bruchlast von mehr als 150 kp in atypischer Weise. Es kam zur Sprengung des Modells in radio-ulnarer Ebene oder zum Abbruch der volaren, ulnaren Ecke (Modellversuch 23, Abb. 10a). Selbst nachdem die distalen Gelenklager der Modelle mit einer dünnen Silicone-Schicht bestrichen worden waren, ließen sich Brüche an typischer Stelle nicht erzeugen. Allenfalls kam es zu Bruchformen, welche einer „Übergangsform zu den Unterarmbrüchen" entsprachen, also proximal der typischen Stelle lagen.

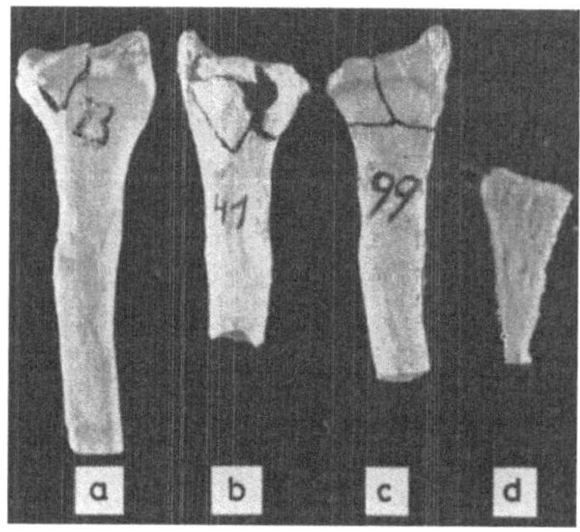

Abb. 10. Modell-Versuche. a Abbruch der ulnaren-volaren Kante am Vollmodell; b T-förmiger Bruch mit querverlaufender Bruchlinie etwa in Höhe der typischen Stelle am Hohlmodell; c T-Bruch im „klassischen Sinne" am Modell, das zum Ersatz der Spongiosa mit einer Silicone-Seele ausgefüllt ist; d Silicone-Seele

In einer zweiten Versuchsserie mit Hohlmodellen wurden Einbrüche der Gelenkfläche und uncharakteristische Bruchlinien beobachtet (Abbildung 10b).

In einer dritten Versuchsreihe wurden die Modelle in ihrem distalen Abschnitt mit einer Füllung, wofür man erneut Silicone verwandte, ausgestattet. Diese Silicon-Seelen stellte man durch Abgüsse des Originalknochens her, aus welchem die Spongiosa entfernt worden war (Abbildung 10d).

Unter einer Bruchlast von 45 bis 80 kp entstanden nunmehr absolut typische Bruchformen (Modellversuch 99). Querbrüche in Höhe der stärksten Schalenkrümmung traten auch dann auf, wenn der Druck aus volarer oder dorsaler Richtung auf die distalen Gelenklager einwirkte. Am Modell war allerdings eine die volle Radius-Circumferenz umfassende

Bruchlinie nicht regelmäßig zu erreichen. Häufig brach nur die volare oder dorsale Hälfte des distalen Radiusendes ein. Kam die Druckrichtung von radial, so gelang es nicht, wie erwartet, einen Bruch des Processus styloides radii zu bewirken. In der Regel kippte das Modell dann um, oder es kam zum Bruch etwa an typischer Stelle. Wirkte der Druck von ulnar her, so kam es zum Abbruch einer ulnaren Ecke, meist der stärker überhängenden volaren-ulnaren Ecke.

Bei nur gering von ulnar angreifender Kraft, gelegentlich auch von (zumindest scheinbar) ausschließlich distal kommender Druckrichtung, kam es zum T-Bruch (Abb. 10c). Nicht erzielt werden konnten V-förmige und Y-förmige Bruchformen sowie Abbrüche der ulnaren Ecke und gleichzeitig des Proc. styloides radii.

Trotz aller Einschränkungen zeigen die Modellversuche, daß überwiegend physikalisch-technologische Momente, also die Schalenform oder durch das Kräfteparallelogramm zu veranschaulichenden Kraftrichtungen neben den anatomischen Eigenschaften des distalen Radiusendes für die endgültige Bruchform der Radiusbasis verantwortlich zu machen sind. Und letztlich bestätigen sie die Ergebnisse der spannungs-optischen Untersuchungen. Schließlich zeigt sich auch, daß typische Bruchformen unabhängig von der Materialfestigkeit zustande kommen, vorausgesetzt, daß das Modell biologischen Gegebenheiten genügend weit angeglichen wurde.

b) *Frakturversuche an der Leiche.* Um die vorangehend postulierten Fragen zu überprüfen, wurden insgesamt 104 Versuche an Leichen durchgeführt.

Würde der bloße Fall auf die Hand, „auf die abgestreckte oder ausgestreckte Hand" — wie der Autor ausführt — zum *Colles*-Bruch führen, so müßte praktisch jeder Artist, der auf die Hände springt, einen Radiusbruch erleiden. Das Wesen der Radiusfraktur an typischer Stelle bestünde darin, daß man auf die abgestreckte Hand stürze, der Ellenbogen gleichsam um die Hand nach dorsal herumgeführt werde, und es somit zu den Bedingungen eines Überstreckungsbruches führe. Erstes Anliegen der Leichenversuche mußte daher sein, festzustellen, ob die typische Radiusfraktur tatsächlich nur unter den Bedingungen der Überstreckung (oder Überbeugung) entsteht.

Die Untersuchungen wurden in der bereits beschriebenen Weise durchgeführt. Physikalisch spielt es keine Rolle, ob der Druck von distal oder von proximal her ausgeübt wird. Aus praktischen Gründen war daher vorzuziehen, den Druck von distal her wirksam werden zu lassen.

c) *Versuchsergebnisse.* Der Querbruch an typischer Stelle entsteht mit absoluter Sicherheit dann, wenn ein entsprechend hoher Druck auf die distalen Lager der radio-carpalen Gelenkfläche des Radius möglichst zentral wirksam ausgeübt wird. Der Begriff „zentral" gilt unabhängig von der Beugung im Handgelenk für die Volarbeugung von 85° ebenso wie für die Dorsalstreckung von 85°.

Brüche an typischer Stelle des distalen Radiusendes traten in jedem Falle dann auf, wenn die Bruchlast nicht höhere Werte als 250 kp erreichte. Mußten höhere Druckkräfte angewandt werden, um einen Bruch zu erreichen, und das war vor allem bei unter einem Durchschnittsalter von 40 Jahren männlichen Verstorbenen (Tab. 1) der Fall, so kam es zwar gelegentlich durchaus zur Entstehung eines typischen Querbruches, meist jedoch brach der Radius dann proximal der typischen Stelle. In Einzelfällen kam es bei jüngeren Personen unter Druckkräften von 200 bis 350 kp (Versuch Nr. 1, 2, 35, 36) zum Bruch der Speiche oder zum Bruch von Elle und Speiche im proximalen Unterarmdrittel.

Entsprach die Knochenfestigkeit also überhaupt den Voraussetzungen der Bruchentstehung an typischer Stelle, so kam es zum Querbruch in loco classico, gleichgültig, unter welcher Winkelstellung der Hand die Versuche durchgeführt wurden, wenn ausschließlich die Flexionsebene in einem Winkelumfang von volar 85° bis dorsal 85° eingestellt war.

Daraus ergibt sich, daß der Radiusbruch an typischer Stelle unabhängig von einer etwaigen Überstreckung auftritt.

Bei der sogenannten „Übergangsform zu den Unterarmbrüchen", also bei Brüchen jüngerer Erwachsener, proximal der typischen Stelle, handelt es sich sowohl in der Klinik wie auch im Experiment stets um Schrägbrüche, niemals um Quer- oder „kurze Schrägbrüche". Das besagt also: Kommt es nicht zum Querbruch am Ort der stärksten Schalenkrümmung, so werden Biegekräfte zunehmend wirksam, und es kommt schließlich zum Biegungsbruch in beschriebener Art.

Nachdem als erwiesen gelten muß, daß die Hyperflexion für die typische Fraktur in Höhe der stärksten Schalenkrümmung nicht maßgeblich ist, wurden weitere Versuche durchgeführt, deren Zielsetzung es war, etwaige Grenzen einer Beziehung zwischen Entstehung des typischen Radius-Querbruches und der Hyperextension zu erkennen.

Es wurden deshalb extreme Versuchsbedingungen gewählt und die Hand der Leiche bzw. die Handplatte der Versuchsapparatur auf 90° Dorsalflexion um jeweils 5° zunehmend bis auf 120° Dorsalbeugung gesteigert. Es zeigte sich, daß typische Radius-Querbrüche selbst bei maximaler Dorsalbeugung noch zu erzeugen sind. Allerdings kommt es zwischen 105° und 120° dorsaler Beugung zu dem interessanten Phänomen der Lunatumluxation. Die Luxation des Mondbeins im Sinne der „perilunären Dorsalluxation der Hand", die Böhler auf Grund klinischer Beobachtung auf die Überstreckung der Hand zurückführt (was die hier dargelegten Ergebnisse experimenteller Untersuchungen zu bestätigen vermögen), wurde insgesamt im Bereiche der genannten Versuchsbedingungen viermal bewirkt. Bei 16 Versuchen, die unter derartig extremen Voraussetzungen vorgenommen wurden, kann die Häufigkeit einer Lunatumluxation, die sich mit 25% errechnet, als außerordentlich hoch angesehen werden. Die perilumäre Dorsalluxation ereignet sich nur dort, wo hohe Druckkräfte bei Überstreckung der Hand nicht ausreichen, den Bruch der Radiusbasis an typischer Stelle zu bewirken. Sie entstand bei einer Drucklast von 210 kp (Versuch Nr. 22 und 54), 320 kp (Versuch Nr. 69) und 350 kp (Versuch Nr. 46). — Das Alter der Versuchsleichen betrug 50, 60, 76 und 39 Jahre. Eine Lunatumluxation mit gleichzeitigem Bruch des Naviculare (DE QUERVAIN) wurde nicht beobachtet.

Der Mechanismus für die Lunatumluxation ist demnach dem Mechanismus der Frakturentstehung an typischer Stelle des Radius durchaus verwandt, wenngleich es sich hier bereits um extreme Bedingungen der Bruchentstehung handelt. Das Phänomen der Lunatumluxation und seine Beziehung zur Radiusfraktur in loco typico kann jedoch als experimenteller Beweis dafür gelten, daß die Druckübertragung, welche den Bruch der Radiusbasis letztlich bestimmt, über das Gewölbe der Handwurzel bzw. der Handwurzel und Mittelhandbasis erfolgt.

Die bisher geschilderten Versuche zeigen, daß in der Beugungsebene der Hand, zumindest nach dorsal, ein äußerst großer Spielraum gegeben ist, in dessen Bereich noch typische Radius-Querbrüche entsprechend der Schalenform des Knochens aufzutreten vermögen.

Bei volarer Beugung von mehr als 85° kommt es allerdings zu Abweichungen. Hier entstehen distal der typischen Stelle gelegene Brüche, also auch solche, welche das distale Radioulnargelenk mit einbeziehen. Bereits bei einer Volarflexion der Hand von 100° läßt sich dieses Phänomen experimentell regelmäßig beobachten. Hierbei kommt es auch zur sogenannten „Abscherung der gesamten Gelenkfläche" vor allem dann, wenn ein zusätzlich von ulnar her auf den Speichengriffel gerichteter Druck ausgeübt wird.

Es ist anzunehmen, daß der Sturz auf die volar gebeugte Hand außerordentlich selten vorkommt. Die Aufschlüsselung des klinischen Krankengutes zeigt, daß Abscherungen bzw. Abbrüche der gesamten Gelenkfläche nach vorn sehr selten zu beobachten sind. Bei EHALT stellen sie 2,9% der Gesamtfläche dar, im eigenen Krankengut 1,7%.

Die Toleranzbreite der für die Entstehung von Radiusbrüchen in loco typico verantwortlichen Bedingungen in der Beugungsebene des Handgelenks ist demnach mit einem Gesamtumfang von etwa 220° ganz erheblich. Die weiteren Versuche wurden demnach aus praktischen Gründen des Experiments in einer Einstellung von 85 bis 90° vorgenommen.

Fragmentverschiebung

Wird die Messung der für den Bruch aufzuwendenden Druckkraft synchron ausgeführt, so kommt es im Augenblick des Bruches zu einem Absinken des Kraftanzeigers an der Kraftmeßdose auf Null.

Das besagt, daß sich die mit zunehmendem Druck angesammelte Energie im Augenblick des Bruches erschöpft. Es spielt dabei keine Rolle, ob für die Bruchentstehung 30 kp oder 300 kp aufzubringen sind.

Wird nach erfolgter Fraktur kein Druck mehr auf den Radius ausgeübt, so kommt es auch *niemals* zu einer Fragmentverschiebung.

Erst wenn man erneut auf die frakturierte Speiche drückt, kommt es zur Fragmentverschiebung und (oder) Fragmenteinstauchung. Die dorsale Beugung der Hand, die auch in der Mehrzahl aller akzidenteller Frakturen vorauszusetzen ist, die volare Neigung der distalen Radiusgelenkfläche und letztlich ihre durch den Speichengriffel betonte ulnare Abschrägung bedingen, daß die Fragmentverschiebung in der Regel nach dorsal oder nach dorsal und radial erfolgt. Um dies im Experiment nachzuahmen, genügt es, im Anschluß an das Bruchereignis eine Kraft von zwei Dritteln bis zur Hälfte der Bruchlast einwirken zu lassen. Es entsteht dann die berühmte äußerlich erkennbare Deformität im Sinne der „Bajonettstellung".

Übertragen auf den Alltagssturz und auf den alltäglichen Radiusbruch besagt dies, wie in ähnlicher Weise bereits dargelegt — das Folgende, am besten dargelegt an Hand eines Beispiels:

Stürzt ein Mensch, dessen Gewicht mit 80 kg angenommen sei, überraschend auf eine seiner Hände, und zwar unter Beugung der Hand zwischen volar 100° und dorsal 120°, so entsteht ein typischer Radiusquerbruch dann, wenn die individuell unterschiedliche Knochenfestigkeit des Radius dem auftretenden Druck nicht mehr zu widerstehen vermag. Im Augenblick des *Auftreffens* kommt es demnach zum Speichenbruch an typischer Stelle. Wird die aus dem Sturz resultierende Druck-

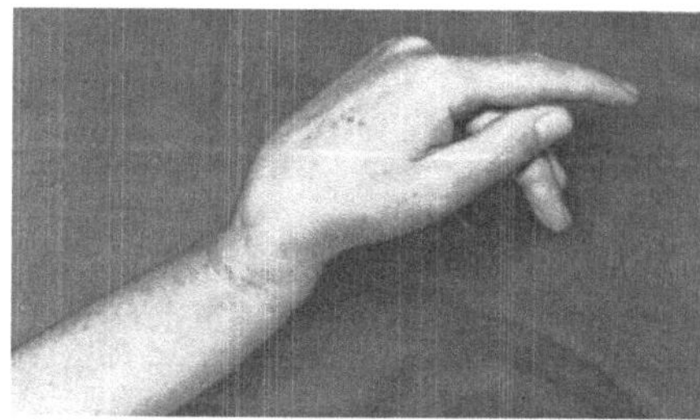

Abb. 11. Bajonettförmige Deformierung im Leichenversuch (Nr. 10, 70 J., männlich; Drucklast 120 kp; Nachdrücken mit 60 kp; Geräteinstellung: 110° Dorsalflexion)

kraft nicht vollständig aufgebraucht, d. h. die Sturzkraft überschreitet die Bruchlast, so wirken weitere Kräfte auf den frakturierten Radius ein. Sie werden schon durch das Gewicht des am gebrochenen Radius weiterhin abgestützten Körperteils, das mit 40 bis 60 kg angenommen werde, bedingt. Eine sich aus dem Teilgewicht des Körpers und dem nach dem Auftreffen verbleibenden Restschwung des Sturzes zusammensetzende Drucklast von angenommen 60 kp genügt, selbst in kürzester Zeit eine erhebliche Fragmentverschiebung zu bewerkstelligen, wenn nicht die *gesamte* Sturzenergie durch den Bruch aufgebraucht wird.

Je länger der restliche, d. h. der überschüssige Druck in Abhängigkeit von seiner absoluten Größe auf die Bruchstücke einwirkt, desto stärker wird die Fragmentverschiebung.

So läßt sich im Experiment ohne weiteres eine Verschiebung ad axim um halbe (Abb. 11) oder ganze Schaftbreite erzielen, wenn man etwa ein Drittel der Drucklast nach erfolgter Fraktur über genügend lange Zeit auf die Fragmente einwirken läßt.

Die weiteren Frakturversuche an der Leiche galten der Fragestellung, inwieweit Pronations- und Supinationsstellung im Auftreffmoment die Frakturform beeinflussen könnten.

Bei dorsaler Flexion der Hand von 85 bis 90° wurden daher praktisch alle möglichen Unterarm-Drehstellungen im Abstand von 5 bis 10° gewählt, die beim Sturz auf die Hand in Frage kommen können.

Im Bereiche der Supinationsbreite zeigte sich keinerlei Besonderheit. Unter entsprechender Beugung der Hand kam es weiterhin ausschließlich zum Querbruch an typischer Stelle.

Bei maximaler Pronation kam es jedoch zunächst gelegentlich zum Abbruch des Speichengriffels. Erst weitere Kontrollversuche ließen annehmen, daß bei für die Entstehung dieser besonderen Bruchform nicht die Pronation als solche verantwortlich zu machen ist. Vielmehr kommt es bei der Einstellung von Hand und Gerät zu einer kaum bemerkbaren Verschiebung der Unterarmlängsachse in bezug auf die Handplatte der Apparatur. Damit wird unbeabsichtigterweise eine Einstellung der Hand im Sinne der Abduktionsbewegung gewählt. Es kommen also ganz andere Momente zur Geltung, als sie im Rahmen der beschriebenen Versuchsserie zu beurteilen sind.

Korrekte Pro- und Supinationseinstellungen für den Frakturversuch an der Leiche erbringen keine vom typischen Querbruch abweichenden Frakturformen.

In der Wirklichkeit des „banalen Sturzes" hätte diese Frage auch keine wesentliche Bedeutung. Die Supinationsstellung beim Sturz auf den gestreckten Arm nach hinten wäre funktionell einem Sturz nach vorn auf den pronierten Arm sehr ähnlich. Die Variationsmöglichkeiten, die sich aus der Kombination sämtlicher Übergangsformen ergeben, wären zu vielfältig, um hier noch eine brauchbare Analyse zu bringen.

Entscheidend für den Querbruch an typischer Stelle des Radius ist also die Kraftrichtung, die sich aus dem Sturz auf die in der Beugungsebene flektierte Hand ergibt.

Im folgenden wurden die Beziehungen zwischen Bruchentstehung und Abduktionsstellung der Hand untersucht.

Geringe ulnare Abduktion (10°) führte zum T-Bruch. T-Brüche traten andererseits auch dann auf, wenn für das Experiment eine ulnare oder radiale Abduktionsstellung der Hand ausgeschaltet zu sein schien.

In jedem Falle — und das zeigt sich schließlich im Leichenversuch — handelt es sich dabei gegenüber dem typischen Querbruch der Radiusbasis um (wenn überhaupt) nur minimale Unterschiede bezüglich des Bruchmechanismus.

Wirkt die Druckkraft in deutlichem Maße von ulnar oder von radial her auf das distale Radiusende ein, so kommt es zum Abbruch der ulnaren oder radialen Hälfte des Radius.

Wird die Handplatte des Gerätes, einer extremen radialen Abduktion entsprechend, um 20° radial geneigt, so kommt es mit einer absoluten Sicherheit zum Abbruch des Processus styloides radii.

Die für den Bruch des Processus styloides radii erforderliche Kraft lag um 40 bis 50 kp (Versuch Nr. 81, 12, 25, 28, 56, 73 und 75) niedriger als für den unter anderen Bedingungen ausgeführten Vergleichsversuch zur Erzielung des typischen Querbruches (jeweils rechte und linke Hand der Leiche).

Daraus ergibt sich, daß der Abriß des Processus styloides radii relativ „leichter" erfolgt als der Bruch an typischer Stelle. Das erklärt auch die Seltenheit einer Kombination von Bruch des Speichengriffels und Bruch an typischer Stelle. Ehalt gibt sie mit 0,12% an. In unserem eigenen Krankengut begegneten wir ihr bei Erwachsenen unter 1000 Frakturen des distalen Radiusendes neunmal (= 0,9%).

Schließlich galt es, den Frakturmechanismus für Brüche der „ulnaren Ecken", d. h. der Absprengung der ulnaren Hälfte des ulnaren Gelenklagers, der radialen Hälfte des radialen Gelenklagers bzw. der gleichzeitigen Absprengung beiden „Ecken", ausfindig zu machen.

Es wurde lediglich die Handwurzel möglichst weit proximal an die Handplatte angelegt.

Obgleich aus der theoretischen Überlegung herzuleiten, war es dennoch überraschend, daß nunmehr die überwiegende Zahl der Frakturversuche zur Entstehung von V-förmigen Brüchen führte. Veränderungen der Druckrichtung ergaben entsprechende Abbrüche der „Ecken" in Lagermitte. Eine definierbare Grenze zwischen den Bedingungen des Frakturversuches unter den Gegebenheiten der Abduktion bei voll angelegter Handfläche und ausschließlicher Anlegung der Handwurzel an die Handplatte des Versuchsgerätes ließ sich nicht finden.

Es ist wahrscheinlich, daß die Verschiebung der Handwurzelknochen bei den Randbewegungen, wie Mollier sie ausführlich darlegt, Kraftübertragungen bewirken, die hier in den beiden genannten Gegebenheiten zu gleichen oder zumindest prinzipiell ähnlichen Bruchformen führen.

Bruchformen

Die aus den physikalisch-technologischen Überlegungen, wie auch aus den Ergebnissen der experimentellen Untersuchungen gewonnenen Erkenntnisse lassen annehmen, daß es nur zwei bzw. drei prinzipielle, d. h. übergeordnete Bruchformen an der Radiusbasis gibt. Diese Bruchformen sind auf im wesentlichen zwei (bzw. drei) mechanische und funktionelle Bruchmechanismen zurückzuführen.

1a. *Der Querbruch an typischer Stelle.*

Er ergibt sich aus der Schalenform des distalen Radiusendes.

1b. *Der Längsbruch, der in der Regel mit dem Querbruch an typischer Stelle kombiniert ist* (= T-Bruch).

Er kommt praktisch unter denselben Bedingungen zustande wie der isolierte Querbruch an typischer Stelle. Geringe, auch beim isolierten Querbruch in jedem Fall auftretende Querkräfte werden jedoch wirksam genug, das distale Fragment zusätzlich noch auseinanderzusprengen. Die Lagerform als solche läßt erwarten, daß eine Sprengung in vier

Teile (= vierteiliger Bruch) oder in zwei Hälften — geteiltes Lager! — (= zweiteiliger Bruch) erfolgt.

2. *Der V-förmige Bruch und Y-förmige Bruch*

Hier wirken unter ganz gewissen Voraussetzungen (siehe Seite 40) zusätzliche Querkräfte so stark ein, daß es zur „Abscherung" beider Ecken kommt.

Diese Abscherung erfolgt stets unter den Gegebenheiten des geteilten Lagers der distalen Radiusgelenkfläche, also entweder in der Mitte des geteilten Lagers (= V-Bruch) oder jeweils in annähernder Mitte der ulnaren bzw. radialen Gelenkschale (= Abbruch der ulnaren Ecken — ulnares Viertel — oder der radialen Ecke [Prov. styloides radii)].

Einseitige Mehrbelastung der ulnaren oder radialen Gelenkhälfte führen zum alleinigen Abbruch des ulnaren Viertels oder der ulnaren Hälfte des distalen Radiusendes bzw. zum Abbruch des Speichengriffels.

Quer- und T-Bruch sind funktionell als nahezu identisch aufzufassen. Sie unterscheiden sich allerdings klinisch ganz erheblich voneinander, da es sich beim Querbruch, der nur selten das radioulnare Gelenk beteiligt, in der Regel um einen *extraartikulären* Bruch handelt. Aus diesem Grund müssen Quer- und Längs-(T-Bruch)Bruch streng voneinander unterschieden werden. V-förmige Brüche und die ihrem zugrunde liegenden Bruchmechanismus verwandten Bruchformen sind in der Regel ebenso wie die T-Brüche *intraartikuläre* Frakturen. Vom klinischen Gesichtspunkt her ist es daher notwendig, insgesamt *drei* übergeordnete Bruchformen zu unterscheiden, wenngleich sie im wesentlichen nur auf *zwei* Prinzipien des Bruchmechanismus zurückzuführen sind.

Die gesamte überblickbare Literatur der Lehre von den Knochenbrüchen nennt T-, V- und Y-förmige Frakturen stets in *einem* Zusammenhang. Aus den vorgenannten Gründen ist aber zwischen T-Brüchen einerseits und V- wie Y-Brüchen andererseits streng zu unterscheiden, so daß bei einer Klassifikation der Brüche des distalen Radiusendes eine entsprechende Unterteilung unvermeidbar erscheint.

Wie an anderer Stelle bereits erwähnt, dürften diese Prinzipien des Frakturmechanismus — wie sie hier dargelegt werden — auch auf andere gelenknahe Brüche anzuwenden sein.

Knochenfissuren

Knochenfissuren sind unvollständige oder zumindest röntgenologisch unvollständig wahrnehmbare Bruchformen. Sie finden sich im klinischen Material als unvollständige Querbrüche oder Längsbrüche („Stauchungsbrüche") wie auch bei weniger häufig anzutreffenden Frakturformen, etwa als Bruch des Speichengriffels. Hier hat sich nichts weiter ereignet, als daß sich die Sturz- bzw. Auftreffenergie bereits mit dem *Beginn* der Bruchentstehung erschöpfte oder daß die Reaktion des Stürzenden bzw. Auftreffenden rasch genug erfolgte, die Druckkraft nicht mehr weiter wirksam werden zu lassen, indem es etwa gelang, die auftreffende Hand unmittelbar wieder von der Unterlage abzuheben und damit zu entlasten.

Wenngleich ihr Entstehungsmechanismus den drei genannten Prinzipien eingeordnet werden muß, so unterscheidet er sich dennoch in gewisser Weise dadurch, daß die Druckkraft nur außerordentlich kurze Zeit einwirkt. Experimentell ist dies durch einen kurzen und relativ „leichten" Schlag zu simulieren.

Es wurden deshalb 18 Schlagversuche vorgenommen. Aus den Publikationen von Kahleyss, Kleinschmitt und Lewis ist bekannt, daß der kräftige Schlag einen *vollständigen* Bruch an typischer Stelle hervorruft. Um dies auszuschließen, wurden die Schlagversuche nur mit einem mittelschweren Hammer ausgeführt. Der Schlag erfolgte gegen die Druckplatte des Versuchsgerätes.

Eine simultane Druckmessung konnte bei diesen Versuchen nicht vorgenommen werden. Die Kraft des plötzlich wirkenden Hammerschlages übersteigt aller Wahrscheinlichkeit nach den Meßbereich der Kraftmeßdose und muß zu deren Zerstörung führen.

Die Schläge wurden zu schwach ausgeführt: Nur in einem Fall entstand eine etwa 1 cm lange Längsfissur zwischen radialem und ulnarem Lager der distalen Speichengelenkfläche bei einer Dorsalbeugung der Hand von 90°. In allen übrigen Fällen war eine frische Knochenverletzung röntgenologisch nicht nachweisbar.

III. Klinische Untersuchungen

Durch zahlreiche Druck- und Schlagversuche konnten wir nachweisen, daß die Form der resultierenden Radiusfraktur von der einwirkenden Gewalt bestimmt wurden. Die hierbei gewonnenen Erkenntnisse wurden als Grundlage für eine Gruppeneinteilung der Radiusepiphysenfrakturen benutzt. Die Schriften Ehalts mit seinen eingehenden Untersuchungen dienten uns als Vergleich. Den Vorschlägen von Nissen-Lie und Wiklund, die weitgehend in der englischen Literatur Beachtung fanden, konnten wir nicht folgen, da uns diese Unterteilung ohne Abhängigkeit vom Bruchmechanismus zu willkürlich erschien. Auch wir sind der Überzeugung, daß nicht nur die Bruchform, sondern auch die nachfolgende Verschiebung der Fragmente von großer Bedeutung sind. Wie bereits dargelegt wurde, ist die Verschiebung ein Ausdruck des Überschießens der Kräfte, die zum Bruch geführt haben. Doch lassen sich nach Nissen-Lie zahlreiche Frakturformen nicht unterordnen (V- und Y-Fraktur). Unbeachtet bleiben bei der Einteilung die begleitenden und nachfolgenden Komplikationen, die Knochen (Drehverschiebung, Schüle) *Sudeck*sche Dystrophie, traumatische *Madelung*sche Deformität durch Resorption oder schlechte Reposition (Cornell, Hilgenfeld, Thomson) aus Fragmentfehlstellung herrührende mechanische Momente (Kleinschmitt) betreffen können. Auch die Weichteile sind oft verletzt. Man denke an das Karpaltunnelsyndrom durch Hämatom (Nigst, Witt und Rettig), Sehnenverletzung sogleich oder als Spätfolge (Bunnel-Sterling, McMaster, Speigel und Broder) und Gefäßverletzung (Watson-Jones).

Es wurden 1000 Patienten (mit 8000 Röntgenbildern), die in der Chirurgischen Klinik der Universität Düsseldorf in einem dreijährigen Zeitraum behandelt worden waren, ausgewählt und die Häufigkeit der Bruchformen und Fragmentverschiebungen untersucht (728 weibliche und 272 männliche Patienten).

Unsere Einteilung war folgende:

1. Extraartikuläre Querbrüche
   a) an typischer Stelle ohne Verschiebung
   b) an typischer Stelle mit Verschiebung
2. Intraartikuläre Brüche
   a) Längsbrüche (T-Brüche) ohne Verschiebung
   b) Längsbrüche (T-Brüche) mit Verschiebung
3. Intraartikuläre Schrägbrüche
   a) V- und Y-Brüche ohne Verschiebung
   b) V- und Y-Brüche mit Verschiebung
   c) Bruch der ulnaren Ecke der Speiche, des Speichengriffels sowie der gesamten Gelenkfläche ohne Verschiebung
4. Trümmerbrüche
5. Seltene Sonderformen
   a) Übergangsformen zu den Unterarmbrüchen
   b) Abbruch einer dorsalen Knochenleiste

Über die Häufigkeitsverteilung und die Komplikationen unterrichtet Tabelle 2.

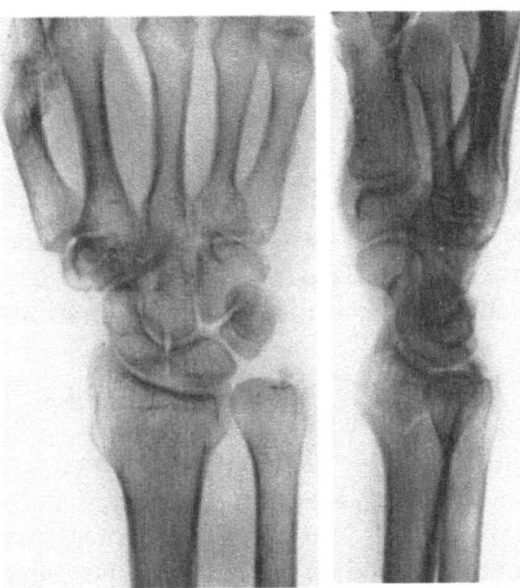

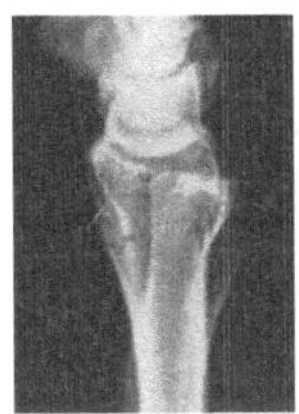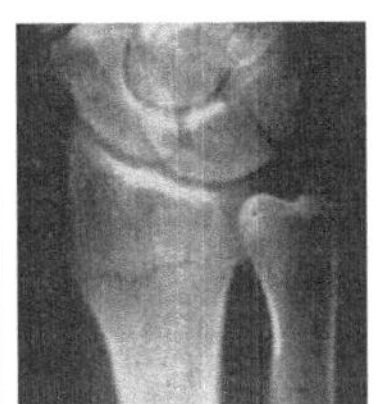

Abb. 13. Vollständiger Querbruch am distalen Speichenende ohne Verschiebung (Gruppe I, 1)

Abb. 12 (links). Unvollständiger Querbruch am distalen Ende der Speiche

1. Extraartikuläre Querbrüche

Beim Querbruch der Radiusebene ist die Frakturebene etwa in einer Höhe von 1,5 bis 2,5 cm proximal des Radiocarpalgelenkes gelegen. Dieser Bereich entspricht der stärksten Krümmung des schalenförmig divergierenden distalen Speichenendes. Da sich die volare Krümmung von der Krümmung der dorsalen Seite deutlich unterscheidet, wird verständlich, daß die Frakturebene im seitlichen Strahlengang meist schräg von volar distal nach dorsal proximal zieht.

1. Bruch an typischer Stelle ohne Verschiebung.

Der Querbruch an typischer Stelle ohne Verschiebung kann sich im Röntgenbild als unvollständiger oder vollständiger Bruch darstellen (Abb. 12 u. 13).

a) Die inkomplette Querfissur ist selten (5 Fälle). Beim Knochenbruch an typischer Stelle des Radius ist wahrscheinlich, daß an der dorsalen Seite des distalen Radiusendes stärkere Druckspannungen auftreten als auf der volaren. Es kann angenommen werden, daß das Röntgenbild des inkompletten Bruches gleichsam eine Phase im unterbrochenen Ablauf der Frakturentstehung auf der dorsalen Seite dokumentiert. Es kann aber auch vermutet werden, daß die inkompletten Frakturen (ganz allgemein) Brüche darstellen, deren vollständigen Verlauf die heutige Röntgentechnik nicht immer darzustellen vermag.

b) Auch die Querbrüche ohne Verschiebung zeigen gelegentlich einen an der dorsalen Seite gelegenen, angedeuteten „Biegungskeil". Dieser Biegungskeil, der auf Aufnahmen von Querbrüchen mit Verschiebung nur selten fehlt, ist nicht in dem Sinne zu verstehen, den die Chirurgie für die Definition des Biegungsbruches im allgemeinen kennt. Allein die nicht absolut gleichseitige Kompression einer Schale führt zur verstärkten Durchbiegung der Schalenkrümmung an der Seite des stärkeren Druckes. Bereits dadurch kann eine Aussprengung eines sogenannten Biegungskeils erfolgen. Das wird besonders dann geschehen, wenn die Frakturentstehung nicht ausschließlich auf reine Druckkräfte zu beziehen ist (obgleich diese überwiegend von Bedeutung sind). Nebenverletzungen sind beim Querbruch an typischer Stelle ohne Verschiebung relativ selten.

2. Bruch an typischer Stelle mit Verschiebung.

Querbrüche an typischer Stelle des Radius mit Verschiebung stellen die häufigste Bruchform schlechthin dar und führten zu der von Colles gegebenen Beschreibung des „typischen Radiusbruches" mit dorsoradialer Verschiebung bzw. Knickung.

Indes erscheint es ziemlich bedeutungslos, in welcher Richtung die Knickung des distalen Fragmentes erfolgt. Sturz- oder Bruchmechanismus lassen erwarten, daß eine Knickung überwiegend nach dorsal und radiodorsal zustande kommen muß. Insbesondere die Form des distalen Radiusendes und die sich daraus ableitende Schrägung der Bruchebene von volar-distal nach dorsal-proximal prädisponieren das periphere Fragment zur dorsalen bzw. dorsoradialen Abknickung, wenn die Auftreffenergie mit der Fraktur noch nicht aufgebraucht wurde.

Angesichts der schienenähnlichen Funktion der Ulna ist eine ulnare Abknickung nur selten zu erwarten. Die volare Knickung vom *Smith-Linhart*schen Typus läßt nicht auf eine Besonderheit des Bruchmechanismus im Sinne des *Prinzips* schließen. Überwiegen z. B. die sich aus der Sturzrichtung ergebenen horizontal wirksamen Kräfte gegenüber den

„reinen Kompressionskräften", so kann dies unter Berücksichtigung der aufgezeigten Ergebnisse der experimentellen Untersuchungen (SCHNABEL-MAIER) durchaus dazu ausreichen, den typischen Querbruch zu provozieren. Darüber hinaus aber wird das proximale Bruchstück über das periphere hinweg- bzw. weiterbewegt. Gerade der charakteristische Verlauf der Bruchlinie kann unter den genannten Gegebenheiten dann eine volare Abknickung begünstigen.

Für klinische Nachuntersuchungen sind die Hauptrichtungen einer Verschiebung insofern von Bedeutung, als sie, wenn nicht durch Fragmentreposition behoben, eine Bewegungseinschränkung im entsprechenden Bewegungssektor der Hand erwarten lassen. Sie zu notieren, ist also für alle klinischen Nachuntersuchungen von Interesse, wenngleich sie hinsichtlich des Bruchmechanismus praktisch nicht voneinander zu unterscheiden sind.

Das Ausmaß der Verschiebung läßt sich nicht ohne Schwierigkeiten definieren. Wir schlagen eine Definition einer „wesentlichen" Verschiebung von wenigstens etwa 10° vor.

Die zentrale Verschiebung kann einer Subluxation des proximalen Handgelenkes entsprechen. Graduell kann sie nicht — ebenso wie die exzessive Knickung des distalen Bruchstückes bei einer Verschiebung der distalen Radiusgelenkfläche um Schaftbreite — bis zur Luxation des Handgelenkes steigern. Auch diesen Verschiebungen hat letztlich die kritische Beurteilung von Spätergebnissen ihr Augenmerk zu schenken, da sie Rückschlüsse auf die Schädigung des Gelenkapparates ermöglichen.

Um eine Verschiebung nahezu vollständig zu korrigieren, erweist es sich als günstig, eine Überkorrektur, insbesondere bei der Verschiebung nach dorsal und dorsoradial vorzunehmen. Die fixierende dorsale Gipsschiene kann dann der nachträglichen Abwinkelung nach dorsal meist wirksam entgegentreten. Für eine wirkungsvolle Überkorrektur ist es erforderlich, sich die physiologisch-anatomische Neigung der distalen Radiusgelenkfläche (10°) genau vor Augen zu halten.

Daß die Verschiebung der Fragmente ein Ausdruck für die mit der Bruchentstehung noch nicht vollständig aufgearbeitete Energie ist, geht daraus hervor, daß Nebenverletzungen relativ häufiger zu beobachten sind (siehe Tab. 2).

Bei allen Formen der Fragmentverschiebung handelt es sich nicht um die ausschließliche Knickung in einer einzigen Richtung. Als „radial" und „ulnar" ist die *Hauptrichtung* der Fragmentverschiebung anzusehen. Daß die Verschiebung des peripheren Fragments nach *ulnar* eine große Auftreff- bzw. Bruchenergie voraussetzt, läßt sich daraus schließen, daß von 11 Fällen insgesamt eine Verschiebung der radiocarpalen Gelenkfläche in ulno-dorsaler Richtung um volle Schaftbreite im Sinne der Luxation erfolgte und darüber hinaus eine deutliche zentrale Verschiebung des peripheren Fragments in drei weiteren Fällen festzustellen war.

Bei der Beurteilung von Querbrüchen an typischer Stelle mit Verschiebung kann es — wie Abb. 14—17 veranschaulicht — weniger auf die Knickungsrichtung ankommen, die in der Regel eine kombinierte ist, sondern, wie bereits gesagt, auf das Ausmaß dieser Dislokation und die mit ihr in erster Linie einhergehende Beteiligung des Gelenkapparates. Alle Abbildungen veranschaulichen eine, wenn auch graduell unterschied-

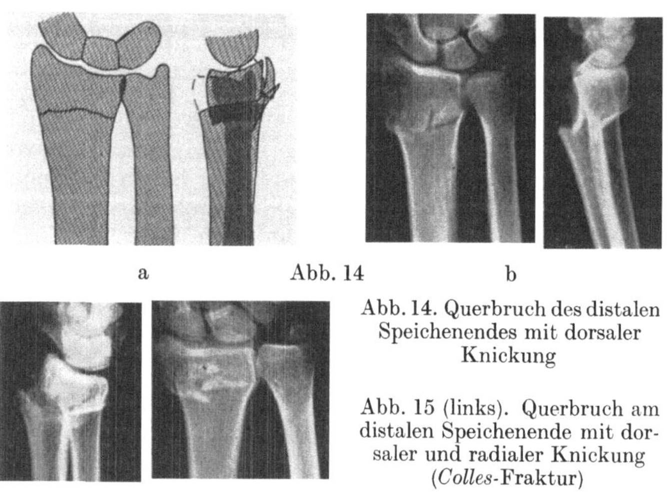

a　　　　Abb. 14　　　　b

Abb. 14. Querbruch des distalen Speichenendes mit dorsaler Knickung

Abb. 15 (links). Querbruch am distalen Speichenende mit dorsaler und radialer Knickung (*Colles*-Fraktur)

liche, *zentrale* Verschiebung, die, wenn nicht beseitigt, eine Funktionsstörung des Radiogelenks nach sich zieht. Dies muß in besonderem Maße dann gelten, wenn der Frakturspalt weit nach distal praktisch bereits in das Radioulnargelenk zieht oder wenn die Fragmentverschiebung ein

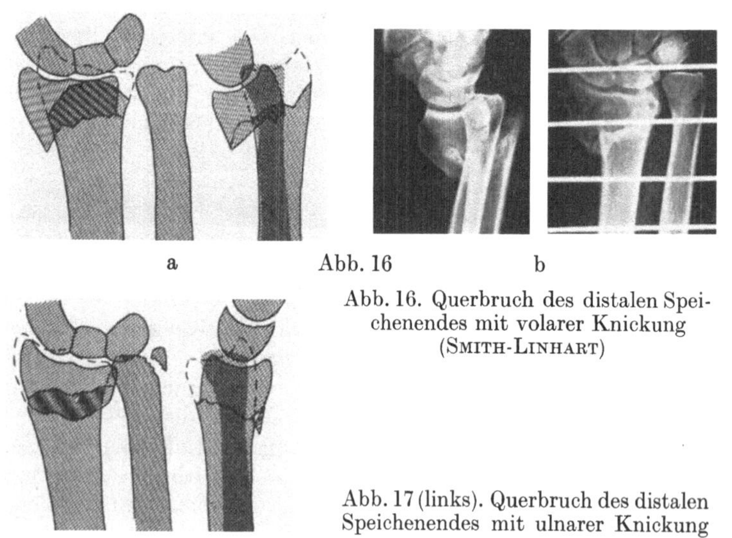

a　　　　Abb. 16　　　　b

Abb. 16. Querbruch des distalen Speichenendes mit volarer Knickung (Smith-Linhart)

Abb. 17 (links). Querbruch des distalen Speichenendes mit ulnarer Knickung

deutliches Klaffen des radioulnaren Gelenkspaltes bewirkt. Abb. 18 zeigt dies in besonders deutlicher Weise. Darüber hinaus läßt bei beträcht-

Tabelle 2. *Frakturformen und deren Häufigkeit*

	Fraktur Proc styl.	Komplikationen			Kahnbein	Triquet.	1. MH	2. MH
		Capit. ulnae	Capit. radii	Ulna				
I. Extraartikuläre Radiusbrüche								
1. ohne Verschiebung	47 (incompl. Fiss. 5)	8						
2. mit Verschiebung	444	263	24	1				
a) dorsale Verschiebung	131	69	4	1				
b) dorsale u. radiale Verschiebung	275	176	13					
c) volare Verschiebung	27	3	5					
d) ulnare Verschiebung	11							
(zentrale Verschiebung 155)	Multangulum 1, schalenförmige Abbrüche 5			2				
II. T-Brüche								
1. ohne Verschiebung	50							
2. mit Verschiebung	250	139	13					
a) dorsal	98							
b) radial	138							
c) volar	7							
d) ulnar	7							
(zentral 96)					3	1		
III. Intraartikuläre Schrägbrüche	199							
1. ohne Verschiebung	9							
(Y- u. V-Brüche 2, radiale oder								
ulnare Kante 5, Absprengungen 2)								
2. mit Verschiebung	34	21	2					
3. Ulnare Ecke oder Speichengriffel								
ohne Verschiebung	71							
(Spitze Proc. styl. radii 4, Proc.								
styl. radii 58, Gelenkfläche 9)								
4. Speichengriffel mit Verschiebung	20	16					2	1
IV. Trümmerbrüche	65							
V. Sonderformen								
1. Übergangsformen zu Unterarm-brüchen	8	2	4		1	1		
2. Abbruch dorsale Knochenleisre	2							

licher Dislokation der Fraktur ein unversehrter Ellengriffel nach Lang auf eine Verletzung des Discus articularis schließen.

Die stärkste Form der Fragmentverschiebung stellt ein Abkippen des peripheren Fragments dar, durch welches das Radiocarpalgelenk um die gesamte Breite des distalen Radiusendes in einer möglichen Richtung verschoben wird (Abb. 19). Mit diesem Ausmaß der Bruchstückverschiebung verbindet sich stets eine radioulnare Luxation und die Verletzung des Discus triangularis unabhängig von einer Beteiligung des Ellengriffels.

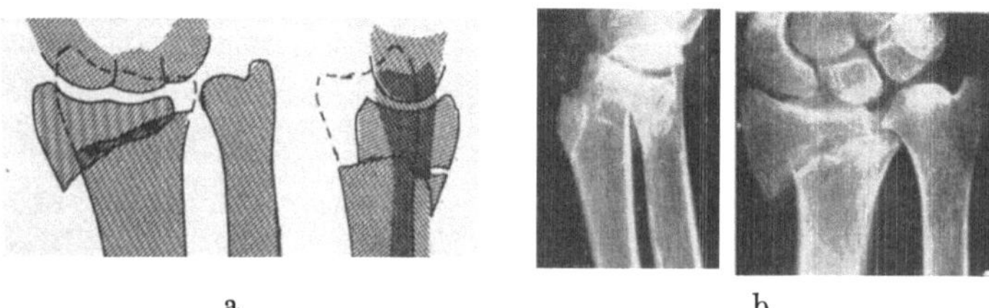

a   b

Abb. 18. Bruch des distalen Speichenendes an typischer Stelle mit radialer und dorsaler und deutlicher zentraler Verschiebung. Die Bruchlinie zieht in unmittelbare Nähe des Radioulnargelenkes, welches klafft. Der unversehrte Proc. styloides ulnae läßt auf die Mitverletzung des Discus articularis schließen. Nebenbefund: Kahnbeinbruch

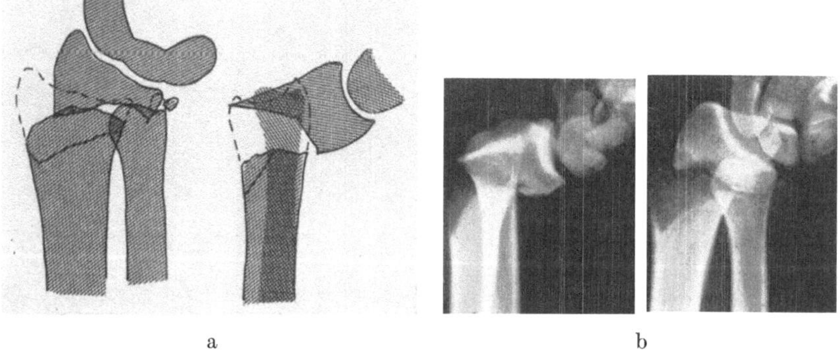

a   b

Abb. 19. Bruch des distalen Speichenendes an typischer Stelle mit starker dorsaler und ulnarer Knickung. Luxatio radio-ulnaris

2. Intraartikuläre Längsbrüche (T-Brüche)

Der Längsbruch des distalen Speichenendes weist in der überwiegenden Mehrzahl der Fälle die Form eines „T" auf: Etwa von der Mitte einer an typischer Stelle querverlaufenden Frakturlinie zieht eine auf ihr annähernd senkrecht stehende zweite Bruchlinie in das Radiocarpalgelenk.

Diese Fraktur entsteht dadurch, daß die Radiusbasis an typischer Stelle bricht, und hier innerhalb der Frakturzone bzw. der Fragmentenden eine solche Abstützung erfährt, daß die stets auftretenden Querkräfte das distale Bruchstück zum Bersten bringen, wenn die Voraussetzung einer weitestgehend gleichmäßigen Druckbelastung der beiden distalen Gelenklager des Radius gegeben ist. Dieselbe „Sprengkraft" kann auch dann wirksam werden, wenn die Abstützung des distalen Speichenendes in Höhe der stärksten Schalenkrümmung kräftig genug ist, den auftretenden Drucken zu widerstehen.

Bei einem nur kurze Zeit einwirkenden Druck entsteht als Ausdruck eines unvollständigen T-Bruches der sogenannte „Stauchungsbruch".

Meist läuft die sagittale Bruchlinie auf die Mitte des geteilten Lagers des distalen Speichengelenkes zu. Das a.p.-Röntgenbild vermittelt demnach den Eindruck, daß die beiden Lagerhälften auseinandergesprengt werden. Die Berstung des distalen Speichenbruchstückes kann sowohl in zwei als in vier einzelne Fragmente erfolgen. Darüber hinaus ist in seltenen Fällen ein radioulnarer, längsgerichteter Frakturspalt zusätzlich in der ulnaren Lagerhälfte zu beobachten. Es kam hier also zu einem Bersten des distalen Bruchstückes in *drei* Teile (= dreiteiliger T-Bruch) (EHALT).

Es wurde bereits dargelegt, daß T-Brüche experimentell vor allem dann beobachtet werden konnten, wenn sich die Hand in geringer ulnarer Abduktion befand, d. h. umgekehrt: Wenn der Druck gering verstärkt auf das ulnare Gelenklager der Speiche einwirkt.

Daß die experimentell gefundene Mehrbelastung des ulnaren Gelenklagers für die Entstehung der T-Brüche von gewisser Bedeutung ist, bestätigen die klinischen Befunde:

In 42,3% der Fälle zieht die längsgerichtete Bruchlinie (im a.p.-Bild) nicht zur Mitte zwischen beiden Gelenklagern hin, sondern in die Mitte des *ulnaren* Lagers. Es kommt zu einem Bruch des „ulnaren Viertels der Speiche" (EHALT). Darüber hinaus kann eine ausschließliche Absprengung einer ulno-dorsalen Kante erfolgen.

Von 119 T-Brüchen in Lagermitte (mit Verschiebung) ist die T-Figur 68mal auch im Seitenbild wahrnehmbar (= 57,1%). In 47 Fällen war die T-Form nur im a.p.-Bild, in vier Fällen nur im seitlichen Bild zu erkennen.

Auf Grund der eigenen Beobachtungen verbindet sich in der Mehrzahl der Fälle mit dem T-Bruch, also mit der Verletzung des radiocarpalen Gelenks auch eine Verletzung des distalen Radioulnargelenkes. Die Beurteilung von Spätfolgen nach Speichenbrüchen in loco typico hat diesem Wesensmerkmal Rechnung zu tragen.

1. Längsbruch (T-Bruch) ohne Verschiebung.

Längsbrüche bzw. T-Brüche des distalen Speichenendes lassen sich nach dem Röntgenbild in ähnlicher Weise wie Querbrüche nach unvollständigen und vollständigen Frakturen unterteilen.

Es finden sich einzelne Spielarten des unvollständigen T-Bruches (Abb. 20).

Den vollständigen T-Bruch ohne Verschiebung zeigt Abb. 21. Diese Abbildung wurde aus zwei Gründen ausgewählt: Obzwar diese Fraktur zu jenen Formen einzuordnen ist, die als „nicht verschoben", zumindest als „nicht wesentlich verschoben" zu gelten haben, zeigt sich doch eine minimale Inkongruenz der radiocarpalen Gelenkfläche, die wegen eines leichten Imprimats des radialen Gelenklagers zustande kommt. Es erübrigt sich wohl darauf hinzuweisen, daß solche geringe Stufenbildungen sich nicht reponieren lassen.

Zum andern veranschaulicht die Abbildung einen ziemlich weit nach proximal reichenden Längsspalt, der den Mechanismus der Sprengung des distalen Bruchstückes eindrucksvoll betont.

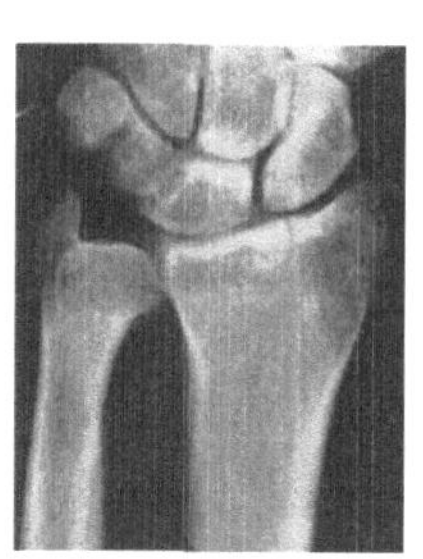

Abb. 20

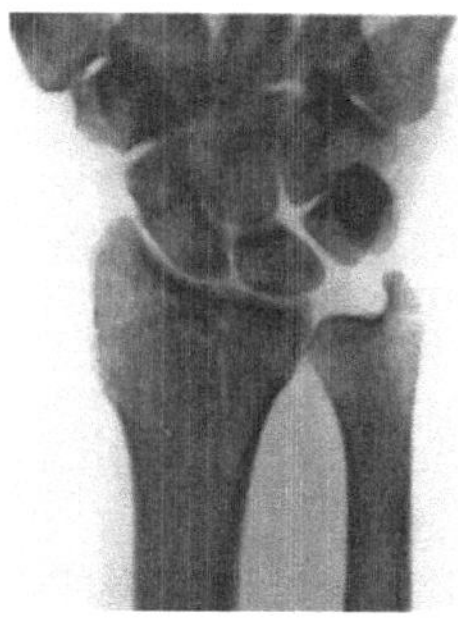

Abb. 21

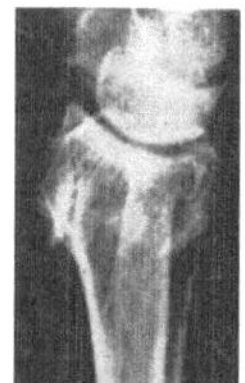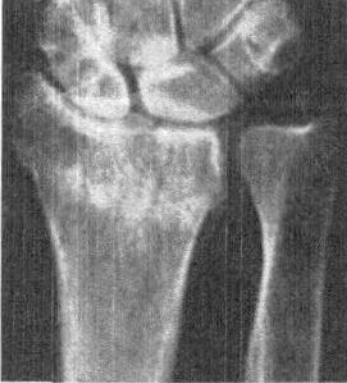

Abb. 22

Abb. 20. Unvollständiger T-Bruch. Sowohl quer- als auch längsverlaufender Bruchspalt sind inkomplett

Abb. 21. Vollständiger T-Bruch ohne bzw. ohne wesentliche Verschiebung

Abb. 22. T-förmiger Bruch des distalen Speichenendes mit dorsaler und geringer radialer Knickung sowie geringgradiger zentraler Verschiebung

Trotz der Beteiligung des Radiocarpalgelenkes ergeben sich hinsichtlich zu erwartender Spätfolgen keine Konsequenzen, die von jenen abweichen, welche auch für den extraartikulären Querbruch ohne Verschiebung zu gelten haben.

2. Längsbruch (T-Bruch mit Verschiebung).

Die Instabilität der Fragmente bei T-Bruch untereinander führt zu einer wesentlichen Beteiligung des Radioulnargelenkes und vor allem des radiocarpalen Gelenkes. Dies gilt besonders für die vierteiligen und dreiteiligen T-Brüche sowie aus dem typischen Abbruch der dorsalulnaren Ecke.

Die *Richtung* ist auch hierbei weniger von Bedeutung als das *Ausmaß* der Fragmentverschiebung. Die Richtung der Verschiebung bzw. des Achsenknicks verteilt sich in ähnlicher Weise wie beim extraartikulären Querbruch (siehe Tab. 1).

Um das Ausmaß der Dislokation zu beurteilen, hat vor allem auch die *zentrale* Verschiebung berücksichtigt zu werden (s. Abb. 22). Sie erreicht ihren maximalen Ausdruck in der zentralen Luxation, d. h.: die proximale Handwurzelreihe wird in die auseinanderweichenden Bruchstücke des distalen Speichenendes hineingeschoben (12 zentrale Luxationen, 84 zentrale Verschiebungen bei 250 T-Brüchen). Achsenknickungen solch starken Ausmaßes, daß sie zu einer Verschiebung der radiocarpalen Gelenkfläche um Schaftbreite führten, konnten in 12 Fällen beobachtet werden.

Die Reposition des typischen T-Bruches mit Fragmentverschiebung gelingt in der Regel befriedigend, gelegentlich sogar überraschend leicht. Eine spätere Dislokation der Fragmente im Gipsverband wird beim „echten" T-Bruch, d. h. bei der Fraktur, bei welcher die quere Bruchebene keine stärkere Abschrägung im Sinne von V- oder Y-förmigen Brüchen aufweist, nur selten beobachtet, wenngleich hier eine Ausnahme besonderer Betrachtung bedarf: der T-förmige Abbruch der dorsalen-ulnaren Ecke des distalen Speichenendes.

Dem Erscheinungsbild nach handelt es sich um einen T-Bruch. Die Besonderheit der abgebrochenen ulnaren-dorsalen Kante besteht jedoch — neben der bereits erwähnten Beteiligung des Radioulnargelenks — darin, daß sie angesichts der schalenförmigen Divergenz des peripheren Speichenendes auch nach erfolgter Reposition keinen festen Halt (etwa auf der queren Bruchebene) findet. Relativ leicht kommt es daher zu einem nachträglichen Abgleiten dieses Bruchstückes. Dieser leicht zu übersehende Faktor kann, worauf bereits EHALT hingewiesen hat, das Spätresultat erheblich beeinflussen. Dem Phänotyp nach eine T-förmige Fraktur, ist dieser Bruchtyp klinisch-funktionell dem Schrägbruch gleichzusetzen. Es erscheint wichtig, auf diese Sonderheit hinzuweisen, da der Abbruch der ulnaren-dorsalen Kante der Speiche in 93 Fällen der insgesamt 300 T-Brüche unseres Krankengutes zu beobachten war. Nur ein einziger dieser Frakturform zugehöriger Bruch zeige *keine* primäre Dislokation.

3. Intraartikuläre Schrägbrüche

Kann der auf das periphere Radiusende geführte Druck (= Gegendruck) nicht mehr über das Gewölbe der Handwurzel weitgehend gleichmäßig verteilt werden, so kommt es zur Abscherung der in der Kraftrichtung liegenden „Hälfte" des distalen Speichenendes oder zur Abscherung einer Hälfte des ulnaren oder radialen Gelenklagers.

Diese Situation ist besonders dann gegeben, wenn der Auftreffpunkt gegenüber dem Schnittpunkt der Lagerachsen nicht nur nach ulnar oder radial, sondern vor allem nach proximal verlagert ist.

Dies ist dann der Fall, wenn der Sturz überwiegend mit der proximalen Handwurzelreihe abgefangen wird. Os naviculare und Mondbein werden dann gleichsam auseinander und gegen die lateralen Hälften des ulnaren und radialen Gelenklagers getrieben. Liegt der Auftreffpunkt unter dieser Gegebenheit annähernd in der Mitte des geteilten Gelenklagers, so kommt es zum V-förmigen Bruch oder zum Abbruch der ulnaren distalen Ecke *und* des Speichengriffels. Andererseits bedarf es aus dieser Situation einer minimalen Verschiebung der Druckrichtung, um die queren Kraftkomponenten (entsprechend dem Kräfteparallelogramm) relativ stark zu verändern. Ob der Schrägbruch im Einzelfall dadurch zustande kam, daß der Sturz auf die stark abduzierte Hand oder auf die proximale Handwurzelreihe (bei weniger starker ulnarer oder radialer Abduktion) erfolgte, läßt sich in praxi nicht unterscheiden.

Betrachtet man die Abscherung nur *einer* Ecke (ulnare oder radiale) des distalen Speichenendes als „unvollständigen Bruch", so ist dem gleichzusetzen die Abscherung der volaren oder dorsalen Gelenkhälfte. Diese Brüche, die häufig mit einer starken Fragmentverschiebung einhergehen, sind relativ selten. Auch hier liegt dem Bruchmechanismus das Prinzip des nach proximal verlagerten Auftreffpunktes zugrunde. Die proximale Handwurzelreihe wird gegen die volare oder dorsale Hälfte der radiocarpalen Gelenkfläche gedrängt. Die dabei wirksam werdenden Querkräfte können ein zusätzliches Auseinanderbrechen dieses volaren Fragments entsprechend der anatomischen Form des geteilten Lagers hervorrufen. Einen vollständigen V-Bruch in radioulnarer Röntgensicht kann es erwartungsgemäß nicht geben, da ein Auseinanderweichen der proximalen Handwurzelreihe nach volar und dorsal undenkbar ist. Zeigt das Röntgenbild im extrem seltenen Fall auch im seitlichen Strahlengang eine Fragmentform, die V-förmig erscheinen mag, so handelt es sich dabei allenfalls um eine Fragmentverschiebung, die röntgenologisch den Eindruck einer V-Form erweckt oder um einen irregulär liegenden Knochensplitter, etwa im Sinne eines „Biegungskeils".

Auch die extreme Kraftrichtung, die zur Ausbildung intraartikulärer Schrägbrüche führt, kann noch zum Bruch in loco typico, also in Höhe der stärksten Schalenkrümmung des distalen Speichenendes führen. Dies wird um so leichter verständlich, wenn man sich vor Augen hält, daß die Druckrichtung räumlich zu definieren ist. Beim Sturz auf die Hand handelt es sich niemals um den Sturz auf die ausschließlich z. B. radial abduzierte Hand, sondern um den Sturz auf die radial *und gleichzeitig* dorsal gebeugte Hand. Ein zusätzlicher Querbruch an typischer Stelle des Radius ist dann zu erwarten, wenn die Auftreffenergie mit der Entstehung des Schrägbruches nicht aufgearbeitet wurde und die primäre Frakturebene zu einer sekundären Abstützfläche wird.

Trotz der Ähnlichkeit, die den Bruchmechanismen der Schrägfrakturen des distalen Speichenendes zugrunde liegt, zwingt die Verschiedenheit der klinischen Konsequenz zur Unterscheidung einzelner Frakturtypen. Dies gilt in erster Linie für den Abbruch des Processus styloides radii. Obgleich bestimmte Formen dieses Bruchtypes eher an Querbrüche erinnern, handelt es sich stets um denselben, bereits ausführlich beschriebenen Bruchmechanismus. Die sich aus der Anatomie des distalen Speichenendes ergebende quere Lage der Bruchebene bei Brüchen des Speichengriffels bewirkt, daß das abgebrochene Fragment im Vergleich zu anderen Schrägbrüchen nicht so sehr die Tendenz aufweist, abzugleiten. Zum andern zeigten die experimentellen Untersuchungen, daß der Abbruch des Speichengriffels bereits unter einer relativ geringen Bruchlast erfolgt. Daraus ergibt sich einerseits, daß schon eine kleinere Auftreffenergie ausreicht, um die Fraktur auszulösen. Andererseits erklärt sich daraus auch die Tatsache, daß das Bruchstück nur in seltenen

Fällen wesentlich disloziert wird: Die primär geringe Auftreffenergie wird mit der Entstehung des Bruches aufgebraucht.

Mit Ausnahme des Abbruches des Processus styloides radii ist allen Schrägbrüchen die häufig ihnen nachfolgende Fragmentverschiebung gemeinsam. Oft gestaltet sich die Reposition schwierig, da die Fragmente keinen festen Halt finden und selbst nach zunächst befriedigendem Repositionsergebnis unter zunehmender Reposition der Frakturzone leicht wieder abrutschen können.

Das Repositionsmanöver unterscheidet sich im Prinzip nicht von den Kunstgriffen, die zur Einrichtung jedes anderen Radiusbruches erforderlich sind. Allerdings sollte nicht in Lokalanästhesie, sondern ausschließlich in Vollnarkose reponiert werden.

Auch wenn man sich nicht dazu entschließt, einen „Faustgips" anzulegen, sollte bei den Schrägbrüchen, insbesondere bei V- oder Y-förmigen, die Mittelhand in jedem Fall durch einen quer über die Vola manus laufenden Gipssteg zusätzlich fixiert werden. Man kann statt des Gipssteges auch einen runden Holzstab (5 bis 7 mm Durchmesser) verwenden, den man mit wenigen Gipsbinden-Touren an der die Mittelhand dorsal fixierenden Longuette adaptiert. Im Hinblick auf die Schweißsekretion der Hohlhand wird der Holzstab vom Patienten als angenehmer empfunden.

1. V- und Y-förmiger Bruch ohne Verschiebung (9 Fälle = 0,9%).

V-förmige und Y-förmige Frakturen sind nur in seltenen Fällen nicht disloziert. Einschränkend muß gesagt werden, daß unter dem Y-Bruch ausschließlich die Frakturform verstanden werden darf, bei welcher die deutliche Abschrägung der ulnaren wie radialen Bruchebene erkennbar ist. Es wurde bereits darauf hingewiesen, daß die im dorso-volaren Strahlengang angefertigte Röntgenaufnahme von Querbrüchen an typischer Stelle sehr häufig eine Bruchlinie aufzeigt, die zur distalen Mitte der Radiusbasis etwas ansteigt. Der Verlauf dieser Bruchlinie erklärt sich aus der anatomischen Konfiguration des Speichenendes. Findet sich eine zusätzliche, längsverlaufende Bruchlinie, die auf einem röntgenoptisch in beschriebener Weise verlaufenden Querbruch steht, so ist dieser Bruch als T-Bruch zu definieren. Die charakteristischen Merkmale, die das Abrutschen der Bruchstücke auf einer tatsächlich schiefen Bruchfläche begünstigen, sind dann nicht gegeben.

Etwas häufiger als beim reinen V- oder Y-Bruch scheint eine Fragmentverschiebung mit dem Abbruch der ulnaren Ecke der Speiche und gleichzeitigem Bruch des Proc. styloides radii einherzugehen. Dieser Bruch unterscheidet sich von der vorgenannten Form dadurch, daß die Mitte der distalen Radiusgelenkfläche zwischen ulnarem und radialem Gelenklager stehen bleibt (Abb. 23).

Hinsichtlich der Frage nach dem Frakturmechanismus ist es wesentlich, daß auch bei V-förmigen Brüchen inkomplette Bruchformen zu erkennen sind. Für die reine V- oder Y-Form läßt sich hier eine Beziehung allerdings insofern nicht aufzeigen, als man aus der längsverlaufenden,

gering schräg geneigten Fissur nicht zu erkennen vermag, ob sie eine
Phase in der Entstehung der vollständigen V- (Y-) oder T-Bruches wie-
dergibt. Dementgegen ist der sogenannte doppelte Stauchungsbruch,
bei welchem zwei unvollständige Frakturlinien längsverlaufend je von
der Mitte des ulnaren wie radialen Gelenklagers nach proximal ziehen,
als inkompletter Bruch der ulnaren Ecke und gleichzeitig des Speichen-
griffels aufzufassen.

Abbrüche der volaren oder dorsalen Hälfte, des peripheren Speichen-
endes ohne Verschiebung, weist unser Krankengut in zwei Fällen auf.
Es handelt sich dabei um eine schalenförmige, in die Mitte der Gelenk-
fläche ziehende Absprengung, die in den beiden genannten Fällen aus-
schließlich auf die Seitenaufnahmen zu diagnostizieren ist.

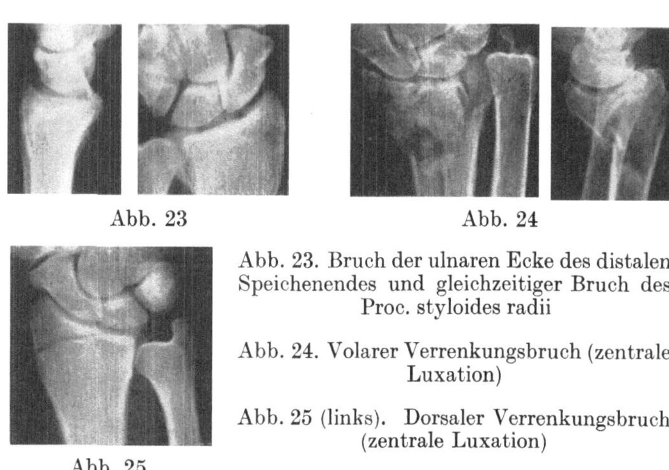

Abb. 23   Abb. 24

Abb. 23. Bruch der ulnaren Ecke des distalen
Speichenendes und gleichzeitiger Bruch des
Proc. styloides radii

Abb. 24. Volarer Verrenkungsbruch (zentrale
Luxation)

Abb. 25 (links). Dorsaler Verrenkungsbruch
(zentrale Luxation)

Abb. 25

2. V- und Y-förmiger Bruch mit Verschiebung.

Kommt es, wie in den meisten Fällen, zu einer Verschiebung der
Bruchstücke, so ist das Ausmaß der Dislokation meist erheblich. Die
Richtung der Fragmentknickung verteilt sich ungefähr in gleicher Weise
wie bei den bisher aufgezeigten Frakturtypen. Abknickungen des Aus-
maßes, daß die distale Speichengelenkfläche um annähernd Schaftbreite
verschoben war, stellten sich bei sogenannten reinen V- oder Y-Brüchen
in zwei Fällen (1 radiodorsal, 1 volar), beim Bruch der ulnaren Ecke und
gleichzeitigem Bruch des Proc. styloides radii in einem Fall (dorsal) dar.
Neben zentralen Subluxationen in 10 Fällen handelte es sich bei weiteren
15 Patienten um zusätzlich zur Dislocatio ad axim bestehende, erhebliche
zentrale Luxationen. — Schwerste Formen des zentralen Verrenkungs-
bruches gehen mit dem schrägen Abbruch der volaren (Abb. 24) oder
dorsalen (Abb. 25) Gelenkhälfte einher. Zusätzliche Querbrüche in Höhe
der stärksten Schalenkrümmung der Radiusbasis fanden sich beim klas-
sischen V- bzw. Y-Bruch in 8 Fällen.

Diese Zahlenangaben weisen nicht nur auf die in der Einleitung zum
Kapitel „Schrägbrüche" bereits aufgezeigte Problematik hin, welche

sich für die Therapie und gleichviel für die Beurteilung der Behandlungsergebnisse ergibt. Sie verdeutlichen auch die Sonderstellung, welche diese Bruchformen auf Grund des zu ihrer Entstehung führenden Bruchmechanismus einnehmen.

3. Bruch der ulnaren Ecke, des Speichengriffels sowie der gesamten Gelenkfläche des distalen Speichenendes ohne Verschiebung.

Die Behandlung dieser Frakturformen ist im allgemeinen unproblematisch. Die restitutio ad integrum wird in der Regel erzielt.

Eine Übergangsform von Brüchen des Speichengriffels zu den distal gelegenen Querbrüchen der Radiusbasis, welche stets das Radioulnargelenk mit einbeziehen, stellt der Abbruch der ganzen radiocarpalen Gelenkfläche dar. Hier zieht die leicht geneigte Bruchlinie von der radialen Speichenseite bis zur ulnaren Ecke (Abb. 26).

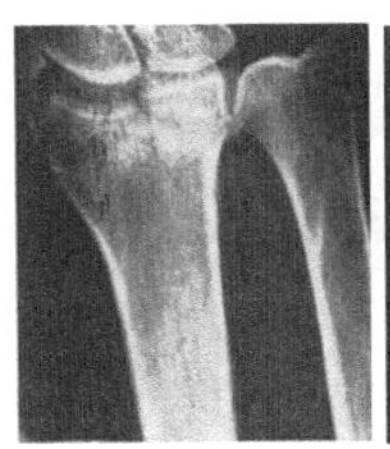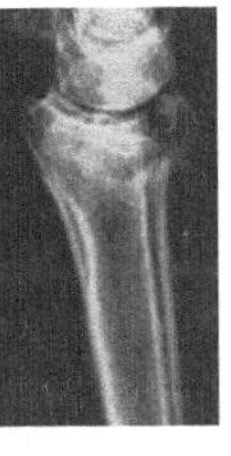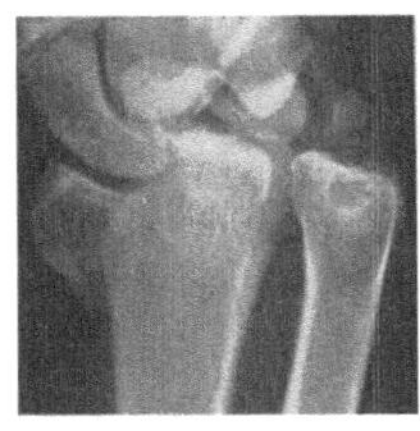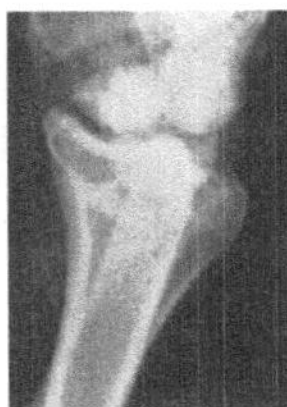

Abb. 26   Abb. 27

Abb. 26. Abbruch der ganzen distalen Speichengelenkfläche mit Verschiebung. Zusätzlicher Bruch der Spitze des Proc. styloides radii

Abb. 27. Bruch des Speichengriffels mit radialer und zentraler Verschiebung. Radiale, zentrale Luxation der Hand. Perilunäre Dorsalluxation. Abriß des Ellengriffels

Wenngleich es nicht gelang, diese Frakturform experimentell hervorzubringen, so weisen die Ergebnisse der experimentellen Untersuchungen darauf hin, daß diesen Brüchen ein ähnlicher Mechanismus zugrunde liegt, wie er im Prinzip für alle anderen Schrägbrüche zu erkennen ist.

4. Bruch des Speichengriffels mit Verschiebung und Abbrüche der Gelenkfläche.

Das Ausmaß der Fragmentverschiebung der Brüche des Speichengriffels ist häufig außergewöhnlich groß. Daß für die Dislokation der Bruchstücke noch eine relativ große Restenergie zur Verfügung steht, geht daraus hervor, daß allein bei den Abscherungen der ganzen Gelenkfläche drei Verschiebungen um Schaftbreite erfolgten.

Die Verschiebung beim Abbruch des Speichengriffels ist dadurch gekennzeichnet, daß der in Auftreffrichtung liegende und damit am stärksten beanspruchte Teil des distalen Speichenendes, also das radiale Gelenklager der sich abstützenden Hand keinen Widerstand mehr bietet und es somit zu einer Subluxatio radiocarpea kommt, und zwar zur Luxatio radiocarpea radialis centralis (Abb. 27).

Diese Frakturen, die stets mit einer mehr oder minder starken Schädigung des Bandapparates verbunden sind, stellen ein äußerst ernst zu nehmendes therapeutisches Problem dar. Selbst wenn die Reposition zunächst ein befriedigendes Ergebnis zeitigt, kommt es zum nachträglichen Abrutschen des Bruchstückes. Verschiebungen des Proc. styloides geringeren Ausmaßes lassen sich dahingegen gut stellen und mit den üblichen Methoden beherrschen.

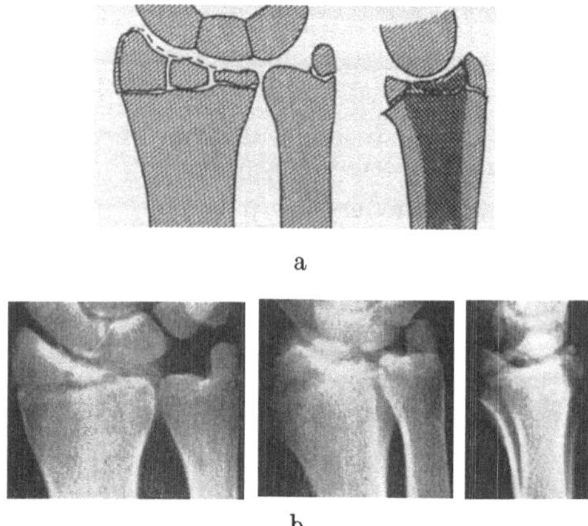

a

b

Abb. 28. Weit distal gelegene Trümmerfraktur des peripheren Speichenendes (Beteiligung des Radioulnargelenkes) mit mäßiger zentraler Dislokation

4. Trümmerbrüche

Trümmerbrüche sind dadurch definiert, daß das distale Speichenende in mehr als 4 Hauptfragmente zerbricht. Betrachtet man Röntgenaufnahmen von Trümmerfrakturen besonders im schrägen Strahlengang, so läßt sich in zahlreichen Fällen wahrnehmen, daß die einzelnen Frakturebenen einem bestimmten Prinzip des Bruchmechanismus zuzuordnen sind. Meist — soweit überhaupt am Röntgenbild differenzierbar — ist ein Längsbruch in der Mitte des ulnaren, in der Mitte des radialen und in der Mitte zwischen den beiden Hälften des geteilten Gelenklagers zu identifizieren (Abb. 28 u. 29).

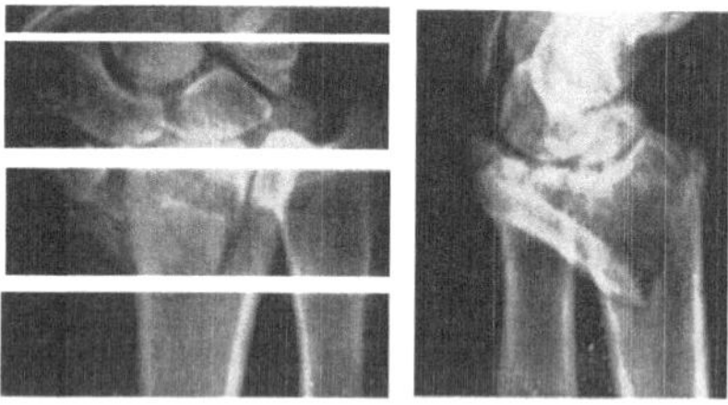

Abb. 29. Trümmerbruch des distalen Speichenendes mit radiovolarer und zentraler Verrenkung

Es kann mit großer Wahrscheinlichkeit angenommen werden, daß diese Frakturen sowohl aus dem zum Längsbruch (T-Bruch) als auch aus dem zum Schrägbruch führenden Mechanismus zu erklären sind.

Voraussetzung für das Zustandekommen von Trümmerbrüchen ist eine relativ hohe Auftreffenergie, d. h. sie sind nicht etwa abhängig vom Alter des Patienten und von der damit veränderten Knochenfestigkeit, wie dies oftmals angenommen wird. Der Sturz aus großer Höhe bzw. der Sturz unter den Bedingungen einer großen Sturzgeschwindigkeit, wie er beim berufstätigen Menschen jüngerer Altersgruppen sogar häufiger zu erwarten ist, wird unter gleichen Auftreffbedingungen denselben Bruchmechanismus auslösen, der auch beim älteren Menschen, wenn auch mit geringerer Auftreffenergie, zur Entstehung des Trümmerbruches führt.

Ist eine relativ hohe Sturzgeschwindigkeit oder Auftreffenergie vorauszusetzen, so wird der Sturz zwar mit der gesamten Hand abgefangen und damit über das Gewölbe der Handwurzel verteilt. Die restliche und in diesem besonderen Fall weit überschießende Energie des Sturzes bedingt jedoch einen zweiten Aufprall auf die proximale Handwurzelreihe (Auftreffpunkt II). Häufig ist auch damit die Energie, die während des Sturzes aufgespeichert wurde, noch nicht erschöpft. Das erklärt einerseits die relative Häufigkeit von mit Trümmerbrüchen des distalen Speichenendes verbundenen Nebenverletzungen (Auftreffpunkt II usw.), andererseits das nicht seltene Zustandekommen von Frakturtypen, die der Übergangsform zu den Unterarmbrüchen zuzuordnen sind.

Die Bedingungen, die zur Entstehung des Trümmerbruches führen, erklären, daß geringe Dislokationen der Fragmente nur in zwei der Fälle unseres Krankengutes anzutreffen sind.

Demgegenüber fanden sich erhebliche Achsenknickungen in 53 Fällen, stets einhergehend mit einer zentralen Verschiebung. In einem weiteren Fall war die Dislokation so stark, daß das Handgelenk um annähernd Schaftbreite nach dorsal verschoben war. In neun Fällen lagen schwere Verrenkungsbrüche vor.

Trümmerbrüche lassen sich kaum jemals ideal reponieren, d. h. selbst bei scheinbar befriedigendem Repositionsergebnis ist anzunehmen, daß eine, wenn auch auf der Röntgenaufnahme nicht exakt erkennbare Inkongruenz des Radiocarpalgelenkes bestehen bleibt. Eine nachträgliche Luxation bzw. Subluxation des Radioulnargelenkes bei den Trümmerfrakturen des distalen Speichenendes ist stets zu befürchten.

Das Resultat einer befriedigenden Reposition zu halten, erfordert in jedem Falle eine Transfixation, da die Fragmente andernfalls wieder abrutschen. Eine Spickung mit Kirschner-Drähten mag für diese Fälle nur eine Teillösung bringen.

5. Seltene Sonderformen

1. Übergangsformen zu den Unterarmbrüchen.

Bei der Entstehung dieser Frakturen sind neben den reinen Kompressionsspannungen erhebliche Torsions- und Biegespannungen wirksam. Die Querebene des Bruches kann in Höhe der stärksten Schalenkrümmung anzutreffen sein. Sie wird dann von zusätzlichen, weit nach proximal reichenden Fragmenten begleitet (Abb. 30). Andererseits kann

das distale Fragment selbst noch gebrochen sein, also im Sinne eines
Längs- oder Schrägbruches. Abb. 24 (volarer Verrenkungsbruch) läßt
eine Fragmentabsprengung, die weit nach proximal führt, im distalen
Bereich eben noch erkennen. Relativ häufiger handelt es sich bei diesen
Übergangsformen um einen Schrägbruch des Speichenschaftes proximal
der typischen Stelle (Abb. 31). Gelegentlich ist diese Bruchform auch
beim Trümmerbruch des distalen Speichenendes anzutreffen.

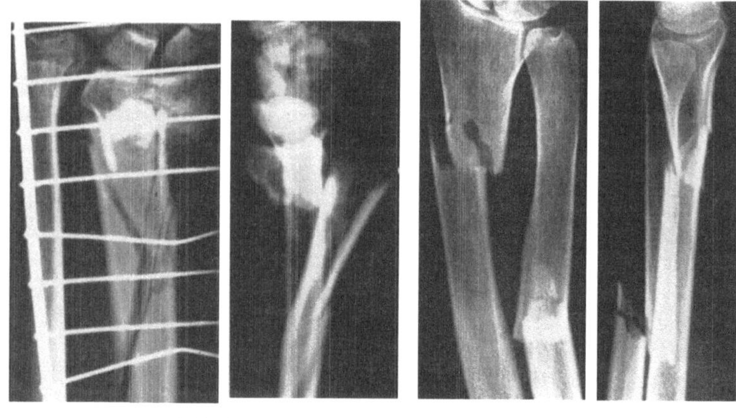

Abb. 30   Abb. 31

Abb. 30. Speichenbruch an typischer Stelle mit weit nach proximal ziehenden
Bruchstücken. Abbruch des Ellenköpfchens. Dislokation um Schaftbreite

Abb. 31. Übergangsform: Fraktur proximal der typischen Stelle

Daß diese Frakturen gleichfalls bei primär überhöhter Bruchlast zu-
stande kommen, wird durch die Häufigkeit und Schwere der Neben-
verletzungen unterstrichen.

2. Abriß einer dorsalen Knochenleiste.

Als isolierte Verletzungsformen fanden wir den Abriß einer dorsalen
Knochenleiste bzw. den schalenförmigen Abbruch (Ehalt) nur bei zwei
unserer Patienten. Die Behandlung dieses extraartikulären Frakturtyps
ist, ebenso wie die Prognose, unproblematisch.

Alter, Geschlecht — Frakturform, Fragmentverschiebung

Radiusbrüche in loco typico ereignen sich am häufigsten im 6. und
7. Lebensjahrzehnt. Von den insgesamt 1000 untersuchten Fällen han-
delte es sich um 730 weibliche, gegenüber 270 männlichen Patienten.
Der niedriger liegende Wert der Knochenfestigkeit bei Frauen und eine
allgemeine Abnahme dieser Knochenfestigkeit in höherem Alter, wie sie
sich auch auf Grund der experimentellen Untersuchungen definieren
lassen, gibt hierfür eine hinlängliche Erklärung.

Sie widerspricht allerdings, wenn auch nur scheinbar, einer relativen
Häufigkeit von Brüchen des distalen Radiusendes zwischen 25. und 40.
Lebensjahr, die sich als zweiter „Gipfel" erkennen läßt.

Um diese Frage auch aus der Revision des klinischen Materials zu überprüfen, wurden die einzelnen Frakturgruppen altersentsprechend aufgeschlüsselt. Dabei wurden 990 Fälle erfaßt (Abb. 31). Die verbleibenden 10 Fälle der „seltenen Sonderformen" blieben unberücksichtigt.

Es zeigt sich, daß das Durchschnittsalter innerhalb der Frakturgruppen *mit Verschiebung* in einem maximalen Bereich von 6 Jahren differiert. Im selben Schwankungsbereich liegen Quer- und Längsbrüche

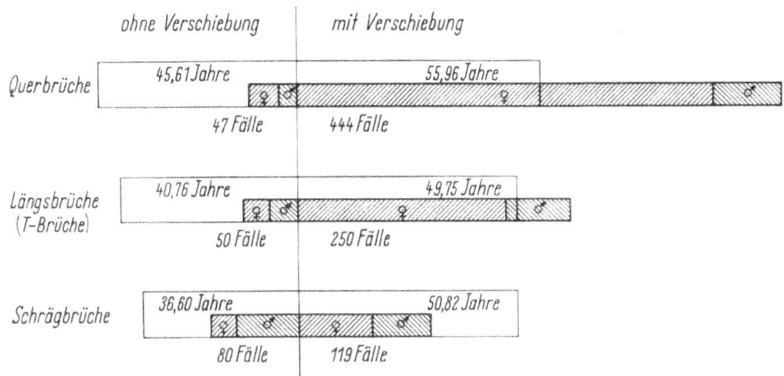

Abb. 32. Durchschnittsalter bei den einzelnen Bruchformen des distalen Speichenendes und Verteilung von weiblichen und männlichen Patienten (990 Fälle)

ohne Verschiebung, während sich das Durchschnittsalter bei den Schrägbrüchen ohne Verschiebung deutlich senkt. Vergleicht man die Durchschnittsalter der dislozierten Frakturen mit jenen der entsprechenden Gruppe nicht verschobener Brüche, so fällt ein deutlicher Unterschied (von jeweils 9 bis 16 Jahren) auf. Mit dem Absinken des durchschnittlichen Alters bei den Frakturen ohne Fragmentverschiebung geht gleichzeitig eine Zunahme des Anteils männlicher Patienten einher. In charakteristischer Weise läßt sich dies bei den Schrägbrüchen ohne Verschiebung (80 Fälle) beobachten (Tab. 3).

Tabelle 3. *Verteilung von Schrägbrüchen ohne Verschiebung auf weibliche und männliche Patienten. Durchschnittsalter: 36 Jahre weiblich bzw. 60 Jahre männlich*

	weiblich	männlich
V- und Y-förmig	2	7
Ulnare Ecke, Speichengriffel und Abbruch der ganzen Gelenkfläche	22	49
	24	56

Zusammenfassung

Die vorliegenden Ergebnisse experimenteller und klinischer Untersuchungen dienen dem Zweck, die vielfältigen Meinungen über die Entstehung des Bruches der Speiche an typischer Stelle zu überprüfen. Es galt, Kenntnisse zu gewinnen, welche dazu beitragen mögen, das Wesen dieser zu den häufigsten zählenden Frakturen zu erklären.

Auf Grund der Auswertung von Filmmaterial läßt sich der banale Alltagssturz, der zum Bruch der Radiusbasis führt, als relativ langsamer Vorgang erkennen. Er ist in drei Phasen aufzugliedern: Gleichgewichtsverlust, Sturz und Auftreffmoment. Grundgeschwindigkeit in Sturzrichtung und Beschleunigungskomponenten bestimmen die Energie, die im Auftreffmoment aufzuarbeiten ist.

Der Mechanismus des Speichenbruches hängt ab von der Anatomie der Speiche, ihrer Totographie und ihrem histologischen Aufbau, von der Anatomie des Handgelenkes und der Handwurzel, von der biochemischen Knochenfestigkeit und von Größe und Richtung der sich im Auftreffmoment aufbauenden Spannungen. Überschreiten sie die Druck- und Scherbeanspruchbarkeit des Knochens, so kommt es zur Fraktur.

Die distale Gelenkfläche des Radius stellt ein „geteiltes Lager" dar. Die Achsen der beiden Lagerschalen stehen zueinander geneigt und treffen sich in der Mittelhandbasis. Um exakte Werte für ein Beispiel zu gewinnen, wurden Messungen der Gelenkfläche vorgenommen und die mittleren Schalenkrümmungen aus den gewonnenen Meßwerten zeichnerisch konstruiert. — Die Druckverteilung beim Sturz auf die Hand erfolgt über das Handgelenk und über das Gewölbe der Handwurzel.

Die typische Bruchstelle des Radius liegt am Ort der stärksten Krümmung des distal divergierenden Speichenendes. Dies wird an Hand von Beispielen und durch Untersuchungen des Spongiosastruktur erläutert. Spannungsoptische Untersuchungen, deren physikalisches Prinzip dargelegt wird, dienen dazu, dies zu beweisen.

Die Belastbarkeit des Radius wurde im Rahmen von 84 Versuchen an Leichen verschiedener Altersgruppen untersucht. Für die Durchführung der Leichenversuche war die Konstruktion einer entsprechenden Apparatur durchzunehmen. Es ergibt sich, daß diese Tatsache der Bruchentstehung als solcher, nicht aber die Bruch*form* von der Knochenfestigkeit abhängt. An Hand von 132 Versuchen an Hartgipsmodellen, deren Herstellungsweise erst ausfindig zu machen war, ließen sich wesentliche Bedingungen eruieren, die zur Entstehung typischer Bruchformen führen.

Im Rahmen von 104 Frakturversuchen an der Leiche ließen sich die Ergebnisse der Voruntersuchungen bestätigen und ergänzen.

Das Wesen der Entstehung von Querbrüchen des distalen Speichenendes besteht nicht in der dorsalen Hyperflexion der Hand. Querbrüche an typischer Stelle treten auch dann auf, wenn ein entsprechend starker Druck auf die weitgehend sich in Mittelstellung befindliche Hand einwirkt. Der Bruchmechanismus von Längsbrüchen (T-Brüchen) unterscheidet sich nur gering von jenem, der zur Entstehung des Querbruches an typischer Stelle führt. V-förmige Frakturen und andere Schrägbrüche kommen durch das Auftreten starker Querkräfte zustande. Die drei unterscheidbaren Prinzipien, die der Entstehung der genannten Brucharten zugrunde liegen, bilden die Grundlage für eine entsprechende Einteilung der verschiedenen Bruchformen.

Ein Krankengut von 1000 erwachsenen Patienten mit Radiusfrakturen an typischer Stelle wurde auf die Frakturformen hin untersucht. Unterteilt wurde in extraartikuläre Querfrakturen (493), T-Frakturen (300), intraartikuläre Schrägbrüche (199), Trümmerbrüche (65) und Sonderformen (10). Von diesen boten insbesondere die Verschiebungen (809) therapeutische und prognostische Probleme. In vielen Fällen wurde die zum Bruch führende Energie mit diesem nicht aufgearbeitet, sondern führte außer zur Verschiebung noch zu weiteren Brüchen (Proc. styloides 450, Kahnbeinfrakturen und Mittelhandfrakturen).

Literatur

BÖHLER, J.: Der Abrißbruch der medialen Knöchelspitze, eine typische Skiverletzung. Arch. orthop. Unfall-Chir. **49**, 147 (1957).

—, Gedeckte Bohrdrahtosteosynthese bei schweren Brüchen am distalen Speichenende. Chir. Praxis **1**, 61 (1960).

—, Brüche am unteren Speichenende; in Technik der Knochenbruchbehandlung. Wien 1952.

—, Das Verstecken der Fingernägel nach dem sofortigen Spalten der Gipsverbände als sicherstes Mittel zur Verhütung des Sudeck-Syndroms nach geschlossenen Verletzungen der Arme. Münch. med. Wschr. **101**, 663 (1959).

BRODER, H.: Rupture of flexor tendons, associated with a malunited Colles fracture. J. Bone Jt. Surg. **36 A**, 404 (1954).

BUNNEL-STERLING: Surgery of the hand. Philadelphia 1948.

CORNELL, W.: Fractures of the base of the radius in adults. Arch. Surg. **31**, 897 (1935).

DEBRUNNER, A. M. u. K. SEWALD: Die Belastung des Kniegelenkes in der Frontalebene. Z. Orthop. **98**, 508 (1964).

DEBRUNNER, A. M.: Distale Radiusfrakturen. Schweiz. med. Wschr. **97**, 820 (1967).

EHALT, W.: Beitrag zur Behandlung der Vorderarmbrüche. Chirurg **3**, 1050 (1931).

—, Indiktionen und Kontraindikationen für den Doppeldrahtgipsverband bei schweren Brüchen am unteren Speichenende. Chirurg **7**, 685 (1935).

—, Die Bruchformen am unteren Ende der Speiche und Elle. Arch. orthop. Unfall-Chir. **35**, 397 (1935).

—, Behandlungsergebnisse der Brüche am unteren Speichenende. Arch. orthop. Unfall-Chir. **35**, 445 (1935).

—, Wie unterscheiden sich die Knochenbrüche bei Kindern von denen der Erwachsenen? Langenbecks Arch. klin. Chir. **289**, 391 (1958).

FISCHER, O.: Der Gang des Menschen 2. Teil. Abh. d. Math. Phys. Classe d. Kgl. Sächs. Ges. d. Wissensch. **25**, 1 (1899).

FÖPPEL, L., u. E. MÖNCH: Praktische Spannungsoptik. Berlin/Göttingen/Heidelberg: Springer 1959.

HILGENFELDT, O.: Vorschläge zur Behandlung des typischen Speichenbruches. Zbl. Chir. **75**, 709 (1950).

IMMAN, V. T., u. H. D. EBERHARD: Fundamental studies of human locomotions relating to designs of artifical limbs. Univers. California 1947.

KAHLEYSS, M.: Beitrag zur Kenntnis der Fracturen am unteren Ende des Radius. Dtsch. Z. Chir. **45**, 531 (1897).

KLEINSCHMIDT, K.: Versuche zur Erklärung der Spätruptur der langen Daumenstrecksehne nach Radiusfraktur. Bruns Beitr. z. klin. Chir. **146**, 530 (1929).

KROKOWSKI, E.: Die typische Radiusfraktur. Schweiz. med. Wschr. **92**, 1120 (1962).

Lewis, R. M.: Colles fracture — causative mechanism. Surgery **27**, 427 (1950).

Linhart: Die Brüche der unteren Epiphyse des Radius durch Gegenstoß. Z. k. k. Ges. d. Ärzte zu Wien **1852**, 1.

McMaster, P. E.: Late rupture of extensor and flexor pollicis longus tendons following Colles fracture. J. Bone Jt. Surg. **14 A**, 93 (1932).

—, Tendon and muscle ruptures, clinical and experimental studies on the cause of location of subcutaneous ruptures. J. Bone Jt. Surg. **15 A**, 705 (1933).

Mönch, E.: Einige neue Ergebnisse und Erfahrungen bei spannungsoptischen Versuchen mit Araldit B. Konstruktion **13**, 289 (1961).

Mollier, S.: Plastische Anatomie. München 1924.

Nigst, H.: Compressions Syndrome der Nn. medianus und ulnaris am Handgelenk. Chir. Praxis **2**, 197 (1959).

Nissen-Lie, H. S.: Fract. radii „typica". Nordméd. **1**, 293 (1939).

Pauwels, F.: Die Bedeutung der Bauprinzipien des Stütz- und Bewegungsapparates für die Beanspruchung der Röhrenknochen. Z. Anat. Entwickl.-Gesch. **114**, 129 (1949/50).

—, Über die Verteilung der Spongiosadichte im coxalen Femurende und ihre Bedeutung für die Lehre vom funktionellen Bau des Knochens. Morph. J. **95**, 35 (1959).

Schnabelmaier, H., u. B. Kissler: Die Bestimmung des wahren Knickungswinkels dislozierter langer Röhrenknochen aus dem Röntgenbild. In Vorbereitung.

Schüle, F.: Über die Drehverschiebung (Dislocatio ad peripheriam) bei dem Speichenbruch an typischer Stelle. Arch. orthop. Unfall-Chir. **27**, 206 (1936).

Sieglbauer, F.: Lehrbuch der normalen Anatomie des Menschen. Wien 1947.

Smith, R. W.: A treatise in the vicinity of joints. Dublin 1847.

Speigel, H.: Mschr. Unfallheilk. **52**, 314 (1949). Zit. n. Broder.

Struck, H., u. J. Hernández-Richter: Tierexperimentelle Untersuchungen über die Belastung des Knochens in vivo. Langenbecks Arch. klin. Chir. **319**, 468 (1967).

Thomsen, W.: Arch. orthop. Unfall-Chir. **36**, 580 (1936). Zit. n. Reske.

Waldeyer, A.: Anatomie des Menschen, Bd. II. Berlin 1950.

Watson-Jones, R.: Fractutes and joint injuries. Edinburgh 1946.

Weber, B. G.: In Müller-Allgöver-Willenegger; Technik der operativen Frakturbehandlung; Berlin/Göttingen/Heidelberg (1963).

—, Die Verletzungen des oberen Sprunggelenks. Akt. Probl. Chir. **1966**, 3.

Wiklund, Th., u. J. Müller-Aspern: „Typisk" Radiusfraktur. Nord. Med. **56**, 1411 (1956).

Witt, A. N., H. Cotta u. H. Mittelmeier: Unfallschäden des Ellenbogengelenks und Unterarms; in Handbuch der ges. Unfallheilkunde Bd. III. Stuttgart 1956.

—, u. H. Rettig: Die Radiusfraktur. In Handbuch d. Orthopädie Bd. III. Stuttgart 1959.

Die subcutane Drahtumschlingung
der Unterschenkeldrehbrüche

Von E. Ahrer, G. Philadelphy und M. Bauer

Chirurgische Universitätsklinik Innsbruck
(Vorstand Prof. Dr. P. Huber)

Am 19. 4. 1933, anläßlich des ersten Verhandlungstages der 75. Tagung der Deutschen Gesellschaft für Chirurgie, hat Goetze erstmalig die Methode der „subcutanen Drahtnaht bei Tibiaschrägfrakturen" angegeben. Dabei werden — ohne Freilegung der Fraktur — von kleinsten Stichincisionen aus Drähte um das Schienbein herumgeführt. Anschließend ist dann ein Oberschenkelgipsverband notwendig.

Goetze selbst meint, daß in einem nicht kleinen Prozentsatz der Tibiaschrägfrakturen das *Böhler*sche Verfahren mit Einrichtung unter starkem Schraubenzug und Retention mittels polsterlosem Gipsverband versagt hat. Andererseits ist die operative Osteosynthese stets ein ziemlich großer und auch nicht ungefährlicher Eingriff. Die breite Freilegung und Ablösung des Periostes schädigen die callusbildende Kraft. Auch die Folgen einer eventuellen Infektion können sehr schwerwiegend sein. Deshalb versuchte Goetze die Vorteile der konservativen und operativen Verfahren weitgehend miteinander zu verbinden, wobei er sich dieser subcutanen circulären Drahtnaht bediente[1]. Den Vorteil sah Goetze eben in diesen kleinsten Incisionen, welche der Fraktur ihren „geschlossenen" Charakter mit all seinen großen Vorteilen fast vollkommen beläßt. Die primäre Festigkeit ist groß, die Retention im Oberschenkelgipsverband völlig sichergestellt.

1951 berichten Koch und Kempter über mehr als 100 Fälle, behandelt nach dem Verfahren von Goetze. In dieser Arbeit unterscheiden sie folgende Vorgehen zur Versorgung dieser Bruchart:

1. Die rein konservativen Repositions- und Retentionsmaßnahmen.

2. Die halbkonservativen Maßnahmen, wie z. B. die Drahtextension, die frakturfernen Drähte, wie sie Klapp beim Distraktionsapparat benützt.

---

[1] Der Titel der Originalarbeit von Goetze verwendet den Begriff der *Drahtnaht.* Da eine Knochennaht selbstverständlich nur durch Bohrlöcher gehen kann, trifft dieser Ausdruck für die vorliegende Methode nicht zu. Es handelt sich vielmehr um eine *Drahtumschlingung* (Böhler, L., Bürkle de la Camp, H.).

3. Die halboperativen Verfahren, zu welchen wir die subcutane Drahtumschlingung nach Goetze zählen, und

4. die volloperativen Verfahren, bei denen durch breite Freilegung der Fraktur, die Reposition und Retention unter Zuhilfenahme einer fragmentfixierenden Maßnahme angestrebt wird.

In der Zusammenfassung dieser Arbeit finden sich keine neuen Gesichtspunkte in bezug auf die Originalarbeit Goetzes.

Im Frühjahr 1964 machte uns Chefarzt J.F.Jordan aus dem Kreiskrankenhaus Immenstadt/Allgäu auf diese verhältnismäßig wenig bekannte Methode aufmerksam. Wir konnten nun bereits bei der 1.Tagung der Österreichischen Gesellschaft für Unfallchirurgie am 16. und 17.Oktober 1965 über 188 subcutane Drahtosteosynthesen nach Goetze berichten. Inzwischen überblicken wir bereits 591 Fälle.

Technik

Zunächst sei die Technik dieser Methode beschrieben, welche wir mittels einer Reihe von Bildern darstellen wollen (Abb. 1—11).

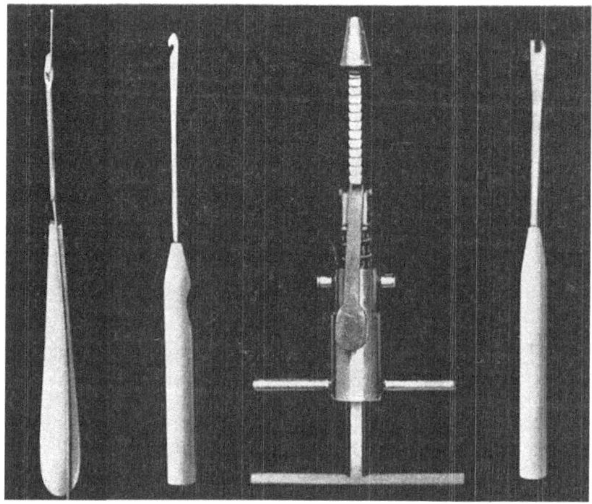

Abb. 1. Spezialinstrumentarium zur Goetze-Drahtumschlingung: 1. Röhrensonde, in die der 1 mm dicke rostfreie und antimagnetische V2A-Stahldraht eingeführt wird; 2. Häkelnadelförmiger Drahtfänger; 3. Spezialdrahtspanndriller. Es sollen möglichst 4 Drahtspanndriller vorhanden sein, da man unter Umständen auch 4 Drahtschlingen anlegen muß und die Spannung gleichzeitig erfolgen soll; 4. Gabelförmiges Drahtumbiegegerät

Mit dem Bildverstärker überzeugt man sich jetzt noch einmal von der richtigen Lage der Schlingen und der guten Stellung der Fraktur. Damit ist der operative Teil beendet.

Postoperativer Gipsverband. Vor dem Anlegen des Gipsverbandes muß durch Inspektion und Abtasten der Fußpulse die ungestörte Durchblutung geprüft werden. Wir machen einen ungepolsterten Oberschenkelgipsverband, der sofort bis auf den letzten Faden gespalten wird. Keinesfalls darf man dabei versuchen, etwaige Achsenknickungen auszugleichen. Es werden nun Röntgenbilder in beiden Ebenen zur Dokumentation angefertigt.

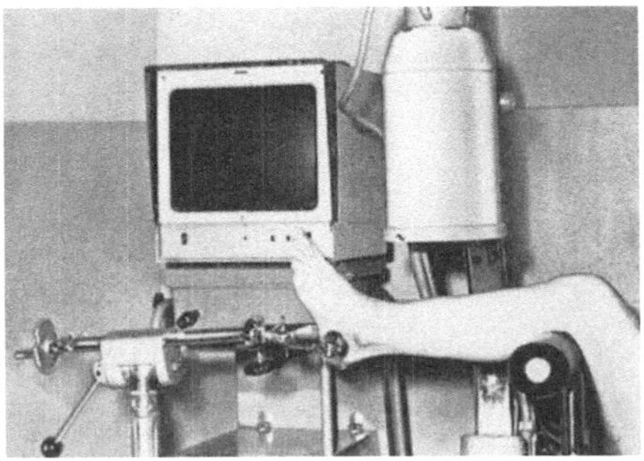

Abb. 2. Lagerung des verletzten Unterschenkels auf dem Extensionstisch mittels Streckverband durch die Ferse. Ein Bildverstärker, möglichst mit Fernsehschirm, muß unbedingt vorhanden sein

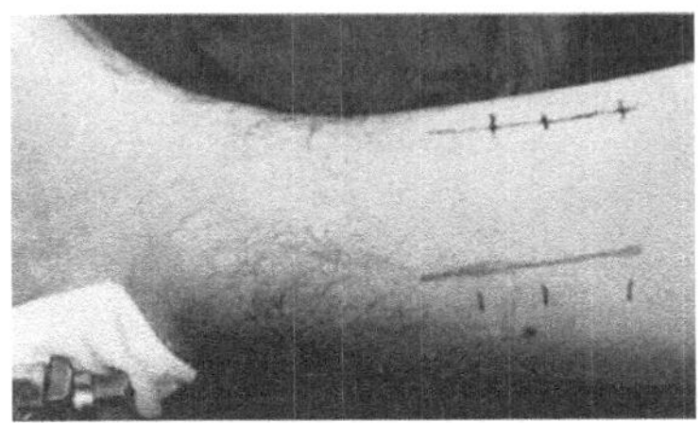

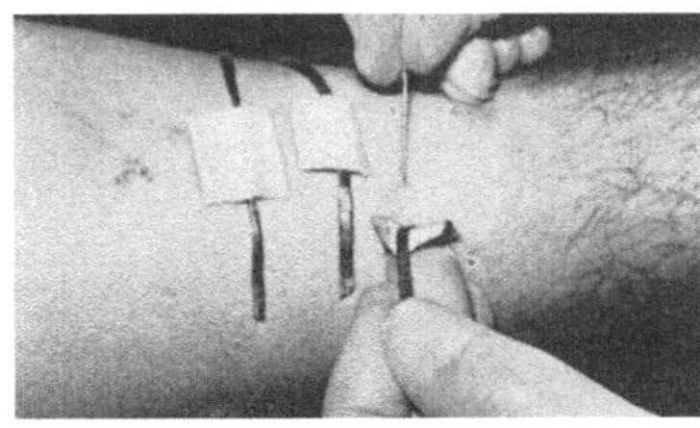

Abb. 3   Abb. 4

Abb. 3. Die Lage der vorderen und medialen hinteren Schienbeinkante ist zum besseren Verständnis angezeichnet. Die Stichincisionen sollen knapp lateral neben der vorderen Schienbeinkante und etwas rückwärts von der hinteren Schienbeinkante angelegt werden. Sie dürfen höchstens 5 mm groß sein

Abb. 4. Hat sich der Bruch einwandfrei reponieren lassen, so werden Bleimarken unter Bildwandlerkontrolle dort aufgelegt, wo beabsichtigt ist, die Drahtschlingen zu legen. Nachdem man sich von der richtigen Lage der Bleistreifen überzeugt hat, werden diese Markierungen durch Ritzen mit einer Nadel auf die Haut übertragen

Die Lagerung erfolgt auf *Braun*scher Schiene. Mit aktiven Bewegungsübungen der Zehen und aller nicht fixierten Gelenke wird am ersten Tag begonnen. — Nach etwa fünf bis sechs Tagen wird der gespaltene Gipsverband abgenommen. Es können zu diesem Zeitpunkt bereits die Hautnähte entfernt werden. Es erfolgt nun die Anlegung eines geschlossenen ungepolsterten Oberschenkelgipsverbandes. Der Verletzte kann damit gleich das Bett und auch das Krankenhaus verlassen. Er soll beginnen, mit Stützkrücken ohne Belastung des Beines zu gehen.

Drei Wochen nach der Operation wird ambulant eine Röntgenkontrolle durchgeführt und ein Gehbügel angelegt. Der Verletzte soll nun mit der Belastung des Beines beginnen.

Drahtschlingenentfernung. Die Entfernung der Drahtschlingen soll nicht vor der sechsten Woche vorgenommen werden, da erst nach dieser Zeit der Bruch so weit gefestigt ist, daß eine sekundäre Verschiebung der Bruchstücke vermieden werden kann. Selbstverständlich kann auch die völlige Konsolidierung des Bruches abgewartet werden, sofern der Draht reizlos vertragen wird.

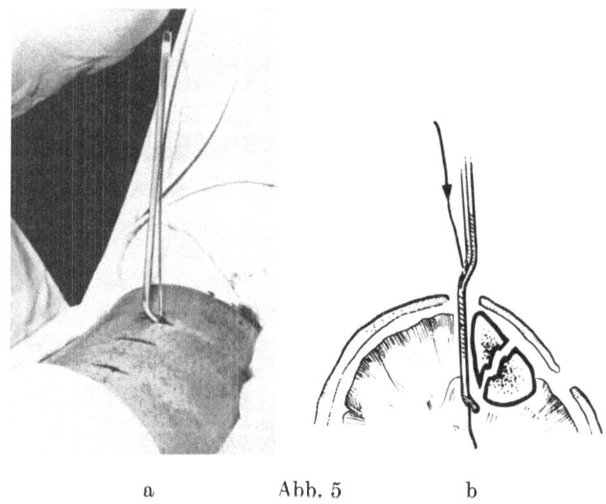

a   Abb. 5   b

Abb. 5a u. b. a) Als erstes wird von der knapp lateral der vorderen Schienbeinkante gelegenen Stichincision die Röhrensonde, immer unter Knochenfühlung entlang der lateralen Schienbeinfläche, vorgeführt. Falls die Membrana interossea intakt ist, was öfters zutrifft, fühlt man deutlich deren Widerstand. Man muß sie dann mit der Röhrensonde durchstoßen. Einführen des Drahtes in die Röhrensonde; b) zeigt den Querschnitt von 5a

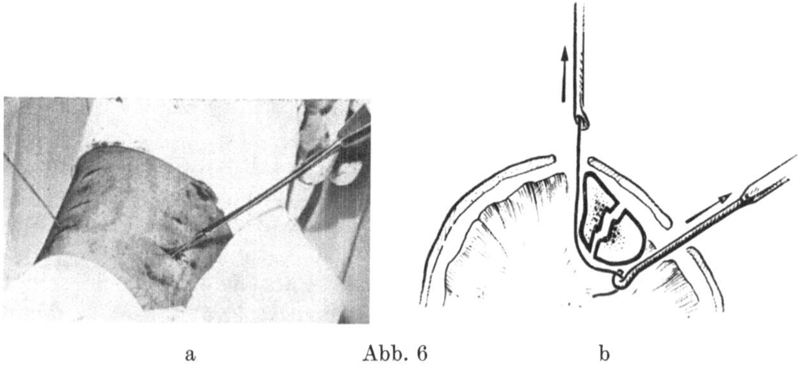

a   Abb. 6   b

Abb. 6a u. b. a) Von der hinten und medial gelegenen Stichincision aus wird wieder unter genauer Knochenfühlung der häkelförmige Drahtfänger vorgeschoben. Der Draht wird eingefangen und aus der Haut herausgezogen; b) zeigt im Querschnitt 6a

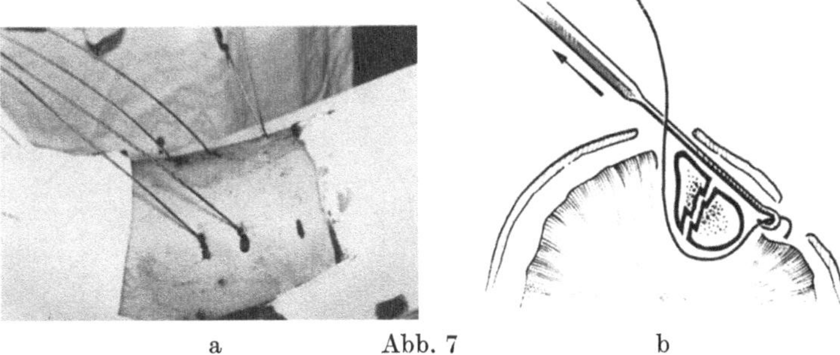

a   Abb. 7   b

Abb. 7a u. b. a) Der Drahtfänger wird nun entlang der medialen Schienbeinfläche von der vorderen Stichincision aus vorgeführt. Das aus der rückwärtigen Stichincision herausragende Drahtende wird unter der Haut eingefangen und nach Umbiegen mit der Flachzange aus der vorderen Stichincision herausgezogen. Der Knochen ist nun mit Draht umschlungen; b) zeigt den Querschnitt von 7a

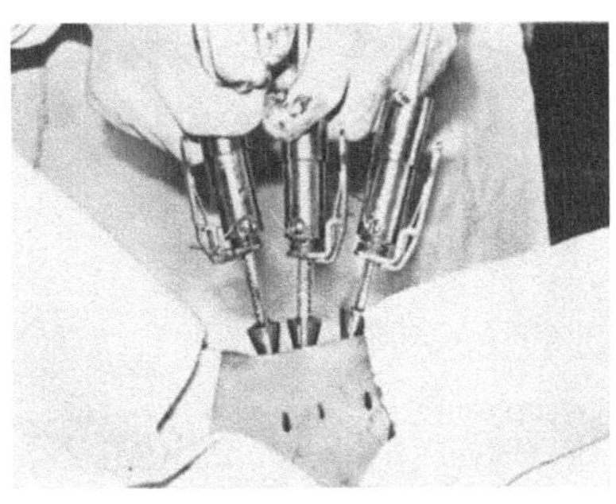

Abb. 8. Nachdem die zusammengehörenden Drahtenden in je einem Drahtspanndriller befestigt wurden, werden diese angespannt. Die Feder ist so sinnvoll konstruiert, daß nur ein gleichmäßig dosierter Druck ausgeübt werden kann. Andererseits ist sie so eingestellt, daß es nicht zum Reißen des Drahtes kommt. Meist muß man bei diesem Vorgang durch eine Assistenz das Schienbein in Varusstellung halten lassen. Durch das Anspannen des Drahtes knapp lateral an der vorderen Schienbeinkante besteht nämlich die Gefahr einer Valgusstellung. Es wird nun unter dem Bildwandler kontrolliert, ob die Drahtschlingen alle richtig liegen und ob der Bruch exakt reponiert ist

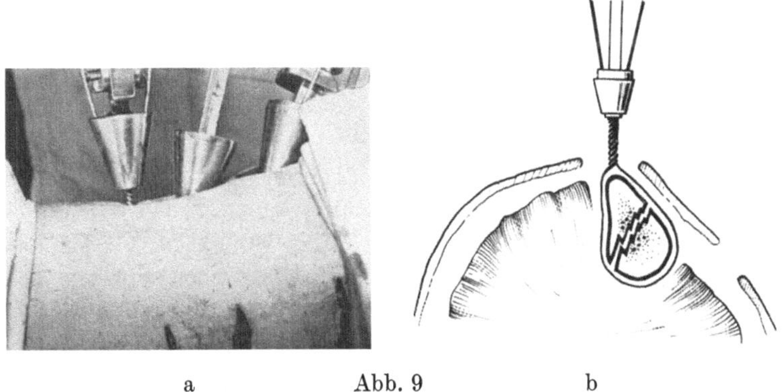

a   Abb. 9   b

Abb. 9a u. b. a) Der Drahtspanndriller wird im gespannten Zustand im Uhrzeigersinn gedreht. In der Regel kann man nur etwa um 180° drillen, dreht man weiter, reißt der Draht ab. Entspannen des Drillers und weiteres Eindrehen. Die Aufnahme zeigt den einen Draht fertig gedrillt, die beiden anderen Drahtspanner sind erst gespannt; b) zeigt den Querschnitt von 9a

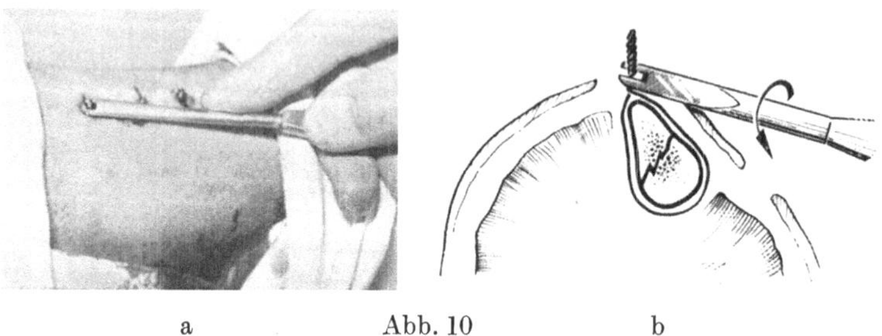

a Abb. 10 b

Abb. 10a u. b. a) Mit dem gabelförmigen Drahtumleger wird das abgezwickte Drahtende unter die Haut versenkt; b) zeigt den Querschnitt von 10a

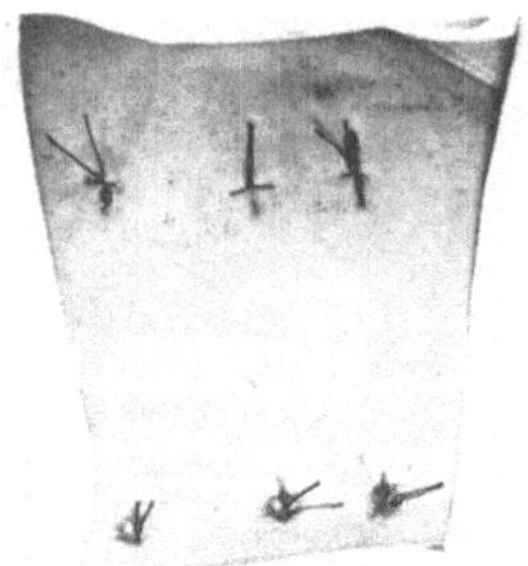

Abb. 11. Die mit Knopfnähten versorgten Stichincisionen

Die Entfernung der Drahtschlingen ist sehr leicht und wird von uns immer ambulant in Allgemeinbetäubung durchgeführt. Von den vorderen Stichincisionen aus wird mit dem gabelförmigen Drahtumlegegerät oder mit dem Raspatorium das Drahtende aufgebogen und entgegen dem Uhrzeigersinn mit einer Flachzange aufgedreht und entfernt. Neuerlich Hautnähte der Stichincisionen.

Statistik

1. *Anzahl der Unterschenkelbrüche* (Tab. 1): Vom 1. 3. 1964 bis zum 31. 3. 1967 wurden 489 Unterschenkeldrehbrüche mit Drahtumschlingungen versorgt. Bis zum 31. 5. 1968 waren es 591 Fälle.

Zur näheren Auswertung kommen die Unterschenkelfrakturen vom 1. 3. 1964 bis 31. 12. 1966. Wir haben diesen verhältnismäßig kurzen Zeitabschnitt deswegen gewählt, weil wir ein möglichst genaues Bild dieser Methode geben wollen. Es ist nicht möglich, über ein Endergebnis einer nur einige Monate zurückliegenden Fraktur zu berichten. In dem angegebenen Zeitabschnitt kamen 513 Drehbrüche, 228 andere Brüche und 120 offene Brüche des Unterschenkelschaftes, also insgesamt 861 zur Behandlung. Mit Drahtumschlingungen wurden 368 Frakturen versorgt. Dies bedeutet 42,7% der Gesamtzahl der Unterschenkelbrüche

Tabelle 1

1. 3. 64 bis 31. 3. 67:	489 Drahtumschlingungen		*Alter* (in Dezennien):	
1. 3. 64 bis 21. 12. 66:	*Unterschenkel*			
Drehbrüche	513		1. :	0
Andere Brüche	228		2. :	62 (16,6%)
Offene Brüche	120		3. :	143 (38,8%)
Gesamt	861		4. :	68 (18,4%)
Drahtumschlingungen	368 (42,7% v. Gesamt)		5. :	52 (14,1%)
(4,6% Tibia, 71,7% v. Drehbruch)			6. :	30 (8,1%)
Nachuntersucht (n.u.)	143		7. :	7 (1,9%)
Brief (B)	123		8. :	8 (2,1%)
Endbefunde (E.B.)	40	306 (83,1%)		
Unbekannt (U)	62		*Unfallhergang:*	
Wohnort auswärts	153 (41,5%)		Ski	309 (84,0%)
			Rodel	6 (1,6%)
♂ 199 (54,7%)	Rechts 207 (56,2%)		Sturz	48 (13,1%)
♀ 170 (45,7%)	Links 161 (43,8%)		Sonstige	5 (1,3%)

oder 71,7% der Drehbrüche. Von den 368 Frakturen waren 4,6% isolierte Schienbeinbrüche.

2. *Nachuntersuchungen* (Tab. 1): Es wurden 143 Verletzte nachuntersucht. 123 Verletzte haben einen Fragebogen ausgefüllt. Von 40 Verletzten liegen Endbefunde vor, als sie aus unserer Behandlung entlassen wurden. Als unbekannt müssen wir 62 Verletzte führen. Wir können also über 306 Fälle (83,1%) genau berichten.

Der verhältnismäßig niedrige Prozentsatz der tatsächlich nachuntersuchten Patienten ist vor allem durch die Tatsache zu erklären, daß 153 Verletzte (41,5%) ihren Wohnort auswärts, meist im Ausland hatten. Die Ausländer wurden nicht nur einmal, sondern in manchen Fällen auch dreimal angeschrieben, bis wir, wenn überhaupt, eine Antwort bekamen.

3. *Geschlecht* (Tab. 1): Es kamen 54,3% Männer und 45,7% Frauen zur Behandlung.

4. *Seitenbeteiligung* (Tab. 1): In 56,2% war das rechte Bein, in 53,8% der Fälle das linke Bein betroffen.

5. *Altersverteilung* (Tab. 1): Im ersten Dezenium wurde keine Drahtumschlingung vorgenommen; im zweiten waren es 16,6%, im dritten 38,8%, im vierten 18,4%, im fünften 14,1%, im sechsten 8,1%, im siebenten 1,9% und im achten Dezenium 2,1%. Daraus geht hervor, daß die Spitze im dritten Dezenium liegt, wohl auch deshalb erklärlich, weil hier die meisten Skiverletzungen vorkommen.

6. *Unfallhergang* (Tab. 1): Beim Skifahren verunfallten 84,0%, beim Rodeln 1,6%, bei sonstigen Stürzen 13,1% und durch andere Unfallursachen 1,3%.

7. *Operationstermin* (Tab. 2): 43,6% wurden am Unfallstag, 37,6% am nächsten Tag und 18,8% später operiert. Schon GOETZE hat darauf

hingewiesen, daß die Operation möglichst rasch nach der Einlieferung vorgenommen werden sollte, da dann technisch weit weniger Schwierigkeiten entstehen können. Schon nach 24 Stunden kann es zu einer starken Schwellung oder gar zum Auftreten von Spannungsblasen kommen. Tritt dies ein, so ist die Operation wegen der erhöhten Infektionsgefahr nicht mehr angezeigt.

Selbstverständlich müssen die allgemeinen Gegenindikationen, die auch sonst für jeden Eingriff bestehen, beachtet werden (Schock, decompensierte Herz-Kreislauf-Leiden, bestehende Infektionen usw.), wenngleich der Eingriff der Drahtumschlingung für den Verletzten selbst wenig belastend ist und in kurzer Zeit durchgeführt werden kann. Wie aus unserer Zusammensstellung hervorgeht, handelt es sich meist um sonst gesunde Menschen mittleren Alters, die den Skisport betreiben.

Da besonders an Wochenenden eine große Anzahl von Skiverletzungen anfallen, sind wir aus personellen Gründen häufig außerstande, die Drahtumschlingung am Unfallstag vorzunehmen. Dies erklärt den verhältnismäßig hohen Prozentsatz derer (37,6%), die erst am nächsten Tag operiert wurden. In der ersten Zeit haben wir zu operierende Drehbrüche bis zur Operation nur auf einem Blechstiefel gelagert. Jetzt sind wir dazu übergegangen, einen Streckverband anzulegen, da wir es doch als zweckmäßiger gefunden haben, die Operation am Extensionstisch vorzunehmen (siehe Abschnitt Technik).

Tabelle 2

Operation			Drahtentfernung		
Unfalltag	161	(43,6%)	6 Wochen	212	(57,8%)
			Gipsabnahme	16	(4,2%)
Nächster Tag	138	(37,6%)	Später	10	(2,7%)
			Nicht	6	(1,6%)
Später	69	(18,8%)	Unbekannt	124	(33,7%)

8. *Drahtentfernung* (Tab. 2): In der Mehrzahl der Fälle, nämlich 57,8%, wurde bereits nach 6 Wochen ambulant der Draht entfernt und ein neuer Oberschenkelgipsverband angelegt (s. a. Technik). Bei der definitiven Gipsabnahme wurde in 4,2%, später in 2,7% und überhaupt nicht in 1,6% der Fälle der Draht entfernt. Bei 33,7% können wir über das genaue Datum der Drahtentfernung keine Auskunft geben.

Da es doch in einigen Fällen zu einer Reaktion um den Draht kommen kann, und da nach 6 Wochen der Bruch in der Regel so fest ist, daß er sich im Gipsverband nicht mehr verbiegt, haben wir ursprünglich diesen Termin zur Drahtentfernung gewählt. Da es jedoch sowohl für den Verletzten als auch für das Krankenhauspersonal eine zusätzliche Belastung bedeutet, sind wir ab der Wintersaison 1966/67 dazu übergegangen, die Drahtentfernung in einem Großteil der Fälle nach der definitiven Gipsabnahme vorzunehmen. Wir haben dabei keinen Nachteil gesehen. Die Drahtentfernung selbst führen wir ambulant durch.

Wenn man den Draht erst nach Monaten oder Jahren entfernen will, so ist dies technisch oft dadurch erschwert, daß er schon durch Callus fest eingemauert sein kann. Zu erwähnen wäre noch, daß bei auswärtigen Drahtentfernungen, besonders am Anfang, große Hautschnitte, die die Fraktur wieder eröffnet haben, vorgenommen wurden. Selbstverständlich ist dies nicht notwendig, es genügt wieder eine Stich incision an der vorderen Tibiakante.

Tabelle 3. Komplikationen (306 Fälle)

Tod	1 ♂	Lungenembolie
Lungeninfarkt	2	(0,65%)
Thrombophlebitis	1	(0,32%)
Infektion:		
primär	1	(0,32%)
sekundär	4	(1,28%)
Pseudoarthrose	4	(1,28%)
Refraktur	2	(0,64%)
Verzögerte		
Callusbildung	2	(0,64%)

2,56% (für Pseudoarthrose, Refraktur, Verzögerte Callusbildung)

9. *Komplikationen* (Tab. 3): Wenn wir nun in unseren weiteren Ausführungen den Komplikationen einen besonders großen Raum geben, so geschieht das nicht, um ein möglichst pessimistisches Bild zu malen, sondern um diese für uns neue angewandte Methode besonders kritisch zu betrachten und zu versuchen, aus den aufgezeigten Fehlern zu lernen.

a) *Tod.* Ein 65jähriger Mann ist am 21. Tag nach dem Unfall, als er schon (mit Gehgipsverband) zu Hause war, an einer Pulmonalembolie verstorben. Wenn man dies auf die 591 vorgenommenen Drahtumschlingungen bezieht, so bedeutet es 0,17%.

b) *Allgemeine Komplikationen.* In zwei Fällen kam es zu einem Lungeninfarkt, das sind 0,34%. In einem Fall trat eine so schwere Thrombophlebitis auf, daß die Verletzte 31 Tage stationär aufgenommen werden mußte.

c) *Infektionen.* Eine primäre Infektion wurde nur einmal beobachtet; bezogen auf 591 Drahtumschlingungen entspricht dies 0,17%. Es ist allerdings fraglich, ob diese Infektion allein der Methode angelastet werden kann. Es handelte sich um einen 42jährigen Mann, der 8 Tage nach der Drahtumschlingung in eine andere österreichische Stadt entlassen wurde. Er kam 5 Monate nach der Operation wieder zu uns und berichtete, daß ein Abszeß an der Operationsstelle aufgetreten sei. Man habe ihm die Drähte entfernt, und die Incisionswunde habe sich bald wieder geschlossen. Er wurde bei uns 7 Tage stationär aufgenommen, da im Bruchbereich, aber an anderer Stelle, ein typisches Furunkel aufgetreten war, das incidiert werden mußte. Er hat auch angegeben, daß er vor dem Unfall an Furunkulose gelitten habe. Der Bruch war röntgenologisch fest, es zeigten sich keine Zeichen einer Entzündung des Knochens.

An dieser Stelle wollen wir die wichtige und wesentliche Tatsache vorläufig festhalten, daß es nach unseren Drahtumschlingungen primär zu keiner Infektion der Bruchstelle gekommen ist.

Sekundär-Infektionen. In 4 Fällen (1,28%) kam es zu Sekundär-Infektionen. Dieser Prozentsatz bezieht sich auf unsere 306 nachuntersuchten Fälle. Zweimal entstanden diese nach der Drahtentfernung, wahrscheinlich auf Grund einer Hautnekrose. Einmal war es zu einer Abszeßbildung, die incidiert werden mußte, gekommen. In einem weiteren Fall soll laut brieflicher Auskunft 7 Wochen nach der Drahtentfernung noch eine Fistel bestanden haben. Hier sei allerdings auch eine oberflächliche Sehnennekrose hinzugekommen. Alle vier erwähnten Fälle sind jedoch, ohne weitere Folgen an Weichteilen oder Knochen, ausgeheilt.

Spät-Infektionen. Irgendwelche Infektionen, die später nach der Abheilung des Bruches auftraten, sind uns nicht bekannt.

d) *Störungen der Callusbildung.* Viermal (1,28%) kam es zur Pseudarthrose, zweimal (0,64%) zur Refraktur und zweimal (0,64%) war die Callusbildung verzögert. Insgesamt beobachteten wir also in 2,56% der Fälle eine Störung der Callusbildung. Dieser Prozentsatz ist verhältnismäßig hoch und kann keinesfalls mit den Ergebnissen der konservativen Knochenbruchbehandlung, die wir sonst anwenden, Schritt halten. So gibt Böhler bei seinen konservativ behandelten Unterschenkelbrüchen einen Prozentsatz von 0,19% für die Pseudarthrosen und von 3,8% für die verzögerte Callusbildung an. Es ist aber zu bedenken, daß bei einer neuangewandten Methode zunächst Fehler unterlaufen, die sich mit einiger Erfahrung vermeiden lassen. Diese Tatsache wurde unter anderem auch von der AO-Gemeinschaft festgestellt, die anfänglich dieselben Erfahrungen machen mußte. Auch bei uns scheint es so, daß die Störungen der Callusbildung in erster Linie auf primäre Fehler in der richtigen Anwendung der Methode zurückzuführen sind, die sich in Zukunft vermeiden lassen werden.

Umstände, die zu Mißerfolgen führen können

Beim Studium der Röntgenbilder sind uns einige Umstände aufgefallen, die eine verzögerte Callusbildung verursachten.

Zu kurze Ruhigstellung. Da die meisten Frakturen, die mit der *Goetze*-Drahtumschlingung versorgt wurden, kaum einen periostalen Callus zeigen, es also zur per primam Heilung des Knochens kommt, besteht die Gefahr, daß der wenig Erfahrene einen Bruch für fest erklärt, der es tatsächlich noch nicht ist. Andererseits kann es vorkommen, daß ein minderwertiger periostaler wolkiger Callus fälschlich als genug tragfähig angesehen wird. Im Vertrauen auf die Methode, wurde ein noch nicht konsolidierter Bruch ohne weitere Ruhigstellung belassen (Abb. 12, 13a und 13b).

Nicht exakte Reposition. Wichtigste Voraussetzung für die Durchführung einer subcutanen Drahtumschlingung des Schienbeines ist die exakte Reposition. Falls man diese nicht erzielen kann, soll man konservativ weiterbehandeln. Auf keinen Fall darf mit der Drahtschlinge eine Reposition erzwungen werden. Die Gefahr der Interposition von Weichteilen, Nerven oder Gefäßen und den daraus resultierenden Folgen wäre dadurch gegeben.

Dialer hat auf der Ersten Tagung der österreichischen Gesellschaft für Unfallchirurgie 1965 über einen derartigen Fall berichtet. Es handelte sich um einen Dreh-

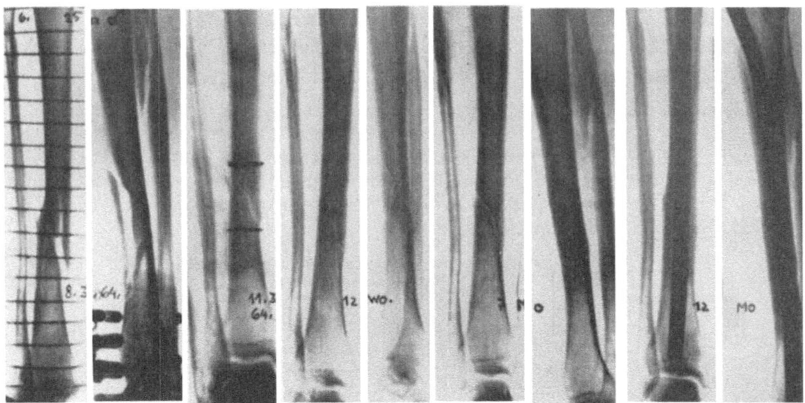

Abb. 12. 25jähriger Mann, Prot.-Nr. 3021/64. Sturz mit dem Moped, Unterschenkeldrehbruch rechts. Wurde nach 3 Tagen mit Drahtumschlingungen versorgt. (Irrtümlich wurde hier das Seitenbild nicht beigefügt.) Nach der Gipsabnahme nach 12 Wochen scheint der Bruch fest zu sein. Es wurde fälschlich keine weitere Kontrolle mehr vorgenommen. 7 Monate nach dem Unfall ist dem Patienten eine Betonmischmaschine auf den Unterschenkel gefallen. Er hat dabei eine Refraktur erlitten, die im a.p.-Bild als eine durchgehende Fissur sichtbar ist. 12 Monate nach der Verletzung ist nach der gedeckten Marknagelung der Bruch knöchern durchgebaut. Im vorliegenden Fall ist allerdings zu bedenken, daß es sich doch um ein schweres zweites Trauma gehandelt hat

bruch, der sowohl primär als auch im Streckverband noch eine starke Seitenverschiebung aufwies, die sich nicht beheben ließ. In Allgemein-Narkose wurde dann die Drahtumschlingung versucht. Auch hier ist es nicht gelungen, den Bruch vor Beginn der Operation zu reponieren. Es wurde dann mit dem Spanninstrument versucht, die Seitenverschiebung zu beheben. Es blieb noch immer eine Verschiebung um gut drei Viertel Schaftbreite bestehen. Nach Beendigung der Operation war der Fuß pulslos. Die Drahtschlingen wurden daraufhin sofort entfernt. Eine Arteriographie der Arteria femoralis zeigte nur die Arteria tibialis posterior gefüllt. Der Gefäßquerschnitt ist aber deutlich vermindert, und an der Stelle der Drahtumschlingung zeigt sich eine Schnürfurche. Die Arteria fibularis und die Arteria tibialis anterior haben sich nicht mehr gefüllt. Auf konservative Weiterbehandlung folgte keine Callusbildung. In der 12. Woche wurde deshalb eine Spanverpflanzung ausgeführt. Dabei fand sich, als Repositionshindernis, der dazwischen gelagerte Musculus tibialis anterior.

Es kann also nicht genug betont werden, daß die *Goetze*-Drahtumschlingung erst dann ausgeführt werden darf, wenn man sich überzeugt hat, daß sich der Bruch gut einrichten läßt. Wenn es auch sicherlich selten zu so einem schweren Zwischenfall kommt, wie er von DIALER beschrieben wurde, so resultiert bei einem schlechten Repositionsergebnis zumindest eine verzögerte Callusbildung (Abb. 14).

Draht im Bruchspalt (Abb. 15): Sollte eine Drahtschlinge in den Bruchspalt hineinrutschen, so soll man diese selbstverständlich entfernen und neu anlegen. Falls man den Draht im Bruchspalt beläßt, kommt es meist zu einer Verzögerung der Callusbildung.

Drahtunverträglichkeit (Abb. 16): In einigen Fällen haben wir, trotz bester Reposition und einwandfreier Technik, um die Drahtschlingen herum auffallend wolkige Callusmassen gefunden, so daß wir annehmen

mußten, daß der Draht diese Reaktion hervorgerufen hat. Wir haben
in solchen Fällen den Draht möglichst rasch entfernt. Daraufhin haben
sich diese Veränderungen stets rasch zurückgebildet.

Vielleicht handelte es sich hier um infizierte Drähte, wie Koch, Neurath und
Schlosser aus Marburg im Experiment nachweisen konnten. Sie haben gezeigt,
daß Drahtschlingen an und für sich gut vertragen werden, daß aber infizierte Drähte
auch am gesunden Knochen zu Osteolyse und damit zu Spontanfrakturen führen
können. Diese Ergebnisse wurden auf der Dritten Jahrestagung der Deutschen Ge-
sellschaft für Unfallheilkunde in Berlin 1967 bekanntgegeben.

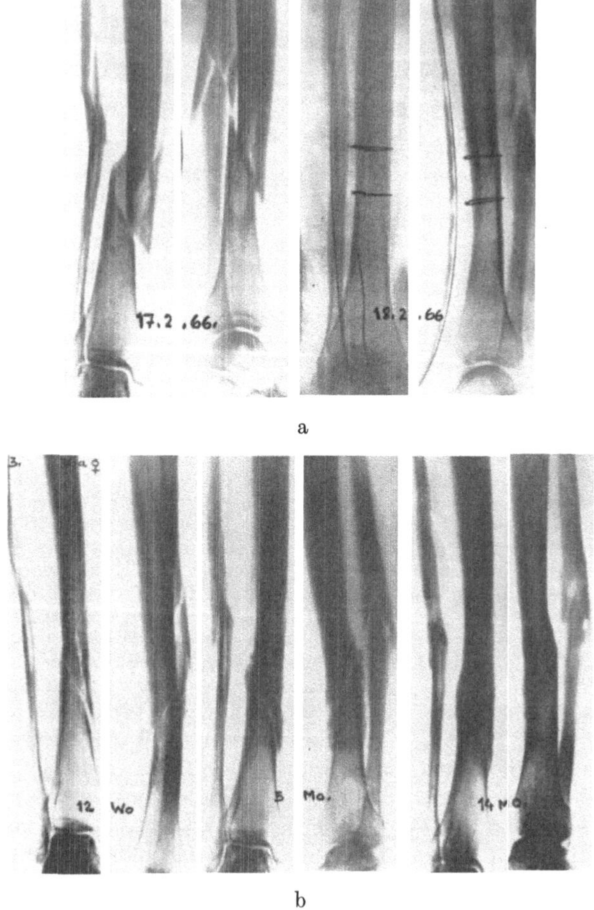

Abb. 13a u. b. a) 36jährige Frau, Prot.-Nr. 2878/66. Unterschenkeldrehbruch rechts
mit Ausbruch eines großen Drehkeils. Sturz beim Skifahren. Drahtumschlingung
am nächsten Tag; b) Röntgenkontrolle zur Abb. 13a. Bei der Gipsabnahme (nach
12 Wochen) zeigt sich eine Recurvation von 10°. Die Bruchspalten sind noch durch-
gehend sichtbar. Die Drähte wurden bereits 6 Wochen nach dem Unfall entfernt.
Es wurde fälschlich kein neuer Gipsverband angelegt. 5 Monate nach dem Unfall
wolkiger Callus. Nach 14 Monaten ist der Bruch mit Valgus und Recurvation von
je 10° fest geworden. Beispiel für zu kurze Ruhigstellung

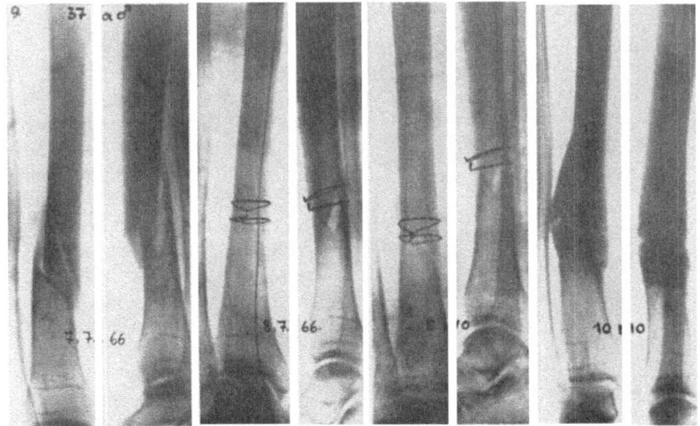

Abb. 14. 37jähriger Mann, Prot.-Nr. 9355/66. Sturz im Gelände. Drahtumschlingung am nächsten Tag. Besonders an der Seitenansicht sieht man das Klaffen des Bruchspaltes. Der Bruch wurde nicht exakt reponiert. Nach 5 Wochen findet sich bereits Resorption an den Drahtschlingen und etwas überschüssiger Callus. Gipsverband für 14 Wochen. Drahtentfernung bei Gipsabnahme. Nach 10 Monaten findet sich eine straffe Pseudarthrose. Der Patient selbst hat keine wesentlichen Beschwerden und muß zur gedeckten Marknagelung überredet werden. Inzwischen ist der Bruch mit dem Marknagel knöchern durchgebaut

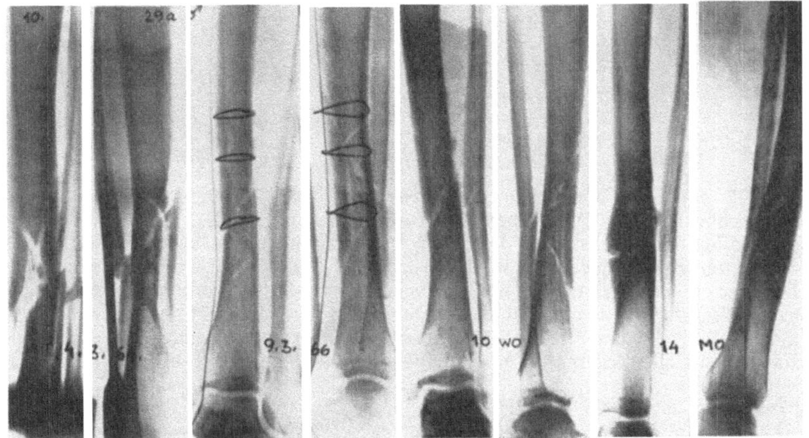

Abb. 15. 20jähriger Mann, Prot.-Nr. 3652/66. Sturz beim Skifahren. Unterschenkeldrehbruch links, mit Ausbruch eines langen Drehkeils und mehrfacher Splitterung. Drahtumschlingung nach 5 Tagen. Im a.p.-Bild liegt die eine Drahtschlinge im Bruchspalt, außerdem besteht hier schon ein geringer Varus und eine Distraktion. Gipsabnahme nach 10 Wochen. Auch hier hätte man den Gipsverband weiter belassen sollen. Nach 14 Monaten zeigt das Röntgenbild eine straffe Pseudarthrose, die inzwischen mit der gedeckten Marknagelung vollkommen ausgeheilt ist

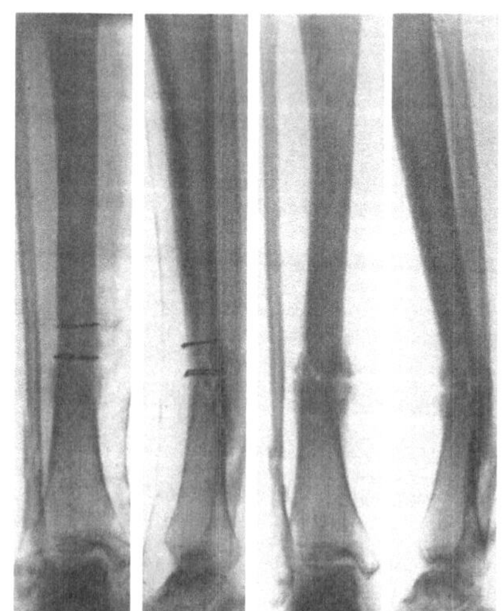

Abb. 16.
43jährige Frau, Prot.-Nr. 13004/66.
Sturz auf der Straße am 29. 9. 1966.
Das Röntgenbild nach der Gipsab-
nahme zeigt bereits eine heftige Re-
aktion an den Schlingen, diese besteht
in Resorption und umgebenden wolki-
gen Callusmassen, außerdem ist es zur
Verbiegung im Sinne der Recurvation
gekommen. Das Röntgenbild 6 Monate
nach dem Unfall zeigt bereits Ausbil-
dung einer Pseudarthrose und mit auf-
getriebenen wolkigen Knochenenden
weitere Verbiegung im Sinne der Re-
curvation. Wahrscheinlich handelt es
sich hier um eine primäre Drahtunver-
träglichkeit. Die ursprüngliche Schräg-
fraktur heilt knöchern aus, zwischen
den Drahtschlingen kommt es jedoch
zur Nekrose (H. Schultheiss)

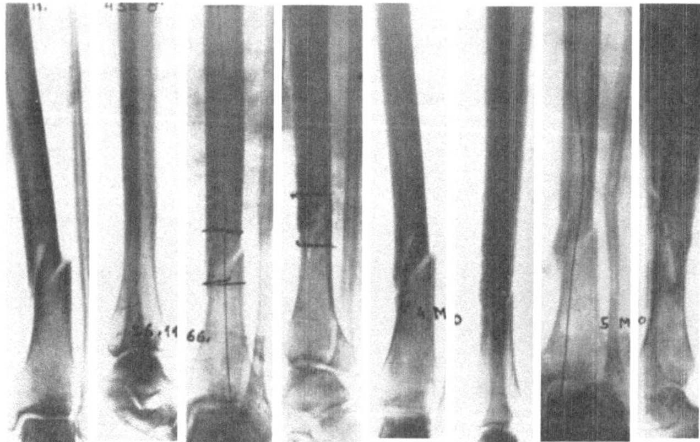

Abb. 17. 43jähriger Mann, Prot.-Nr. 15246/66. Sturz im Gelände. Isolierter Schien-
beindrehbruch links. Am selben Tag Drahtumschlingung. Das Röntgenbild zeigt
ein Klaffen des Bruchspaltes. Deshalb Verbiegung mit einem Varus von 10°. Nach
4 Monaten hat sich der Bruch wieder dislociert, er war also noch nicht durchgebaut.
Der Gipsverband war nach etwa 13 Wochen abgenommen worden. 5 Monate nach
der Verletzung wurde eine Fibulaosteotomie durchgeführt und das Schienbein ge-
rade gestellt. Da der Verletzte unbekannten Aufenthaltes verzogen ist, und alle
Nachforschungen ergebnislos blieben, können wir keine abschließenden Röntgen-
bilder vorlegen

Isolierte Tibiafrakturen (Abb. 17): Ursprünglich hatten wir angenom-
men, daß die isolierte Tibiafraktur des Erwachsenen eine Indikation zur
Drahtumschlingung ergibt, da bekanntlich derartige Frakturen häufig
sekundär zu Achsenfehlstellungen neigen. Diese Vorstellung hat sich
nicht bewahrheitet. Es ist in wenigen Fällen wieder zur Verbiegung nach
der Drahtentfernung nach 6 Wochen gekommen. Vielleicht hätte man
hier die Drähte bis zur knöchernen Heilung belassen sollen. Besser ist

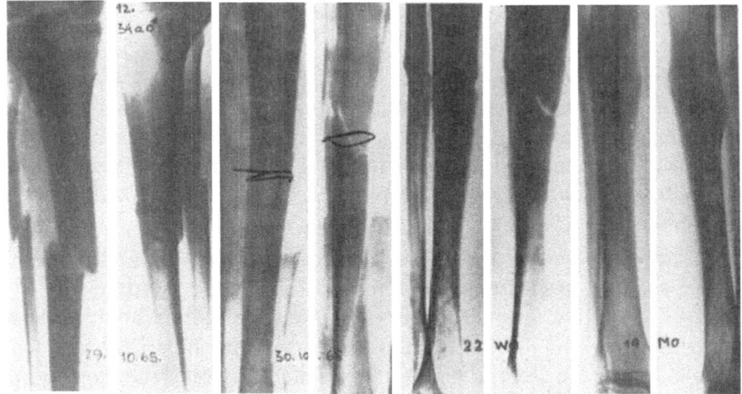

Abb. 18. 34jähriger Mann, Prot.-Nr. 13776/65. Unterschenkelbiegungsbruch rechts. Wurde am nächsten Tag mit einer Drahtumschlingung versorgt. Die Bruchflächen sind zu kurz. Der Bruchspalt klafft. Da die Drahtumschlingung abrutschte, wurde noch zusätzlich percutan ein Stift eingebohrt, der das Abrutschen verhindern sollte. Gipsverband insgesamt 20 Wochen, dann keine weitere Behandlung. Nach 22 Wochen ist der Bruchspalt noch sichtbar, nach 19 Monaten ist der Bruch fest. Klinisch beschwerdefrei

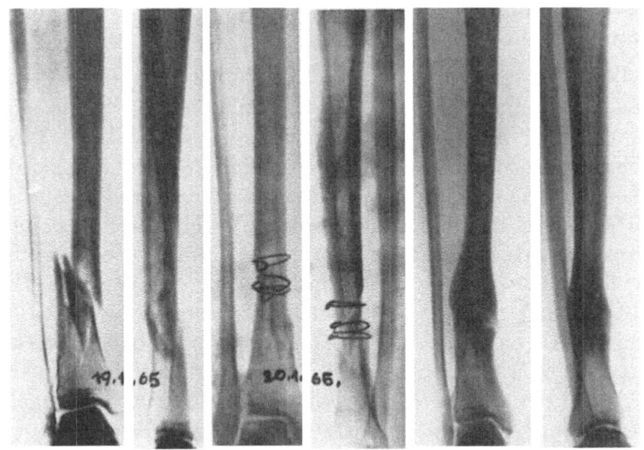

Abb. 19. 44jährige Frau, Prot.-Nr. 1416/65. Sturz auf der Straße. Unterschenkeltrümmerbruch rechts. Am nächsten Tag Versorgung mit 3 Drahtschlingen. Man erkennt röntgenologisch, daß die Bruchstücke zusammengepreßt wurden, das Schienbein schmäler als normal ist und dadurch eine Distraktion entstanden ist. Hat den Gipsverband 15 Wochen getragen; der Bruch ist mit Varus und Recurvation geheilt. Subjektiv ist die Patientin beschwerdefrei

es, isolierte Schienbeinbrüche nicht zu drahten oder, falls man dies wünscht, schon gleichzeitig eine Wadenbeinosteotomie vorzunehmen.

Biegungsbrüche (Abb. 18): Obwohl wir die Drahtumschlingung auch bei einigen Biegungsbrüchen durchgeführt haben, so sind wir dennoch in der Indikation sehr vorsichtig. Schließlich handelt es sich dabei meist um kurze Bruchflächen, wobei es technisch schwierig ist, überhaupt eine Drahtumschlingung anzubringen.

Trümmerfrakturen (Abb. 19): Mehrfragmentbrüche lassen sich nur schwer mit der Drahtumschlingung stabilisieren. Es besteht zusätzlich die Gefahr, daß durch die Drahtumschlingung die Bruchstücke zusammengepreßt werden, wodurch es zur Distraktion der Fragmente kommt. Man sollte also derartige Frakturen besser nicht mit Drahtumschlingung versorgen.

Indikation nach der Bruchstelle: Die Drahtumschlingung kann an und für sich am gesamten Schienbein durchgeführt werden. Die ideale Stelle ist jedoch das mittlere Drittel, in welcher Höhe ohnehin die meisten Drehbrüche zustande kommen. Im proximalen Drittel des Unterschenkels liegen die Gefäße und Nerven sehr nahe am Knochen, im peripheren Drittel besteht die Gefahr, daß man eine Strecksehne in die Drahtumschlingung einschließt. Außerdem besitzt das Schienbein, sowohl gegen das periphere als auch gegen das proximale Ende zu, nicht mehr die Dreiecksform, die für die Drahtumschlingung eigentlich Vorbedingung ist, sondern geht mehr in eine quadratische Form über. Man sollte also nur ausnahmsweise die Drahtumschlingung im proximalen oder peripheren Drittel vornehmen und nur dann, wenn man schon einige Erfahrung mit dieser Methode besitzt. Schließlich hängt die Indikation auch vom Alter ab.

Von allen anderen Vorteilen der Drahtumschlingung abgesehen, ist es sicherlich für einen alten Menschen auch sehr zweckmäßig, wenn man ihn frühzeitig mobilisieren kann und er nicht 3 bis 4 Wochen im Streckverband zubringen muß oder durch eine sonstige operative Behandlungsmethode für längere Zeit ans Bett gefesselt wird. Bedenkt man, daß es durch den Unterschenkeldrehbruch bereits zu mehr oder weniger ausgedehnten Gefäßzerreißungen kommt, so wird es verständlich, daß die zusätzliche Ruhigstellung sowie vor allem die Hochlagerung der Extremitäten zu einer ernsten Gefährdung der Durchblutungsverhältnisse führt. In Versuchen zur Messung der globalen Durchblutung eines frakturierten Unterschenkels mit J^{131} HSA konnten wir einen eindeutigen Abfall der Strömungsverhältnisse in Frakturhöhe nachweisen. Gerade deshalb ist in hohem Alter keine Kontraindikation für diese Methode gegeben. Andererseits aber soll man keinesfalls Kinder mit Unterschenkelbrüchen mit dieser Methode versorgen, es ist eigentlich fast nie notwendig, einen Unterschenkelbruch bei einem Kind zu operieren, und man soll auch hier von diesem Grundsatz nicht abgehen.

10. *Nachuntersuchungen:* Der durchschnittliche *stationäre Aufenthalt* betrug 9,5 Tage. An und für sich wäre diese verhältnismäßig lange Verweildauer im Krankenhaus bei dieser Methode nicht notwendig; sie erklärt sich aber vor allem dadurch, daß wir eine große Anzahl Ausländer behandelt hatten, die für die Reise weitgehend unabhängig und selbständig sein mußten, also zumindest mit Stützkrücken gehen konnten. Bei den Einheimischen betrug der stationäre Aufenthalt meist nur 5 bis 6 Tage.

Tabelle 4. *Nachuntersuchungen*

306 Fälle			*143 Fälle (n.u.)*	
Stationär	9,5	Tage	Muskelschwund	6 (4,2%)
Gipsverband	12,6	Wochen	Gelenkseinschränkung	4 (2,8%)
Behandlung	18,5	Wochen	(Knie: ∅, Ob.Spr.: 2, Unt.Spr.: 3)	
Gangbeschwerden	5	(1,6%)		
Schmerzen	20	(6,4%)	*183 Fälle (n.u. + E.B.)*	
Schwellung	11	(3,5%)		
Narben	6	(1,9%)	Weniger 5 Grad	13 (7,0%)
Hautgefühl	29	(9,3%)	5—10 Grad	6 (3,2%)

Die *Dauer des Gipsverbandes* betrug durchschnittlich 12,6 Wochen. — Die *durchschnittliche Behandlungszeit* war 18,5 Wochen.

Um Irrtümern vorzubeugen, sei bemerkt, daß jene Fälle, bei denen es zu einer Störung der Knochenbruchheilung gekommen ist, in diesen Angaben nicht enthalten sind. Andererseits sind aber einige Fälle vorgekommen, die eine längere Behandlungszeit oder eine längere Gipsdauer (bis zu 20 Wochen) aufwiesen. Sicherlich dürfte nach bisherigen Erfahrungen eine nicht unbeträchtliche Anzahl von Verletzten in 8—10 Wochen ohne Gipsverband gehen können. Tatsächlich haben auch einige den Gipsverband nur etwa 10 Wochen getragen. Bei der Nachuntersuchung hatten noch 1,6% der Fälle *Gehbeschwerden.* Diese traten besonders bei Überbeanspruchung, bei längerem Gehen auf unebenem Boden oder beim Bergabgehen auf.

Schmerzen gaben bei der Nachuntersuchung noch 6,4% an. Diese waren witterungsbedingt oder traten bei Überlastung des Beines auf.

Schwellungen konnten wir in 3,5% bei der Nachuntersuchung feststellen.

Da bei manchen Verletzten bei der Nachuntersuchung die Fraktur verhältnismäßig kurze Zeit zurück lag, oft weniger als ein Jahr, ist der verhältnismäßig hohe Prozentsatz der obengenannten Gangbeschwerden, Schmerzen und Schwellung verständlich. Soweit es möglich war, haben wir in derartigen Fällen die Verletzten nach einigen Monaten wieder vorgeladen und konnten dabei feststellen, daß die obengenannten Beschwerden inzwischen verschwunden waren.

Narben: Beschwerden im Bereich der Narben gaben 1,9% bei der Nachuntersuchung an. In 3 Fällen war die Haut auf der Unterlage so adhärent, daß eine Narbenkorrektur vorgenommen werden mußte.

Störungen des Hautgefühls: Wir fanden diese Art der Beschwerden in 9,3% der Fälle. Sie traten meist in Form von mehr oder weniger lästigen Parästhesien und Anästhesien, meist an der Medialseite der Großzehe, am Innenknöchel und in wenigen Fällen an der Innenseite des Unterschenkels auf. Auf diese Narbenbeschwerden bzw. Störungen des Hautgefühls muß man doch besonders hinweisen, sie sind sicherlich öfters eine Folge der Methode selbst und entstehen dadurch, daß beim Durchziehen des Drahtes von der rückwärtigen zur vorderen Schienbeinkante Hautnerven verletzt werden. Diese lassen sich wahrscheinlich vermeiden, wenn man mit dem Drahtfänger unmittelbar Knochenfühlung behält.

Muskelschwund war in 4,2% der Fälle festzustellen. Dieser fand sich sowohl am Unterschenkel als auch am Oberschenkel. Er betrug in 1,8% der Fälle mehr als 2 cm. Durch entsprechende Heilgymnastik ist jedoch zu erwarten, daß sich die Atrophie schon in kurzer Zeit beheben läßt.

Gelenkeinschränkung war bei 4 Verletzten festzustellen. Dieser geringe Prozentsatz von 2,8% ist sicherlich gegenüber rein konservativen Verfahren ein Vorteil dieser Methode. Es war dabei das Kniegelenk nicht eingeschränkt, das obere Sprunggelenk zweimal und das untere Sprunggelenk dreimal. Die Einschränkungen betrugen höchstens ein Drittel des normalen Bewegungsumfanges.

6*

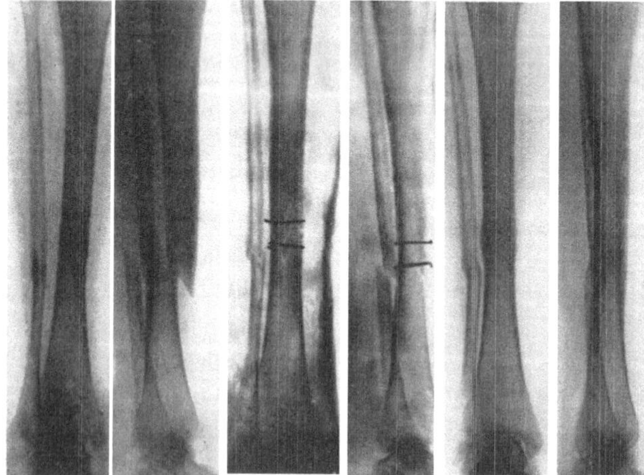

Abb. 20. 60jährige Frau, Prot.-Nr. 8789/65. Sturz zu Hause. Unterschenkeldreh-
bruch rechts, der am nächsten Tag mit 2 Drahtschlingen versorgt wurde. Das
Röntgenbild bei der Nachuntersuchung zeigt Heilung mit nur ganz wenig perio-
stalem Callus. Die mäßige Knochenatrophie ist dadurch zu erklären, daß die Ver-
letzte seit dem Unfall in einer Heilstätte wegen eines schweren Lungenleidens liegt
und dadurch immobilisiert war. Klinisch sind keine Unfallfolgen festzustellen

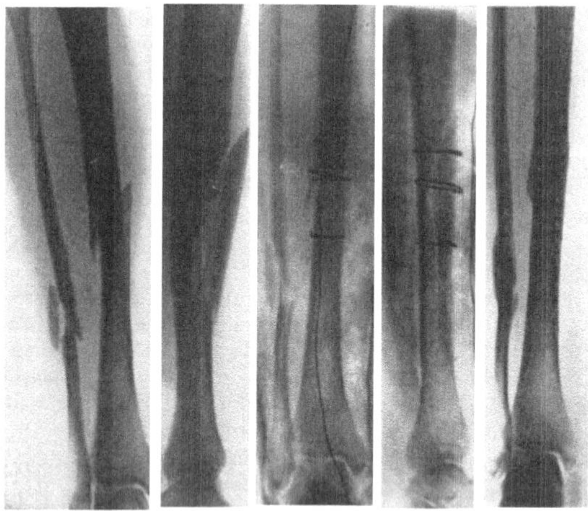

Abb. 21. 25jährige Frau, Prot.-Nr. 2351/66. Sturz beim Skifahren. Unterschenkel-
drehbruch rechts, mit Ausbruch eines großen Drehkeiles und mehrerer Splitter.
Operation am nächsten Tag mit 3 Drahtschlingen. Bei der Nachuntersuchung nach
14 Monaten ist der Bruch in guter Stellung knöchern vollkommen durchgebaut.
Nur wenig periostale Callusbildung. Die Patientin ist beschwerdefrei. Krankenhaus-
aufenthalt 6 Tage. Gipsverband 12 Wochen. Gesamtbehandlungszeit 14 Wochen

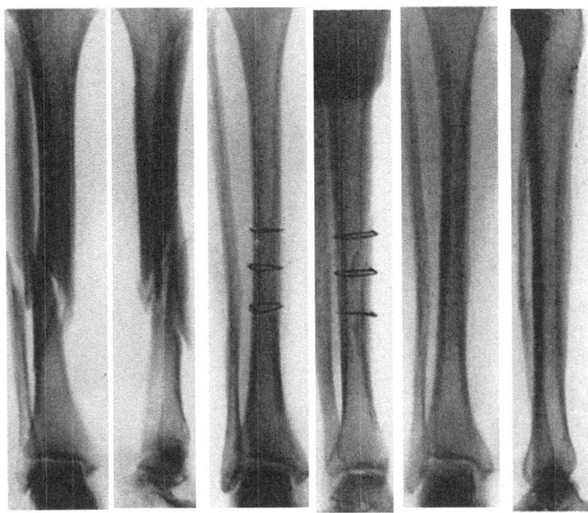

Abb. 22. 58jährige Frau, Prot.-Nr. 3419/64. Sturz beim Skifahren. Unterschenkeldrehbruch rechts mit Ausbruch eines großen Drehkeiles und mehrerer Splitter. Die Patientin hat auch einen Verrenkungsbruch des linken Sprunggelenkes erlitten, der ebenfalls operativ nach der AO-Methode behandelt wurde. Subcutane Drahtumschlingung am 3. Tag mittels 3 Schlingen. Röntgenbild nach etwas mehr als 3 Jahren zeigt knöcherne Heilung in guter Stellung ohne wesentlichen periostalen Callus. Patientin klagt über ganz geringe Sensibilitätsstörungen, ist aber sonst beschwerdefrei, fährt wieder Ski. Krankenhausaufenthalt 3 Wochen (wegen Sprunggelenkverrenkungsbruch). Gipsverband 12 Wochen. Gesamtbehandlungszeit 16 Wochen

Achsenabweichungen: In 7% der Fälle bestanden Achsenknickungen von 5°. In 3,2% Achsenknickungen bis zu 10°, in 1,1% der Fälle ließ sich eine Fehlstellung bis zu 15° feststellen. Auch hier müssen wir darauf hinweisen, daß die Nachuntersuchungsergebnisse bezüglich Muskelschwund, Gelenksbeweglichkeit und Fehlstellungen nicht die Fälle von Störungen der Callusbildung enthalten, da es bei denen auf Grund der langen Immobilisation zu größeren Dauerschäden gekommen ist.

Nachuntersuchungsergebnisse durch Röntgenbilder. Die folgenden Röntgenbilder zeigen die üblichen Behandlungsergebnisse nach der *Goetze-*Drahtumschlingung (s. Abb. 20—24). Es werden immer die primären Röntgenbilder nach dem Unfall, die Röntgenbilder mit der Drahtumschlingung und das Endergebnis gezeigt.

Diskussion

Auch heute noch zählen die Brüche des Unterschenkels zu jenen Frakturen langer Röhrenknochen, die den Traumatologen immer von neuem vor therapeutische Probleme stellen. Ein wesentlicher Grund liegt wohl darin, daß durch die Fraktur die Durchblutung des Schienbeines leidet, da es nur teilweise von einem Weichteilmantel umgeben wird. Dazu kommt, daß schon einige Fehlstellungen oder größere Callusbuckel kosmetische und funktionelle Störungen hervorrufen. So nimmt

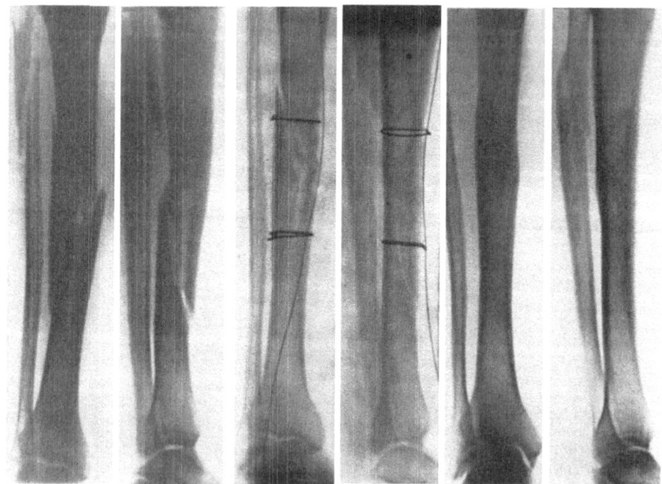

Abb. 23. 45jähriger Mann, Prot.-Nr. 5246/65. Sturz beim Skifahren. Unterschenkel-
drehbruch rechts mit Abbruch eines großen Drehkeiles. 2 Tage später 2 Draht-
schlingen. Bei der Nachuntersuchung nach 2 Jahren und 2 Monaten ist der Bruch
in achsengerechter Stellung knöchern durchgebaut. Der Verletzte ist beschwerde-
frei. Krankenhausaufenthalt 11 Tage. Gipsverband 12 Wochen. Gesamtbehand-
lungszeit 17 Wochen

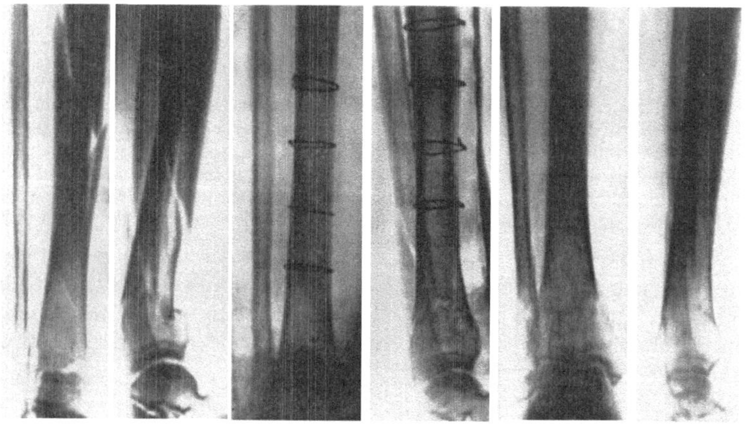

Abb. 24. 26jährige Frau, Prot.-Nr. 5771/66. Schwerer Mehrfragmentenbruch, der
in einen supramalleolären Querbruch endet. Es handelt sich also eigentlich um
einen Biegungsdrehbruch, wobei der Drehbruch nicht im direkten Zusammenhang
mit dem Biegungsbruch steht. Am Unfalltag wurde der Drehbruch mit 4 Draht-
schlingen versorgt. Dabei hat sich auch der supramalleoläre Unterschenkelbruch
gut eingestellt. Das Röntgenbild, 4 Monate nach dem Unfall, zeigt den Drehbruch
knöchern ohne periostalen Callus vollkommen durchgebaut. Im Sprunggelenks- und
Metaphysenbereich noch mäßige Knochenatrophie. Die Patientin ist vollkommen
beschwerdefrei. Krankenhausaufenthalt 11 Tage. Gipsverband 12 Wochen. Gesamt-
behandlungszeit 14 Wochen

es nicht wunder, daß nahezu auf jeder traumatologischen Tagung die Frage der zweckmäßigsten Behandlung von Unterschenkelfrakturen wieder neu aufgeworfen wird und dementsprechend die Literatur nicht mehr zu übersehen ist. Im wesentlichen stehen sich auch hier die Vertreter der konservativen und die der operativen Knochenbruchbehandlung gegenüber. Durch die Zunahme des Reise- und Fremdenverkehrs ist die Anzahl der Verkehrs- bzw. Sportunfälle (besonders Skiunfälle) sprunghaft gestiegen und noch immer im Steigen begriffen. Daraus ergibt sich eine Problematik in der Versorgung des ortsfremden Patienten, auf die wir schon eingangs hingewiesen haben. Es ist nahezu unmöglich, einen ortsfremden Patienten so lange in der eigenen Behandlung zu halten, bis die Fraktur einwandfrei knöchern geheilt ist. Es wird also der Betreffende von einem Arzt weiterbehandelt, der eine andere Ansicht über die Knochenbruchbehandlung hat. So können wir aus der Erfahrung berichten, daß Verletzte, deren Unterschenkelfrakturen wir konservativ behandelt haben, dann auswärts wegen angeblich schlechter Stellung operiert wurden. Bei unseren *Goetze*-Drahtumschlingungen ist es vorgekommen, daß man die Drähte sehr lange oder überhaupt belassen hat, in der Meinung, daß diese dem Knochen noch zusätzlich über Wochen und Monate hinaus eine Stabilität geben müßten. Auch wurde bei der Drahtentfernung der Knochen breit mit einem großen Schnitt freigelegt. Ebenso sind die Ansichten über *Belastung* und *funktionelle Übungsbehandlung* verschieden. So wurden in extremen Fällen unsere Patienten wochen- und monatelang ins Bett gelegt. Sie durften überhaupt nicht belasten, ja in manchen Fällen nicht einmal aufstehen. Man darf sich dann nicht wundern, daß der Bruch in der entsprechenden Zeit nicht fest wurde und sich eine ausgedehnte Knochenatrophie eingestellt hat. Diese schweren Störungen dürfen nicht der Methode zur Last gelegt werden. Um alle diese Schwierigkeiten zu umgehen, führen manche Traumatologen von vornherein eine Osteosynthese durch. Wir möchten aber besonders betonen, daß diese Indikation keinesfalls angewandt werden sollte und auch in unseren Fällen nie angewandt wurde. Es wäre wünschenswert, daß diese Problematik des auswärtigen Patienten einmal vor einem größeren Forum von Traumatologen besprochen wird, um eine gemeinsame Lösung zu finden.

Wenn wir nun im großen die Entwicklung der konservativen und operativen Knochenbruchbehandlung betrachten, so war es wohl so, daß noch vor nicht allzu langer Zeit die Osteosynthese doch immer wieder in Verruf geraten ist, weil die Komplikationen und damit die Mißerfolge viel zu groß waren. So weist L. Böhler immer auf die Gefahr der Osteosynthese hin. Er sieht sie hauptsächlich in der Infektion, in der falschen Indikation und in technischen Fehlern. Im übrigen bestehen diese Gefahren auch heutzutage noch. In letzter Zeit hat nun aber die Osteosynthese durch immer weitere Forschung und Verfeinerung der Technik einen großen Aufschwung erfahren. Maßgebend dafür sind nicht nur die Entwicklung auf dem Gebiet der allgemeinen Medizin oder technischer Einrichtungen, wie z. B. des Bildverstärkers, sondern es waren vor allem Küntscher, der mit innerer Markschienung, und die OA-Gesellschaft, die mit einem exakten Instrumentarium und neueren Forschungen auf dem Gebiet der Callusbildung bei der Druckosteosynthese der operativen Knochenbruchbehandlung neuen Aufschwung verschafft haben. So kennzeichnet H. Bürkle de la Camp die heutige Situation bei der Osteosynthese in treffender Weise wie folgt: „Alle sprechen von stabiler Osteosynthese, aber man meint damit Verschiedenes." Nach seiner Meinung bietet der Marknagel sofortige Belastung bei voller Funktion; AO volle Funktion ohne Belastung; auf der anderen Seite sehen wir aber die guten Ergebnisse der konservativen Therapie. Deshalb wäre eine strenge Indikationsstellung bei Operationen angezeigt.

Den Wert einer Methode bei der Knochenbruchbehandlung kann man wohl nur dann feststellen, wenn man folgende Hauptpunkte diskutiert:

1. Infektionsgefahr;

2. Verträglichkeit für den Patienten (Schmerzen, Dauer der Bettlägrigkeit, Dauer der Funktionsuntüchtigkeit des Beines usw.);

3. Technik, bezüglich Schwierigkeit oder Leichtigkeit der Methode;

4. Stabilität der Fraktur;

5. Callusbildung bzw. Störungen der Callusbildung;

6. Endergebnis bzw. Funktion der Extremität.

Es ist uns selbstverständlich im Rahmen dieser Ausführungen nicht möglich, diese Fragen für alle Osteosyntheseverfahren oder sonstigen Behandlungsmaßnahmen des Schienbeinbruches erschöpfend zu beantworten. Es sei nur auf einige Faktoren verwiesen.

Wenn wir zuerst die Vor- und Nachteile der konservativen Methode besprechen sollen, so kann man zunächst feststellen, daß nahezu keine Infektionsgefahr besteht. L. Böhler hat bei ungefähr 1500 konservativ behandelten Unterschenkelfrakturen keine Infektion gesehen. Nur bei der Transfixation bestand in 15,63% der Fälle eine Nagelinfektion, weshalb diese Methode von Böhler verlassen wurde.

Das Risiko für den Patienten, der konservativ behandelt wird, ist verhältnismäßig gering. Das Liegen im Streckverband ist allerdings mit einem 3- bis 4wöchigen Krankenhausaufenthalt verbunden. Auch bei bester Pflege ist dies für den Patienten eine nicht unwesentliche Belastung. Das anschließende Tragen eines Oberschenkelgipsverbandes bedeutet zumindest eine geringe Unannehmlichkeit. Dazu kommen die bekannten, heute doch häufig überbewerteten Schäden einer lang andauernden Immobilisation.

Was nun die Technik der konservativen Knochenbruchbehandlung anbelangt, so ist diese denkbar einfach und kann eigentlich von jedem Traumatologen leicht beherrscht werden, wenn er sich nur an gewisse Grundregeln hält. Die Stabilität der Fraktur ist durch den Streckverband und anschließenden Gipsverband keinesfalls so gewährleistet wie bei der Osteosynthese, wobei hier auch noch verschiedene Unterschiede gegeben sind.

Neben dem erreichten Repositionsergebnis (anatomische oder nur achsengerechte Reposition) ist der verschiedene Grad der Stabilität für die Art der Knochenheilung maßgebend. So kann es entweder zu Entwicklung eines sichtbaren Callus (per secundam-Heilung) oder zur callusfreien Konsolidierung (per primam-Heilung) kommen.

Es ist aber trotz der überzeugenden und ausgezeichneten Arbeit der AO-Gemeinschaft bezüglich Callusbildung die Frage noch immer nicht entschieden, ob mit allen Mitteln eine per primam-Heilung des Knochens erreicht werden soll. Schließlich ergibt die konservative Methode bezüglich der Knochenbruchheilung ausgezeichnete Ergebnisse, Ergebnisse, wie sie im Durchschnitt durch die operativen Methoden wohl kaum erreicht werden können. So fand L. BÖHLER nur in 0,19% seiner konservativ behandelten Unterschenkeldrehbrüche eine Pseudarthrose.

W. BAUMGARTNER hat 1959 500 konservativ behandelte Unterschenkelfrakturen nachuntersucht. Er fand ähnlich gute Ergebnisse; verzögerte Callusbildung (nach 20 Wochen noch keine Konsolidierung) in 4,5%, Pseudarthrosen in 1% der Fälle. Allerdings stellt BAUMGARTNER dabei fest, daß diese Pseudarthrosen nicht der Methode angelastet werden können, da sie durch mangelnde Organisation entstanden sind. Es waren dies alles Fälle, die nach der Gipsabnahme zur weiteren Kontrolle nicht mehr erschienen sind. Sie kamen dann nach einigen Monaten und klagten über Schmerzen an den Bruchstellen. Es fand sich eine Temperatursteigerung an der Haut, ein Zeichen dafür, daß der Knochenbruch nicht konsolidiert ist. Wenn man diese Patienten kontrolliert und noch eine weitere Ruhigstellung vorgenommen hätte, so wäre es höchstwahrscheinlich nicht zur Ausbildung der Pseudarthrose gekommen. Im übrigen betrug die stationäre Aufenthaltsdauer bei seinen Fällen 29 Tage, die Gipsdauer 52 Tage und die durchschnittliche Konsolidierungszeit 78 Tage, das sind 11 Wochen und 1 Tag.

Letzten Endes ist für jede Methode das funktionelle Endergebnis entscheidend. Von den Anhängern der Osteosynthese bei Unterschenkelfrakturen wird stets das schlechte funktionelle Ergebnis bei konservativ behandelten Frakturen ins Treffen geführt. In letzter Zeit häufen sich immer mehr die Berichte über entstandene Immobilisationsschäden.

So meint M. ALLGÖWER mit Recht, daß das Problem der Frakturbehandlung nicht so sehr an der Knochenheilung, sondern in den Schäden der benachbarten Muskulatur und Gelenke liegt. Er fand, daß bei der Schweizerischen Unfallversicherung eine Invaliditätshäufigkeit von etwa 30% zu verzeichnen ist. L. BÖHLER gibt bei 424 Nachuntersuchten in 60 Fällen, das sind 14%, eine Einschränkung der aktiven Beweglichkeit des unteren Sprunggelenkes von mehr als den halben Umfang an. Das Durchschnittsalter dieser Verletzten war allerdings bei der Nachuntersuchung 54,2 Jahre. Von diesen 60 Fällen hatten aber nur 20 subjektive Beschwerden. Eine Einschränkung der aktiven Beweglichkeit im oberen Sprunggelenk von mehr als 10° nach dorsal und plantar hatten 39, das sind 9,19%. Eine Einschränkung der aktiven Beweglichkeit des Kniegelenkes fand sich bei 22, das sind 5,18%. Dabei betrug die Streckbehinderung nie mehr als 5° und die Beugebehinderung nie mehr als 20°. W. BAUMGARTNER fand bei seinen Nachuntersuchungen eine Einschränkung des unteren Sprunggelenkes in 16% der Fälle, eine Einschränkung des oberen Sprunggelenkes um mehr als die Hälfte fand er nicht, wie auch eine Einschränkung des Kniegelenkes kam nicht vor. Er weist darauf hin, daß bei keinem der Verletzten ein Berufswechsel notwendig war. Allerdings stellt er fest, daß es sich durchweg um Skifahrer gehandelt hat, die in der Regel keinen versicherungspflichtigen Unfall erlitten hatten und meist jüngere gesunde Menschen waren.

Als nächstes folgt nun die kritische Betrachtung der *operativen Methoden* nach denselben Gesichtspunkten: Bei allen operativen Methoden ist die Infektionsgefahr erhöht. Sie hängt einerseits von den Methoden selbst und andererseits von der Technik des Operateurs und seiner Erfahrung ab. Sicherlich geraten manche operativen Methoden schon deshalb in Verruf, weil sie von Chirurgen durchgeführt werden, die sich nur nebenbei mit der Osteosynthese beschäftigen. Die Angaben über Infektionen sind je nach dem Autor und je nach der Methode verschieden. M. Allgöwer meint, daß die Infektionsrate bei 1 bis 2% liegt; in seinem Krankenhaus liege sie bei 1%.

Das allgemeine Risiko für den Patienten ist bei operativem Vorgehen erhöht. Bei postoperativem, komplikationslosem Verlauf ist allerdings eine stabile Osteosynthese geeignet, dem Verletzten einen ruhigstellenden Verband zu ersparen.

Allgemein werden verschiedene Grade der Stabilität, je nach der Methode der Osteosynthese, erreicht: *bewegungsstabil, belastungsstabil* (wenn das Körpergewicht mit gebotener Vorsicht getragen werden kann, „statische Last") und *vollstabil* (kann zusätzliche Lasten oder Belastungen durch das Beharrungsvermögen bewegter Massen, z. B. Springen, aushalten, „dynamische Last"), (Küntscher, Herzog, Müller).

So ist die Osteosynthese mittels Druckplatte und Zugschraube sofort nach der Operation bewegungsstabil, wird erst später belastungs- und schließlich vollstabil. Der Vorteil dieser Methode liegt vor allem darin, daß bei per primam Heilung des Knochens unmittelbar postoperativ mit Gelenksübungen begonnen werden kann. Demgegenüber ist der Marknagel bei richtig angewandter Indikation und Technik meist nach abgeschlossener Wundheilung vollstabil.

Die AO Gemeinschaft hat in vielen Publikationen wesentliche neue Gesichtspunkte in der Frakturheilung erforscht. In der „Technik der operativen Frakturenbehandlung" schreiben Müller, Allgöwer und Willenegger: „Neben der Stabilisierung der Fraktur in anatomischer Stellung, die uns die Frühmobilisation erlaubt, erscheint die Bruchheilung ohne röntgenologisch sichtbare Callusbildung seit Danis ein erstrebenswertes Ziel der Osteosynthese. Den überschüssigen Callus betrachten wir als eine Art Keloid des Knochens, das auf mechanische Unstabilität zurückzuführen ist. Entweder war die Fixation von Anfang an mangelhaft, oder sie wurde es infolge Durchblutungsstörungen der Knochenfragmente im Laufe der Zeit. Diese sogenannte per primam Ossifikation der Fraktur gilt als Kennzeichen einer einwandfreien Stabilität und zeugt von der Güte und der Beherrschung ihrer Technik."

Zur Erzielung einer funktionell stabilen Osteosynthese, die während der ganzen Bruchheilung hält, müssen drei Bedingungen erfüllt sein:

a) Die anatomische Reposition zur Wiederherstellung der früheren Gestalt des Knochens;

b) die Schaffung eines mechanisch stabilen Blocks. Dies wird entweder durch interfragmenteren Druck mittels Zugschraube, Druckplatte, Zuggurtung oder äußeren Spannern erreicht oder durch einen inneren Kraftträger, wie es der dicke Marknagel nach Ausbohrung der Markhöhle ist;

c) die Ernährung der Knochenfragmente soll erhalten bleiben oder die Revascularisierung derselben begünstigt werden.

Diese per primam-Heilung des Knochens wird vor allem durch eine Druckplatte oder Zugschraube erreicht. CHARNLEY bewies, daß bei spongiösem Knochen, z. B. bei der Kniearthrodese, der Druck eine überaus rasche Ossification bewirkt. Er ist aber der Ansicht, daß der Druck im Bereich des Schaftes wirkungslos bleibt. Ähnlich äußern sich LENGGENHAGER und WATSON-JONES. Nach Ansicht der AO-Gesellschaft wird aber der Unterschied zwischen konstantem und intermittierendem Druck dabei nicht erwähnt. H. GREIFENSTEINER hat bereits 1953 eine Arbeit über operative Behandlung der Unterschenkelpseudarthrose und Unterschenkelbrüche mit verzögerter Callusbildung unter besonderer Berücksichtigung der Kompressionsosteosynthese herausgebracht. WILLENEGGER und SCHENK haben diesbezüglich umfangreiche Tierversuche durchgeführt.

C. WIESER hat die Störungen der primären Knochenbruchheilung im Röntgenbild beschrieben. Auch H. KÜNTSCHER hat über die primäre Knochenheilung seine Ansicht geäußert. Er meint, daß jeder Callus durch einen entzündlichen Reiz entsteht, wobei die Art der Entzündung gleichgültig ist; diese kann chemisch, allergisch, bakteriell oder mechanisch sein. Viel Callus bedeutet also eine starke Entzündung, die zur Acidität führt und damit eine lokale Bindegewebsproliferation zur Folge hat. Dies sei die Ursache von Versteifungen, wenn sie in Gewebsspalten auftritt. Für die Entzündung findet er vor allem 2 Faktoren wesentlich:

a) den chemischen Faktor, das sind die Zerfallsprodukte, der durch das Trauma zerstörten Zellen und

b) die mechanischen Faktoren, das sind die Reibung der Fragmente gegeneinander.

Bei der primären Marknagelung besteht der Vorteil in der sofortigen Beweglichkeit der Gelenke, wobei die Callusbildung von sekundärer Bedeutung sei. In einer Kritik zur Anwendung von Schrauben und Platten meint er, daß es nach ausgedehnten Operationen überhaupt nicht zur Callusbildung kommt, da das Periost weitgehend geschädigt wird. Es sei also das Nichtvorhandensein eines Reizcallus auch nicht beweisend für das Nichtvorhandensein eines entzündlichen Prozesses.

Wenn man nun die Berichte verschiedener Autoren über die Drahtumschlingung studiert, so wird man meist auf Ablehnung stoßen. Es sei nicht nur die Infektionsgefahr gegeben, sondern vor allem ist keine genügende Stabilität zu erreichen. Die Drahtumschlingung selbst führt nicht einmal zu einer bewegungsstabilen Osteosynthese, und es ist als zusätzliche Maßnahme immer der Gipsverband notwendig. Es wird auch über einen nicht unbeträchtlichen Prozentsatz von Infektionen berichtet. Bezüglich der Technik ist man sich insofern einig, als der Draht subperiostal angelegt werden soll. Keinesfalls soll man die Weichteile vom Periost entfernen, da die Hauptdurchblutung des Periostes von den Weichteilen her käme (BÜRKLE DE LA CAMP).

L. BÖHLER und BÜRKLE DE LA CAMP sind auch der Meinung, daß die Drahtumschlingung nur in ganz ausgewählten Fällen und dann nur in Form einer lockeren Schlinge angelegt werden soll, da es sonst zu Abschnüren der Knochendurchblutung und dadurch zur verzögerten Callusbildung kommen kann. Um noch ein etwas breiteres Bild zur Frage der circulären Drahtumschlingung geben zu können, sei die Ansicht einiger Autoren zitiert:

H. SCHULTHEISS benützt den Falzspanner nach LEHMANN; dabei wird mit einer dosierten Zugspannung von 60—80 kg gearbeitet. Die Drahtschlinge selbst wird nur umgekippt und nicht verquirlt. HILTENBRUNNER berichtet über 51 Fälle, er hat darunter 9 Pseudarthrosen, 5 verzögerte Callusbildungen, 5 Drahtirritationen, 1 Refraktur und 1 Osteomyelitis, also 40% schwere Störungen. USADEL hat unter 46 Drahtumschlingungen ohne antibiotischem Schutz eine Osteomyelitis und dreimal eine verzögerte Knochenheilung gesehen.

Schumpelick und Jantzen haben 13% verzögerte Konsolidierung und 7 Eiterungen erlebt. Kümmerle und Lorenz berichten über 49 Drahtumschlingungen davon 14 bei primär komplizierten Frakturen; sie hatten 1 Osteomyelitis bei einer primär offenen Fraktur. Witt hat unter 52 Drahtumschlingungen 2 verzögerte Callusbildungen und 1 Wundheilungsstörung.

H. Bruck und H. Moser bejahen die Drahtumschlingung. Als Operationstermin bevorzugen sie den ersten Tag. Zum Unterschied von Lexer, der die 5. Woche und Kirschner, König, Magnus und Matti, die die 2. Woche als besten Termin ansehen. Die Autoren berichten von 204 Fällen und konnten davon 194 komplett nachuntersuchen. Sie fanden dabei in 17% eine verzögerte Callusbildung. Dreimal fand sich eine p.s. Heilung, und zwar nur bei offenen Frakturen; siebenmal Hautkomplikationen, davon fünfmal bei primär geschlossenen Frakturen.

Das vernichtendste Urteil über die Drahtumschlingung hat in letzter Zeit wohl J. Charnley in seinem Buch „Die konservative Therapie der Extremitätenfrakturen" abgegeben: „Biologisch und mechanisch ist diese Methode die schlechteste aller Methoden der inneren Fixation. Es ist der verderblichste Weg, einen Teil der langen Röhrenknochen abzutöten. Schlimmer noch, als wenn man ihn zwischen zwei große Metallplatten pressen würde" — (an dieser Stelle findet sich eine Anmerkung des Übersetzers: Die AO hat die Methode, Platten an zwei Seiten des Knochens anzubringen, aufgegeben). Charnley fährt dann wörtlich fort: „Die zweite Methode gäbe wenigstens eine gute Fixation, wenn auch die Lebenskraft der Knochen in Gefahr wäre, aber im ersten Fall hat man weder eine Fixation noch verbessert man die Vitalität. Der negative Erfolg der Drahtumschlingung kann zum Teil dadurch vermindert werden, daß man ein Loch durch beide Fragmente bohrt und nur eine Hälfte des Bruchumfanges umschlingt. Diese Fixation ist aber noch schlechter, als man sie durch eine quere Schraube bei Schrägfrakturen erreicht, die ich schon kritisiert habe". So weit also Charnley.

Schlußfolgerung

Abschließend soll nun versucht werden, einen Vergleich zwischen der subcutanen Drahtumschlingung der Unterschenkelbrüche nach Goetze einerseits und den übrigen Methoden anzustellen. Hier muß noch einmal betont werden, daß sich diese Methode nur für die Drehbrüche des Schienbeines eignet. Die Indikation stellen die Brüche des mittleren Drittels, im proximalen und im peripheren Drittel nur bedingt.

1. Infektionsgefahr

Wie in vorliegender Arbeit dargestellt wurde, besteht nahezu keine Infektionsgefahr. Diese ist in diesem Punkt der konservativen Methode praktisch gleichzusetzen und ist sicherlich den operativen Methoden weit überlegen.

2. Krankenhausaufenthalt

Von allen Methoden der Knochenbruchbehandlung ist sie mit dem kürzesten Krankenhausaufenthalt verbunden. Dieser Vorteil ist keineswegs bei den allerorts überbelegten Krankenhäusern außer acht zu lassen. Wir möchten aber betonen, daß aus dieser Indikation heraus die *Goetze*-Drahtumschlingung nicht von uns angewandt wurde.

3. Risiko für den Verletzten

Der Verletzte ist in kürzester Zeit schmerzfrei. Er kann im Durchschnitt schon nach einer Woche mit Stützkrücken aufstehen und das

Krankenhaus verlassen. In vielen Fällen wird er bereits jetzt teilweise seinen Beruf ausüben können.

4. Technik der Methode

Gemessen an den anderen Osteosyntheseverfahren, ist die Methode verhältnismäßig einfach und der Eingriff kurz. Selbstverständlich nur, wenn die entsprechende technische Einrichtung und Erfahrung vorhanden sind.

Ähnlich den übrigen Osteosynthesemethoden, vermag auch die *Goetze*-Drahtumschlingung, im Gegensatz zur rein konservativen Behandlung, ein anatomisches Repositionsergebnis zu erzielen. Damit wird die durch die Heilung entstehende Knochennarbe möglichst klein gehalten. Da die Reposition nicht in offener Wunde erfolgt und die Bruchstelle nicht freigelegt werden muß, erfährt auch der Weichteilmantel keine zusätzliche Schädigung und ist überdies die Gefahr einer Wundinfektion auf ein Minimum herabgesetzt. Die Drahtschlinge kommt extraperiostal zu liegen. Durch eine wohldurchdachte Konstruktion des Drahtspanners wird die Drahtschlinge nur locker angelegt, wodurch Ernährungsstörungen des Periostes vermieden werden. Falsch wäre es, zu glauben, daß mit der subcutanen Drahtumschlingung einem Drehbruch des Unterschenkels eine solche Stabilität gegeben wird, daß man auf die äußere Fixation mittels Oberschenkelgipsverband verzichten könnte. Das von manchen Autoren bei der Bruchheilung für wichtig erachtete Hämatom fließt kaum ab.

Nur so ist es zu erklären, daß die Ergebnisse der *Goetze*-Drahtumschlingung jenen der subperiostalen Drahtumschlingungen so auffallend überlegen sind. Auffallend ist jedenfalls, wie wenig bekannt die *Goetze*-Methode zu sein scheint. G. GRUNDMANN, der bei Drehbrüchen zur Vermeidung der Verdrehung die primäre Drahtumschlingung mit anschließendem Gipsverband für etwa 8 Wochen empfiehlt, erwähnt die *Goetze*-Methode und schreibt darüber nur, daß sie den Vorteil kleiner Narben hat, hingegen aber das subperiostale Legen der Drahtschlingen große Narben mit sich bringe.

5. Knochenheilung

Die Ergebnisse der Festigungszeiten scheinen wohl etwas schlechter zu sein, als bei rein konservativem Vorgehen. Wir sind aber überzeugt, daß mit zunehmender Erfahrung, mit fortschreitender Technik und strengerer Indikationsstellung diese Störungen vermindert werden können. Gegenüber den anderen operativen Methoden dürften die Heilungszeiten ohne weiteres einen Vergleich aushalten.

6. Funktionelles Endergebnis

Die funktionellen Endergebnisse waren durchgehend gut. Die frühzeitige Schmerzausschaltung erlaubt eine rasche Mobilisation und funktionelle Übungsbehandlung und trägt dadurch wesentlich zur Verbesserung der Durchblutung bei. Als halboperative Methode haben wir die

Goetze-Drahtumschlingung bei den Unterschenkeldrehbrüchen vor allem deshalb übernommen, weil sie die Vorteile einer operativen und einer konservativen Behandlungsart vereinigt, während sie die Nachteile beider Behandlungsprinzipien auf ein Minimum beschränkt.

Um nicht ein falsches Bild unserer Knochenbruchbehandlung zu geben, sei abschließend noch folgendes gesagt. Wir sind weder Gegner der operativen noch der konservativen Behandlungsart, sondern wir passen die Methode der entsprechenden Bruchform an. Es ist sicherlich verfehlt, mit einem Behandlungsprinzip allen Bruchformen begegnen zu wollen. Dies führt meist zu Mißerfolgen und läßt eine an und für sich gute und brauchbare Methode wertlos erscheinen. Weder die Marknagelung, noch die Anwendung der Zugschraube, noch die Druckplatten vermögen bei einer langen Unterschenkelspiralfraktur mit Ausbruch eines oder mehrerer Drehkeile eine ideale Stabilisation zu erreichen. Wir werden deshalb nicht das Risiko einer breiten Freilegung der Fraktur mit all den bekannten Gefahren eingehen. Falls sich die *Goetze*-Drahtumschlingung eines Drehbruches aus den oben genannten Gründen nicht durchführen läßt, stellt die konservative Behandlung nach unseren Erfahrungen noch immer die beste Methode dar.

Zusammenfassung

Es wird über die subcutane Drahtumschlingung bei 591 Schienbeinbrüchen, von denen 306 nachuntersucht wurden, berichtet. Dabei erfolgt eine Unterteilung in Technik, Statistik mit Indikation und Gegenindikation, Diskussion und Schlußfolgerung. Dieses Verfahren bietet folgende Vorteile: Nahezu keine Infektionsgefahr (0,17%), kurzer Krankenhausaufenthalt (9,5 Tage), meist primäre Knochenbruchheilung (Pseudarthrosen 1,28%, Refrakturen 0,64% und verzögerte Callusbildung 0,64 Prozent), keine Freilegung der Fraktur, einfache Technik und kurzdauernder Eingriff, dadurch geringer technischer und personeller Aufwand.

Literatur

Ahrer, E., G. Philadelphy u. W. Vogl: Erfahrungen mit der percutanen Drahtosteosynthese bei Unterschenkeldrehbrüchen. H. Unfallheilk. **89**, 107—109 (1966).

Allgöwer, M.: Osteosynthese und primäre Knochenheilung. Langenbecks Arch. klin. Chir. **308**, 423 (1964).

Allgöwer, M., M. E. Müller, R. Schenk u. H. Willenegger: Biochemische Prinzipien bei der Metallverwendung am Knochen. Langenbecks Arch. klin. Chir. **305**, 163 (1964).

Baumgartner, W.: Ergebnisse der konservativen Behandlung der Skifrakturen des Unterschenkels. Sportarzt **1959**, 9.

Böhler, L.: Unterschenkelschaftbrüche. Langenbecks Arch. klin. Chir. **276**, 192—217 (1953).

—, Technik der Knochenbruchbehandlung, 12.—13. Aufl., II/2. Wien: Wilhelm Maudrich 1957.

—, Unzweckmäßige und gefährliche Methoden bei der Behandlung von Frakturen. Langenbecks Arch. klin. Chir. **195**, 281 (1960).

BRUCK, H., u. H. MOSER: Über die Cerclage bei Unterschenkelbrüchen. Arch. orthop. Unfall-Chir. **46**, 536 (1954).

BÜRKLE DE LA CAMP, H.: Einfachste Frakturenbehandlung, Einschließlich Extension. Langenbecks Arch. klin. Chir. **295**, 271 (1960).

—, Diskussionsbemerkung zu Vortrag von G. KÜNTSCHER (prim. Knochenheilung). Langenbecks Arch. klin. Chir. **308**, 496 (1964).

CHARNLEY, J.: Die konservative Therapie der Extremitätenfrakturen. Berlin/Heidelberg/New York: Springer 1968.

DANIS, R.: Theorie et pratique de l'osteosynthese. Paris: Masson und Cie. 1947.

—, Le vrai but et les dangers de l'osteosynthese. Lyon chir. **51**, 740 (1956).

DIALER, St.: Goetze Drahtnaht bei Unterschenkeldrehbrüchen. H. Unfallheilk. **89**, 109—112 (1966).

GOETZE, O.: Subcutane Drahtnaht bei Tibiaschrägfrakturen. Langenbecks Arch. klin. Chir. **177**, 145—149 (1933).

GREIFENSTEINER, H.: Die operative Behandlung der Unterschenkelpseudarthrose und Unterschenkelbrüche mit verzögerter Callusbildung unter besonderer Berücksichtigung der Kompressionsosteosynthese. Bruns Beitr. klin. Chir. **187**, 219 (1953).

GRUNDMANN, G.: Gesichtspunkte für die Behandlung der Unterschenkelschaftbrüche. Arch. orthop. Unfall-Chir. **47**, 489 (1959).

HERZOG, KT.: Zum Begriff der stabilen Osteosynthese. Arch. orthop. Unfall-Chir. **55**, 63 (1963).

HILTENBRUNNER zit. bei H. SCHULTHEISS.

KOCH, H., u. H. KEMPTER: Zur Versorgung der Unterschenkelschräg- und Spiralbrüche mit der subcutanen extraperiostalen Drahtumschlingung nach GOETZE. Zbl. Chir. **1**, 825—833 (1951).

—, F. NEURATH u. V. SCHLOSSER: Vortrag 3. Jahrestagung der deutschen Gesellschaft für Unfallheilkunde 1967. H. Unfallheilk., H. 94.

KÜMMERLE, F., u. D. LORENZ: Dtsch. med. Wschr. **1953**, 733, zit. bei G. GRUNDMANN.

KÜNTSCHER, G.: Praxis der Marknagelung. Stuttgart: F. K. SCHATTAUER Verlag 1962.

—, Primäre Knochenheilung. Langenbecks Arch. klin. Chir. **308**, 452 (1964).

MÜLLER, M. E., M. ALLGÖWER u. H. WILLENEGGER: Technik der operativen Frakturenbehandlung. Berlin/Göttingen/Heidelberg: Springer 1963.

RICCABONA, G., G. PHILADELPHY u. W. VOGL: Örtliche Durchblutungsstörungen bei Unterschenkelfrakturen untersucht mit J^{131} — HSA. Sonderbände zur Strahlentherapie **1967**, 65.

SCHENK, R., u. H. WILLENEGGER: Zur Biomechanik der Frakturheilung. Acta anat. (Basel) **1963**, 53.

SCHULTHEISS, H.: Über Pseudarthrosenbildung durch circuläre Drahtnaht bei langen Spiralfrakturen am Unterschenkel. Arch. orthop. Unfall-Chir. **49**, 337 (1957).

SCHUMPELIK, W., u. P. M. JANTZEN: Bruns Beitr. klin. Chir. **187**, 129 (1953), zit. bei G. GRUNDMANN.

THORBAN, W., u. G. SCHÖNBACH: Innervationsstörungen nach Frakturenbehandlung und deren Folgen. Langenbecks Arch. klin. Chir. **295**, 328 (1960).

USADEL, G.: Chirurg **2**, 96 (1950), zit. bei G. GRUNDMANN.

WIESER, C.: Die primäre Knochenbruchheilung und ihre Störung im Röntgenbild. Langenbecks Arch. klin. Chir. **308**, 434 (1964).

WITT, A. N.: Z. Orthop. **84**, 180 (1954), zit. bei G. GRUNDMANN.

SPRINGER-VERLAG
BERLIN · HEIDELBERG · NEW YORK

Manual der Osteosynthese

AO-Technik

Von **M. E. Müller,** Professor für Orthopädie, Direktor der Orthopädischen Klinik der Universität Bern, **M. Allgöwer,** Professor für Chirurgie, Direktor der Chirurgischen Universitätsklinik Basel, und **H. Willenegger,** Professor für Chirurgie, Chefarzt der Chirurgischen Abteilung der Kantonalen Krankenanstalt Basel-Land, Liestal
In Zusammenarbeit mit W. Bandi, H. R. Bloch, A. Mumenthaler, R. Schneider u. B. G. Weber

Mit 306 Abbildungen
Etwa 310 Seiten
Etwa DM 148,—

**Erscheint voraussichtlich
November 1969**

Englische Ausgabe
in Vorbereitung

Die moderne Frakturenbehandlung hat die Wiedererlangung der vollen Funktionsfähigkeit der verletzten Extremitäten zum Ziel. Eine Osteosynthese kann erst dann befriedigen, wenn dadurch die Fraktur neutralisiert wird, so daß der Patient Muskeln und Gelenke der gebrochenen Extremität schon kurz nach dem Eingriff schmerzfrei aktiv bewegen kann.

Die Stabilisierung der Fraktur läßt sich bisweilen mit Hilfe des Marknagels erzielen. Meistens aber kommt das Kompressionsprinzip mittels Zugschrauben, Kompressionsplatten, Druckspannern oder Zuggurtungsgeräten zur Anwendung.

Schon seit über zwei Jahren ist das Buch „Operative Frakturenbehandlung" von M. E. Müller, M. Allgöwer und H. Willenegger vergriffen. Eine Neubearbeitung, welche die gesammelten Erfahrungen aus 14000 Osteosynthesen und die neuesten Forschungsergebnisse auf dem Gebiete der Osteogenese verwertet, ist vorgesehen. Diese anspruchsvolle Aufgabe zu lösen erfordert aber noch geraume Zeit. Da sich indessen immer dringlicher das Bedürfnis einer technischen Anleitung zur Osteosynthese nach den Prinzipien der AO stellt, scheint es richtig, vorerst wenigstens dieses technische Manual herauszugeben.

Das Manual enthält in knapper, jedoch verständlicher Form die im Teamwork überarbeiteten Richtlinien der AO, die sich aus den Erfahrungen mit vielen tausend operierten Frakturen herauskristallisiert haben. Das umfangreiche Bildmaterial wird jedem, der sich praktisch oder theoretisch mit der Osteosynthese auseinandersetzen will, willkommen sein.